21세기 교회성장과 축복의 통로

요단에서 드립니다

몰몬교 바로 알고 사랑으로 전도하기

몰몬교인 전도법

다니엘 G. 톰슨 지음
KULM 번역위원회 옮김

요단

몰몬교인 전도법

몰몬교 바로 알고 사랑으로 전도하기

2013년 6월 30일 · 제1판 1쇄 발행

지은이 | 다니엘 G. 톰슨
펴낸이 | 안병창
펴낸곳 | 요단출판사

주 소 | 158-053 서울특별시 양천구 목3동 605-4
기 획 | (02)2643-9155
영 업 | (02)2643-7290~1 FAX (02)2643-1877
등 록 | 1973. 8. 23. 제13-10호

편집기획 | 이영림 편 집 | 정연숙
디 자 인 | 최효정 이소영 제 작 | 박태훈 권아름
영 업 | 김창윤 정준용 이영은 심현진

값 12,000원
ISBN 978-89-350-1493-4

"Witness to Mormons in Love, The Mormon Scrapbook, Revised Edition"

Gospel Truth 4 U Ministries
P.O.Box 305
Ephraim, Utah 84627
Phone: (435)283-0178
E-mail: gospeltruth4U@hotmail.com
온라인: www.trigrace.org/Resources.html

Jordan Press, 605-4 Mok-3dong Yangchen-gu, Seoul, Korea

요단인터넷서점 www.jordanbook.com

Witness to Mormons in Love,
The Mormon Scrapbook, Revised Edition

Daniel G. Thompson

| 서 문 |

우리의 사역에 대한 하나님의 소명은 1990년 중부 유타에서 열린 청소년 캠프 이후에 시작되었다. 우리가 집으로 돌아가기 위하여 밴에 짐을 꾸리고 있을 때 '조나단 에드워드' 라고 이름 하는 한 선교 목사가 "여러분이 에브라임(유타의 중부 산간도시, 지금 사역하고 있는 곳)에서부터 국도 89번을 따라 애리조나 주 페이지까지 여행하면서, 기독교 교회들이 얼마나 있는지를 찾아보세요"라고 하였다. 그래서 우리는 275마일을 여행하면서 20개가 넘는 유타의 시골 마을을 지나면서 실제로 세어보았다. 우리는 단 하나의 기독교 교회도 볼 수 없었다. 우리는 충격을 받았다. 그때 성령님이 우리의 마음에 속삭이셨다. "만일 네가 여기를 떠난다면, 누군가가 너의 자리에 들어올 것이다. 그러나 누가 나를 위하여 유타에 갈 것이냐?" 제이미와 나는 응답했다. "예! 주님 우리가 가겠습니다." 이렇게 우리의 놀라운 유타 모험이 시작되었다.

하나님의 인도하심 가운데 유타에 부름을 받기 바로 직전, 우리는 피닉스에서 아주 친절한 몰몬 가족이 이웃에 있는 집으로 이사를 하게 되었다. 몰몬들이 하는 방식으로, 그들은 우리를 개종시키기 위해 1년 정도 많은 노력을 했다. 우리를 '가정의 밤' 에 초청했고, 우리의 집 앞에 몰몬 선교사 소년들을 보내 우리에게 몰몬경 읽을 것을 도전하기도 했다(우리는 그렇게 했다).

우리는 이 모든 것들을 온순하게 받아들였다. 그리고 선교사와 몇 주간에 걸쳐 공부도 했는데, 마지막에 이르러서는 (우리가 개종한 것이 아니라 그 선교사들인) 니콜슨과 킹이 거의 기독교로 개종하게 되었다. 몰몬 교회가 그 소년들을 다른 지역으로 배치하기 전날 밤, 그들의 선교지부장이 이 상황을 회복하기 위한 마지막 필사적인 시도로 이 소년들을 만났다.

그러나 이 몰몬 지도자는 우리의 질문들에 하나도 대답하지 못했고 두 소년 선교사들의 고통을 더욱 악화시켰다. 우리도 모르게 하나님은 유타에서 우리의 사역을 준비시켰고 몰몬 전도를 맛보게 하셨던 것이다. 1992년 이래 우리 가족은 유타 에브라임이란 시골 마을에서 그리스도를 위하여 몰몬들을 접촉해왔다. 에브라임은 유타 주의 한 가운데 몰몬 왕국의 심장에 자리 잡고 있다. 우리가 살고 있는 샌피트 카운티는 기독교 인구가 1%도 되지 않는 진정한 선교지다. 이 곳 사람들의 95%는 출생에 의해 쉽게 몰몬이 되고, 그들 중 78%는 활동적인 몰몬 신자들이 된다.

나는 21살 때 그리스도를 나의 구세주로 영접했고, 나의 아내 제이미는 펜실베이니아에 있는 그녀의 집에서 9살 때에 예수님을 영접했다. 우리는 대학교에서 만났고 서로 사귀는 동안 아이오와 '거스리 센터' 에 있는 제일침례교회에서 청소년 지도자로 함께 섬겼다. 그리고 그 후에는 애리조나 주 스카츠데일에 있는 임마누엘성경교회에서 청소년 지도자로 5년 동안을 보냈다. 우리의 유타에서의 처음 13년은 에브라임성경교회(www.EphraimBible.org)를 개척하고 목회하는 데에 보냈다. 그리고 7년 전 우리는 우리의 사역의 초점을 몰몬 전도로 전환하여 지금까지 TGM(Tri-Grace Ministries) 사역을 구축해왔다. TGM은 여러 가지 측면에서 활동하는데, 첫 번째이자 가장 중요한 것은 몰몬들에게 직접 복음을 전하는 일을 하는 것이고, 두 번째는 몰몬들을 복음화하도록 다른 사람을 가르치고 훈련하는 것이다. 그리고 세 번째는 에브라임에 있는 스노우대학 캠퍼스에 '견고한 바위 크리스천 클럽' (Solid Rock Christian Club)을 후원하고 지도력을 제공하는 것이다(이 단체가 주로 몰몬인이 다니는 스노우 대학 캠퍼스에 있는 유일한 기독교클럽이다). 그리고 마지막으로, 복음전파, 대학캠퍼스 사역, 교회 개척, 지역교회 사역들, 기독교 커피하우스 사역, 섬기는 훈련 등에 관심을 가진 개인들에게 다양한 인턴십을 제공하는 것이다.

우리는 종종 유타에서 우리의 사역을 다윗과 골리앗의 성경이야기에 비유한다. 소년목자 다윗처럼, 그의 인간적인 약점이 거인 골리앗에 비교할 바가 아니었던 것처럼 우리도 몰몬 조직에 대항할 인간적 힘은 가지지 않았다. 그러나 다윗처럼 우리에게는 위대한 하나님이 있다. 우리는 다윗이 전쟁터에서 골리앗을 짜증나게 할 목적으로 간 것이 아니라, 죽일 목적이었다는 사실에 놀란다.

마찬가지로 우리는 몰몬교를 짜증나게 하기 위해 유타에 있는 것이 아니고, 이 거짓 종교조직을 몰락하게 할 목적으로 있다. 어떤 사람은 우리의 목표가 '그림의 떡' 이라고 말할 수 있겠지만, 우리는 믿는다. 하나님과 함께 하면 모든 것이 가능하다. 그리고 정직하게 말하면 우리는 몰몬교의 기초에 금이 가는 것과 그것이 점점 커지고 있는 것을 본다. 한 사람이나 하나의 기관이 몰몬교의 몰락을 책임질 수는 없다. 그것은 많은 사역들과 수천의 기독교인들이 함께 노력할 때 일어날 것이다.

우리의 세상 안에서 활동적으로 일하는 그리스도의 몸이 이 위대한 임무를 성취할 것이다. 여기에 당신의 역할이 중요하다. 당신이 이 수고에 일부가 되어주겠는가? 우리는 이 전쟁에 참여하는 모든 사람들이 어느 날 예수 안에서 그리고 그를 통해, 승리의 만족함을 만끽하게 될 것을 믿는다.

우리의 사역에 대해 편견을 가지지 말기 바란다. 우리의 전쟁은 몰몬교인들과 하는 것이 아니다. **우리는 몰몬들을 사랑한다.** 그 사람들은 거짓 선지자에 의해 인도되고 있는 순진한 양들일 뿐이다. 우리의 참된 전쟁은 지난 175년 동안 양들을 삼켜온 이리와 그의 거짓 종교조직에 있다. 몰몬들에 대한 우리의 사역은 우리가 아는 바대로 부드럽고 비논쟁적이다. 우리는 디모데후서 2:23-26에 발견되는 사도 바울의 경고를 따르도록 노력한다. "어리석고 무식한 변론을 버리라 이에서 다툼이 나는 줄 앎이라. 주의 종은 마땅히 다투지 아니하고 모든 사람에 대하여 온유하며 가르치기를 잘하며 참으며 거역하는 자를 온유함으로 훈계할지니 혹 하나님이 그들에게 회개함을 주사 진리를 알게 하실까 하며 그들로 깨어 마귀의 올무에서 벗어나 하나님께 사로잡힌 바 되어 그 뜻을 따르게 하실까 함이라."

| 한글판을 발행하면서 |

우리는 「몰몬교인 전도법」 개정판을 한국어로 번역한 KULM(Korean Utah Lighthouse Ministry)의 열정적인 수고에 감사한다. 이 번역은 세계에 퍼져있는 한인 교회를 위한 사랑의 수고이다. 우리가 믿기는 이 책이, 한인 그리스도인들이 몰몬교의 속임수를 좀더 잘 이해하고, 거짓 종교에 가입하여 속임을 당해온 한인들을 전도하도록 훈련할 것이다. 하나님께서 이 일을 축복해주시고 잃어버린 많은 영혼들을 몰몬교의 속박으로부터 자유롭게 해주시기를 원한다. 우리에게 이 한글판 번역 작업은 우리의 기도에 대한 응답이요, 전 세계의 몰몬과의 전투를 하는 우리 노력의 첫걸음이다. 다시 한 번 KULM에 감사를 전한다.

다니엘과 제이미 톰슨

몰몬교(말일성도 예수 그리스도의 교회)의 본고장이자 성지로 여겨지는 이곳 유타에 있는 10여 개의 한인교회 연합인 교회연합회는 몰몬들의 신앙을 알고 몰몬교와 기독교의 다른 점이 무엇인지 알기 위해 교회연합회 산하에 스터디 그룹을 만들어 오랫동안 연구해 왔다. 그러던 중 브리감 영의 고손자로서 이곳에서 몰몬의 주장의 문제점들과 감추어진 실체를 드러내는 일을 하며, 평생 참된 복음과 성경을 증거해온 샌드라 태너(Sandra Tanner)와 작고한 그의 남편 제럴드 태너(Jerald Tanner)의 사역 근거인 ULM(Utah Lighthouse Ministry www.utlm..org)의 사역 이름에 'Korea' 라는 말을 붙여 사용할 것을 허락받고 그들과 함께 서로 도우며 몰몬인들을 대상으로 KULM(Korea Utah Lighthouse Ministry) 사역을 하게 되었다. 우리가 그 사역의 일환으로 *Mormon Scrapbook*의 개정 예정판인 *Witness to Mormons in Love*의 원고를 미리 받아 먼저 한국어로 번역하여 나올 수 있게 하신 하나님께 감사를 드린다.

'kulm' (컬름)은 '언덕' , 또는 '정상' 을 의미하는 라틴어에서 온 독일어이기도 하며, 우리는 매우 실제적이며 논리적인 이 책이 독자들과 몰몬교인들에게 몰몬교의 실체를 바로 분별하고 성경의 진리를 수호하는 언덕이 되기를 간절히 소원한다.

KULM
(Korea Utah Lighthouse Ministry)

| 머리말 |

여러 해에 걸쳐 나는 몰몬주의에 관해 다음과 같이 어울리지 않는 발언들을 들어왔다.

- 왜 몰몬들을 비난하나? 그들도 기독교인들인데.
- 내 이웃 몰몬들은 내가 만난 사람들 중 제일 좋은 사람들이다.
- 나는 솔직히 그들이 기독교인들이라고 믿는다.
- 몰몬주의는 그렇게 나쁘지 않다. 그들도 예수를 믿는다.
- 나는 왜 기독교인들이 말일성도교회를 무시하는지 모르겠다. 그들은 TV에서 성경을 무료로 준다.
- 우리는 솔트레이크시티(Salt Lake City)에 가서 몰몬성전합창단의 노래를 들었다. 얼마나 축복인가?
- 왜 전적으로 몰몬들만을 향해 증거할 안내서를 제작하는가?

하나님은 우리 가족과 내게 몰몬 사람들을 향한 큰 사랑을 주셨고, 우리는 온 지구의 기독교인들이 그들의 몰몬 친구들의 잊혀진 처지를 못보고 지나칠까봐 두렵다. 우리는 기독교 공동체가, 몰몬주의는 사이비 기독교임을 깨닫기를 원한다. 사탄이 빛의 천사로 보이고, 그의 사제들이 공의의 사제들인 것처럼 보이듯이 몰몬주의의 그릇된 신앙도 다른 또 하나의 기독교인 것처럼 변형되었다. 그러나 몰몬주의는 모양이나 형태, 어느 것도 기독교가 아니다.

이 책은 첫째로 기독교인들이 영원히 늦기 전에 그들의 몰몬 친구들에게 참된 복음을 증거하는 일에 준비하도록 쓰인 것이다. 나로 하여금 책을 만들게 한 또 다른 깊은 관심은 그리스도의 몸의 건강이다. 사도 바울은 초대 교회에 다음의 경고를 들려주었다. "뱀이 그 간계로 하와를 미혹한 것 같이 너희 마음이 그리스도를 향하는 진실함과 깨끗함에서 떠나 부패할까 두려워하노라"(고린도후서 11:3).

여러 면에서 참된 예수 그리스도의 교회는 말일성도교회에 속고 있다. 몰몬주의 안에 있는 교묘한 속임은 무미(無味)의 독처럼 각계 기독교 교회로부터 끊임없는 피해자를 배출해내고 있다.

바울은 이어서, "만일 누가 가서 우리가 전파하지 아니한 다른 예수를 전파하거나 혹 너희가 받지 아니한 다른 영을 받게 하거나 혹 너희가 받지 아니한 다른 복음을 받게 할 때에는 너희가 잘 용납하는구나"(고린도후서 11:4)라고 말하고 있다.

이러한 바울의 경고 소리는 몰몬주의에 적용된다. 몰몬 교회는 다른 예수를 설교하고, 다른 영을 내세우며, 다른 복음을 가르친다. 그러나 불행히도 오늘날의 많은 기독교 교회가 몰몬을 이웃 교인으로 받아드리고 있다. 나는 이 책을 통해 몰몬이 사람들을 지옥으로 인도하는 종파라는 진실을 밝혀내고자 한다.

우리 가족은 1991년 이래로 유타(Utah)의 시골 한가운데서 살아왔기에 우리는 몰몬들에게 복음을 증거하는 데에 관한 좌절과 실망을 이해한다. 우리는 몰몬 친구들이 우리에게로부터 멀어져 더이상 신앙에 관해 말하기를 거절하는 가슴 아픈 경험을 했다.

우리 지역 사회는 95%가 몰몬이다. 그래서 우리는 문자 그대로 수천 명의 몰몬 사람들과 종교적인 토론을 해왔기 때문에, 그들의 생각과 교리와 몰몬 교회가 교인들을 붙들고 있는 힘을 이해한다.

우리는 경험을 통해 우리의 접근이 사랑과 이해가 아니고서는 그들을 멀어지게 하고, 불신과 분노의 담을 쌓게 된다는 것을 알게 되었다. 이 책에 포함된 정보가 당신들이 참 복음을 증거하는 일에 도움이 되기를 기도한다.

다니엘 G. 톰슨

[Contents]

사역에서는 누구도 홀로 있는 섬이 아닙니다. 유타에 있는 수년 동안 나는 몰몬 사람에 열정을 가지고 있는 거룩한 남녀들에 둘러 싸여왔습니다. 이 「몰몬교인 전도법」의 내용은 이 하나님의 남녀로부터 주워 모은 것입니다. 알게 모르게 이 간증 모음에 포함된 아이디어와 방법에 공헌한 모든 분에게 감사드립니다.

나를 인내해준 아내와 식구들에게 감사드립니다. 그들과 나누었어야 했을 수많은 시간을 이 책을 집필하는 데 썼습니다. 그들의 격려가 없었더라면 오늘 이 책은 출판되지 못했을 것입니다.

또 수없이 긴 밤들을 고뇌하며 문법과 구두점을 고친 편집자, 내 어머니께도 감사드립니다. 어머니는 내가 알아온 진실한 하나님의 종 중의 한 분입니다. 어머니, 가장 위대하십니다!

시작하기 1

1과 이 책을 사용하는 법

이 학습은 몰몬들이 몰몬 교회 내에서 그들의 믿음에 의문을 가지도록, 그들을 도전하는 데 매우 효과적이라는 것이 증명된 독특한 증거 방법을 제시한다. 이 학습은 몰몬들과 정직한 토론을 나누고, 그들을 파괴하기 보다는 그들과의 관계를 개발하도록 문을 열어 준다.

시작하기 전에

이 책은 몰몬들에게 효과적으로 증거하는 데 쓸 수 있도록 시장에 나와 있는 많은 방법들 중의 하나다. 완전한 증거 기술이라는 것은 없다. 알라딘의 마법처럼 문지른 후 "푸우!" 해서 몰몬교인이 기독교인이 되는 방법이 있으리라는 어리석은 생각은 거두라. 이 책에서 배울 것은 몰몬인들과 의미 있는 토론을 할 수 있는 방법들이다. 그 효과는 당신의 **자세**, **하나님과** 당신의 **관계**, 그리고 **진리의 말씀인 성**

경을 바르게 나누는 당신의 능력에 달려 있다(디모데후서 2:15).

이 책에 있는 정보는 엄청난 양의 재료인 것처럼 보이지만 실은 그렇지 않다. 「몰몬교인 전도법」은 주로 기독교의 두 기본적인 교리인 **하나님**과 **구원**(복음)을 다룬다. 공부하게 될 거의 모든 논점이 어떻게든 이 두 제목에 연결된다. 성경의 하나님을 알고 그의 구원의 계획을 이해하는 것이 참된 개종에 결정적인 요소이다. 공부를 시작하기 전에 머리말과 처음 1과를 사용하라.

몰몬 용어 해설

몰몬 친구에게 효과적으로 증거할 수 있기 전에 몰몬 용어를 먼저 이해해야 한다. 이 책의 뒤에 있는 몰몬 용어집은 '몰몬 교리에 관한 요약' 이라 할 수 있다. 많은 기독교인들이 몰몬교인들과 기독교인들이 쓰는 공통 용어가 같은 의미를 가지고 있다고 잘못 알고 있다. 그러나 엄청난 차이가 날 수 있다. 좋은 의도로 몰몬 친구에게 증거하려 했던 기독교인이 용어 장벽을 넘지 못해 첫 걸음도 내딛지 못하고 마는 경우가 있기 때문에, 이 과의 중요성은 아무리 강조해도 부족하다.

이 책을 공부해 가는 동안 STOP 아이콘을 찾아보라. 이 아이콘이 당신을 용어집으로 인도해, 주제와 관련된 적절한 정의들에 대해 알게 할 것이다. 부탁하건데, **각개의 몰몬 용어를 주의 깊게 살피기 위하여 충분한 시간을 가지라.** 당신은 전부 혹은 대다수의 몰몬들이 몰몬 용어와 기독교 용어가 같은 것을 의미한다고 잘못 알고 있다는 것을 이해해야 한다. 그래서 우리는 몰몬들을 위해 '기독교 신앙개조' 를, 몰몬 친구들에게 줄 수 있도록 배포물을 만들었다. 이 배포물은 과거에 몰몬이었던 사람들에 의해 만들어졌고 활동적인 말일성도 교인들이 몰몬 교회와 기독교의 교리차이를 이해할 수 있도록 주의 깊게 표현하였다.

'기독교 신앙개조'(the Article of Faith of Christianity) **PDF를 보기위해 http://www.trigrace.org/Resources.html 으로 가라.**

왜 우리가 배려하는가?

LDS(Latter Day Saints: 말일성도) 사람들은 왜 기독교인들이 그들에게 솔직한 관심을 나누려고 하는지 충분히 이해하지 못한다. 몰몬들은 가끔 "왜 우리를 가만 놓아두지 않습니까? 우리는 우리 종교로 행복

합니다. 우리는 예수를 믿습니다. 그런데 왜 그냥 놓아두지 않습니까?" 라고 한다. 그들이 이렇게 이야기할 때에 다음 시각자료가 왜 우리가 염려하고, 왜 그들이 그들의 종교를 '괜찮고' '행복하다' 고 우리가 믿지 않는지를 설명하는 데 도움이 될 것이다.

자살 시각 도표

20세기 후반과 21세기 초반에 유타에서 자살이 유행처럼 일어났었다. 우리는 그 문제가 도표에서 보이는 것보다 더 악화되어 있다고 믿는다. 이 문제가 수치가 되자 많은 자살이 '사냥사고' '미해결살인' 또는 '사고사' 로 포장이 되었다. 우리는 유타 중심부에 살고 자살이 비정상적으로 흔해져서 자살로 사랑하는 사람을 잃는 고통을 겪지 않은 가정이 별로 없었다. 그래서 몰몬이 "우리는 괜찮으니 그냥 내버려 두지 않겠어요?" 할 때에 우리는 그냥 이 자살 도표를 보이며 "우리는 이것이 그냥 괜찮은 것이 아니라고 생각합니다" 라고 이야기해준다. 이 자살 도표 뒷면에는 유타의 다른 오점(汚點)인 우울증이 드러난다. 20세기 후반과 21세기 초반에 유타에서의 우울증치료제는 국내 평균의 2배가 쓰였다. 프로보(provo) 지역은 우울증치료제에 의지하는 여자들의 전례 없는 숫자 때문에 '행복한 골짜기' 로 별명이 지어졌다(역자 노트: 여기에 몰몬들의 자랑인 '브리감 영 대학교' 가 있다). 이것은 몰몬들이 괜찮거나 행복하지 않다는 증거이다. 특히 주의할 점은 유타에서의 자살이나 우울증 문제가 중산층에서 상류층에 이르기까지의 활동적인 몰몬 성도들과 크게 연관되어 있다는 것이다. 따라서 우리는 이런 오명(汚名)들이 몰몬교에 관련된 억압들에 직접 연관돼 있다고 믿는다. 왜 그런지 이해하기 위해서 몰몬주의의 '불가능한 복음' 과 '용서의 기적' 을 설명하는 41-42과를 보라.

'자살 시각 도표' 를 보려면,
http://www.trigrace.org/Resources.html 으로 가서 Witnessing Visual Aids안에 있는 'Suicide－Unhappy In Utah' 를 열라.

이해 증진

공부를 시작하며 몰몬을 성경적인 기독교로 바꾸는 일이 얼마나 복잡한 것인가를 아는 것은 중요하다. 어쨌든 몰몬교가 기독교라는 어리석은 생각을 버리라. 몰몬 교회의 교리에 믿음을 담고 있는 사람은 참된 기독교인이 될 수 없다. 이 책을 공부해가면서 왜 그런지 이해하게 될 것이다.

또한 몰몬이 단순히 잘못된 종교 체계 이상의 것임을 알게 될 것이다. 인생의 모든 것이 종교적으로 사회적으로 소위 그들의 '교회'에 매여 있다. 많은 몰몬들은 여러 세대의 친지들이 이 문화 속에서 살고 죽었다. 그들의 종교를 포기한다는 것은 그들의 유산 전체를 거부하는 것으로 간주한다. 그리고 몰몬이 교회를 떠나기로 작정했을 때, 그들은 '배도자' 나 '지옥의 아들' 로 낙인이 찍힌다.

STOP 몰몬 용어집을 찾아 '지옥의 아들들' 에 대한 LDS 정의를 읽으라.

몰몬 공동체 전체는 배교한 몰몬들을 아주 경멸한다. 이혼하게 되고 그들의 친구와 가족으로부터 등돌림을 당하는 것은 다반사이다. 결국 그들은 전체 몰몬 공동체로부터 추방을 당할 수도 있다.

몰몬교인이 성경의 진리를 대했을 때, 모순된 감정을 경험하는 것은 상상하기 어렵다. **대가를 치룰 것을 각오하고, 당신의 말이 참되다는 것을 확실히 알지라도, 몰몬들이 그들의 종교에서 성경의 기독교로 바꾸고자하는 지점에 이르기까지는 몇 년이 걸릴 수도 있다.**

주님은 그를 따르고자 결정하기 전에 '대가를 계산하는 일' 이 사람들에게 중요하다는 것을 이해하셨다(누가복음 14:24-30). 몰몬이 구원받기에 이르는 이 과정을 서두를 수는 없다. 우리의 **자세는** 잃어버린 사람을 찾는 우리의 **접근**만큼 중요하다. 인내하라, 사랑과 존경과 이해로 그들을 대하고, 무엇보다도 그들을 위해 기도하라!

> "내가 사람의 방언과 천사의 말을 할지라도 사랑이 없으면 소리 나는 구리와 울리는 꽹과리가 되고" (고린도전서 13:1).

복습을 위한 질문들

이 항목은 각 과의 끝에 있다. 바르게 답했다면, 이 핵심 질문들은 그 과의 내용을 요약하게 해줄 것이다. 특별한 답이 생각나지 않거나 정보가 정확하지 않을 때에는, 명확하게 하기 위해 본문으로 돌아가기 바란다. 여기 1과의 복습 질문들이 있다.

*역자 노트: Tri-Grace는 Trinity-Grace의 약자이며, 저자는 이 두 단어가 몰몬 전도의 핵심용어라고 생각한다. 저자는 우리가 이 두 단어만 제대로 이해할 수 있다면 몰몬 전도가 가능하다고 말하며 그래서 자신의 사역을 Trinity-Grace Ministries라고 이름을 붙였다고 한다.

복습을 위한 질문들

1. 몰몬교인들에게 간증하는 당신의 효율성은, 어떤 세 가지 것에 달려있는가 ?

2. 이 책에서 토론된 두 가지 기본적인 교리적 논제들은 무엇인가?

3. 왜 몰몬교인들이 성경의 기독교로 바뀌기가 그렇게 어려운가?

4. 당신은 STOP 아이콘을 볼 때마다 무엇을 해야 하는가? 그리고 그것이 왜 중요한가?

5. 당신이  아이콘을 볼 때, 어디로 가서 자료들을 내려받아야 하는가?

2과 몰몬교의 역사

조셉 스미스와 초기 몰몬 교회

몰몬 교회를 이해하기 위해서는 창시자인 **조셉 스미스 2세**(Joseph Smith, Jr.)의 삶을 이해하는 것이 필요하다. 몰몬교인들은 그가 하나님의 예언자이며, 오늘날 지구상의 유일한 참된 종교의 창시자로 생각한다. 몰몬 교회의 신학은 역사상 현 세대에 살고 있는 사람들에게 '영원한 복음을 회복한 자' 로 알려진 그의 저술과 계시에 기초하고 있다.

조셉 스미스 2세는 버몬트 주(州)의 샤론 읍에서 1805년 12월 23일에 태어났다. 스미스 가족은 매우 가난했고, 조셉의 아버지는 '선견자의 돌' (seer stone)과 점 종류의 방법으로 숨겨진 보물을 찾던 '금광과 보물을 찾아다니는 사람' (gold digger and treasure hunter)으로 알려져 있었다. 아버지의 영향으로 조셉의 어릴 때의 두 가지 취미는 금전을 찾아내고 돌을 들여다보는 것이었다.

스미스 가족은 1817년에 뉴욕 주의 팔미라로 이사했다. 이때 팔미라 지역은 신앙적으로 보기 드물게 열기를 띠고 있었다. 부흥 운동이 한차례 지나갔고, 많은 스미스 가족들이 장로교회에 참가했다. 몇 달이 지나자 다른 종교 그룹 사이에 어떤 교단이 가장 옳은지에 관한 논쟁이 일어났다. 이때 십대였던 조셉 스미스도 어느 종파가 옳고, 어디에 자기가 속해야 할지 근심했다고 한다.

조셉 스미스의 역사적 설명으로는, 그는 야고보서 1:5 "너희 중에 누구든지 지혜가 부족하거든 모든 사람에게 후히 주시고 꾸짖지 아니하시는 하나님께 구하라 그리하면 주시리라" 는 말씀에 끌려 그 구절들을 묵상한 후에 조용한 숲 속으로 가서 기도했다고 한다. 몰몬 저술에 따르면, 기도 중에 두 사람이 그에게 나타났는데, 한 분이 다른 분을 가리키며, "이는 내 사랑하는 아들이다. 그의 말을 들으라" 고 조셉에게 말했다고 한다. 조셉 스미스가 하나님 아버지와 예수 그리스도였다고 주장하는 그분들은 이어서, 모든 교회가 잘못되었고, 모든 교파는 하나님 앞에 가증스럽고, 모든 목사들은 부패하였으므로 아무 데도 가입하지 말라고 말했다고 한다.

그 일이 있고 난 약 3년 후, 1823년 9월 21일 저녁에 이름이 **모로나이**(Moroni)인 천사가 세 번 조셉 스미스에게 나타난 것으로 추정된다. 나타날 때마다 모로나이는 자기가 초기 미주 거주민의 역사가 담긴 오래된 금판을 드러내도록 하나님이 보냈다고 진술한다. 이 판들은 또한 '영원한 복음 전체' 를 포함한다고 한다. 조셉이 그의 집 근처의 **쿠모라**(Cumorah) 언덕에 묻혀있는 이 판들을 찾게 되어 있지만 다른 통보가 있기까지는 이 판들을 꺼내지 못하도록 되어 있었다.

4년 후 조셉 스미스는 모로나이 천사로부터 그 판들을 파내서 번역하라는 지시를 받는다. 그 금판들은 '개정 이집트 상형문자' 로 써졌다고 하며 그 번역의 산물이 지금의 몰몬경으로 불리고 있다.

몰몬 교회는 조셉 스미스가 그 금판으로부터 직접 번역한 것이 몰몬경임을 세상이 믿기를 바란다. 그러나 번역이 어떻게 이루어졌는지에 대한 각 증인들의 설명은 이상할 뿐이다. 조셉 스미스가 '선견자의 돌' 을 모자 속에 넣고 그의 얼굴도 모자 속에 넣어 그 가장자리를 자기 뺨 주위에서 접는다. 캄캄한 모자에서 선견자의 돌 위에 한 번에 하나씩 말씀들이 나타난다. 그러면 그가 그 말씀을 기록하는 자에게 전해준다.

1830년에 발행된 몰몬경으로 몰몬교가 설립된다. **조셉 스미스는 모로나이 천사가 금판을 하늘로 가져갔다고 주장하여 몰몬경의 유일한 고전 원고를 검사할 가능성을 없애버렸다.** 그러나 조셉 스미스는 증거가 없는데도 불구하고 많은 사람들로 하여금 자기가 쓴 것이 진실임을 믿게 할 수 있는 설득력 있는 지도자였다.

논란의 대상인 일부다처제(polygamy)의 실천과 기이한 교리들로 인해 새 교회는 자주 옮겨 다니도록 압박을 받았다. 뉴욕 주의 팔미라에서, 오하이오 주의 커트랜드 밀스(Kirtland Mills)로, 또 미주리 주의 파웨스트(Far West)를 거쳐, 몰몬들은 1839년에 일리노이 주의 나부(Nauvoo)에 정착했다. 수년 동안 그곳에서 교회는 발전했다.

1844년 몰몬 교회에서 출교된 몇 사람이 나부 익스포지터(Nauvoo Expositor)라는 신문을 발행하여 몰몬의 다중 결혼(polygamy)을 공적으로 드러내고 조셉 스미스의 지도력을 비판했다. 그러자 조셉 스미스 추종자들이 신문사를 부수고 들어가 인쇄기를 파괴하고 신문들을 불태워버렸다. 조셉은 폭동죄로 고발되어 일리노이 주 카테지(Carthage)에 수감되었다. 재판에 회부되기 전 1844년 6월 27일에 폭도들이 감옥으로 쇄도해 조셉과 그의 형에게 총알을 퍼부어 죽였다. 몰몬 교회는 조셉을 도살장에 끌려간 양이라고 하며 순교자로 묘사한다. 그러나 실제로는 조셉이 죽기 전에 은닉해온 총으로 두 사람을 죽이고 한 사람은 부상을 입힌 후에 자기도 (총에 맞아) 죽었다고 한다.

조셉이 죽은 후 몰몬들은 크게는 두 파로 갈라졌다. 1847년 **브리감 영**(Brigham Young)이 그중 가장 큰 무리를 서쪽으로 이끌어 유타 주의 솔트레이크 계곡으로 왔다. 이 유타파가 오늘날 **예수 그리스도 말**

일성도교회(또는 **LDS 교회** 또는 **몰몬 교회**)로 알려진다. 작은 무리는 미주리 주 인디펜던스에 정착하여 '회복된 예수 그리스도 말일성도교회 또는 복원교회' (RLDS 교회 혹은 The Community of Christ)로 오늘날까지도 이어지고 있다.

몰몬경 요약

기원전 600년경, 고대 이스라엘이 바벨론 포로가 되기 전에, **리하이**(Lehi)라 하는 히브리 사람이 다가올 유대 나라의 멸망으로부터 피해 가족과 더불어 예루살렘을 떠났다. 몰몬경은 미주로 향한 여행길에 나섰던 리하이와 그들의 조상 세대의 이야기이다. 리하이의 두 아들 중 **니파이**(Nephi)와 **레이만**(Laman)이 새 세상의 가부장적 지도자들이 되었다. 니파이는 경건하여 히브리 세습을 따랐으며 그의 추종자들을 니파이인들이라 불렀다. 대조적으로 레이만은 악하여 레이만인들의 지도자가 되었다.

이야기는 수년에 걸쳐 전개되고 내부 전쟁, 불신앙 그리고 사악함으로 이어지는 투쟁을 말하고 있다. 결국은 쿠모라 언덕에서 있었던 큰 전투에서 레이만인들이 니파이인들을 전멸시켰다. 몰몬의 가르침에서는 레이만인들이 살아남아 온 땅에 살게 되었고 미주 원주민 인디언들의 조상이 되었다고 한다.

성경에서 직접 가져온 영적 가르침이 몰몬경 전체에 엮여 있다. 이야기의 정점은 예수 그리스도가 그의 부활 직후에 새 세상의 주민들을 찾아와 그의 교리를 가르치고, 미대륙에 예수 그리스도의 교회를 세웠다는 것이다. 이 믿을 수 없는 이야기를 담은 금판은 니파이의 마지막 사람인 모로나이가 쿠모라 언덕에 숨겼다. 같은 모로나이가 후에 빛의 천사로 조셉 스미스에게 1800년대 초반에 나타나 그 판이 있는 곳을 알려줬다.

몰몬교 요약

모든 헌신된 몰몬 남녀들의 목표는 천상의 아버지와 어머니와 똑같이 신(神)과 여신(女神)이 되는 것이다. 몰몬 교회에서는 이 교리를 **승영**(Exaltation)이라고 부른다. 최종적으로 승영에 이르는 첫 번째이자 가장 중요한 단계는 몰몬 성전에서 영원한 결혼을 하는 것이다. 이렇게 하여 승영을 향해 지루하게 오르기 시작한다. 승영을 이루기 위해서는 이 세상에 있는 동안 몰몬 교회법에 순종할 뿐 아니라, 후생에도 알려지지 않은 어떤 시점, 즉 그 몰몬 부부가 그들 자신을 지배해 나갈 권리를 얻을 때까지 계속 일해야 한다.

그러면 존경할 만한 남자는 각기 하나의 신이 된다. 마치 이 세상 사람들이 하나님 아버지께 예배하며 기도하듯이 그의 세상 사람들이 어느 날 그에게 예배드리고 기도하게 된다. 몰몬신은 각기 이 세상의 인구를 불리기 위해 많은 천상의 아내들을 거느리게 된다. 그러므로 여신이라 불릴 권리를 얻은 각 몰몬 부인들의 운명은 그들의 남편 하나님을 위해 영적 아이들을 생산하도록 영원히 임신하는 것이다.

STOP 몰몬 용어집에서 '마귀' '승영' '타락' '하나님' '인류 – 인간' 에 대한 LDS 정의를 읽으라.

*역자 노트: LDS는 Latter Day Saints의 머리말 약자이다. 우리는 이 책에서 이 말을 말일성도 예수 그리스도의 교회의 줄임말로 사용할 것이다.

복습을 위한 질문들

1. 몰몬경은 어디로부터 왔다고 추정하며, 왜 그를 뒷받침할 사본증거가 없는가?

2. 몰몬경에 의하면 미주 원주민 인디언이 본래 어디에서 왔는가?

3. '승영' 이라는 몰몬 교리는 무엇인가?

3과 자세와 접근

LDS인들에게 간증할 때에는 경건한 자세와 접근이 당신이 사용하려던 어떤 방법보다 훨씬 더 중요하다. 다음 구절에 바울이 완전한 모범을 보여준다.

> 디모데후서 2:23-26 "어리석고 무식한 변론을 버리라 이에서 다툼이 나는 줄 앎이라 주의 종은 마땅히 다투지 아니하고 모든 사람에 대하여 온유하며 가르치기를 잘하며 참으며 거역하는 자를 온유함으로 훈계할지니 혹 하나님이 그들에게 회개함을 주사 진리를 알게 하실까 하며 그들로 깨어 마귀의 올무에서 벗어나 하나님께 사로잡힌바 되어 그 뜻을 따르게 하실까 함이라"

경건한 자세이면 경건한 접근이 따르게 마련이다. 주님의 종은 무의미한 투쟁과 논쟁을 일으키는 안건을 피해야 한다. 참을성을 가지고 성경의 진리를 온유하고 겸손한 자세로 가르쳐야 한다. 오직 하나님의 영이 결국은 사람들의 종교적 오류를 확신시키고, 진리로 나오게 하는 것을 기억하라. 몰몬교로부터 참되고 성경적인 기독교로 바뀌는 일은 최종적으로 당신이 아닌 한 몰몬 스스로의 결정이다.

피해야 할 것

다음은 당신이 몰몬과 처음 토론에서 피해야 할 몇 가지 제목이다.

- 아담-하나님 교리
- 메도우산(the mountain Meadow) 학살 사건(Massacre)
- 비밀스런 성전 예식
- 경건한 내의, 신전 의상
- 커피 금지법

당신이 LDS 사람들에게 위의 주제들을 가지고 접근하면 그들은 당신이 내어놓는 많은 진리로 인하여 기분이 상할 것이다. 요점은 공격을 완전히 늦추지는 말되, **중요하지 않은 지엽적인 문제들**로 기분 상하게 할 필요는 없다는 것이다. 위에 열거한 제목들은 중요치 않은 논쟁과 끝없는 토론만 하게 되어, 어떤 것도 몰몬을 주 앞에 인도케 하지는 않을 것이다. 결국에는 당신의 몰몬 친구와 이 제목들에 대해 토론은 다 하겠지만, 우선은 가장 중요한 두 가지 성경 교리인 **하나님**과 **구원**에 초점을 맞추라. 나중에 그들이 주님을 그들의 개인의 구주로 알게 되었을 때 성령과 연결해서 몰몬 종교 체제가 전체적으로 잘못되었음을 보여 줄 수 있다.

끝으로 개인적인 공격은 지혜롭게 피하라. 인칭 대명사를 피하면 몰몬들을 전도하는 일에 더욱 성공할 수 있다. '당신은 기독교인이 아니다' 보다는 '몰몬교는 기독교가 아니다' 고 하라. '당신은 이것(또는 저것)을 믿는다' 라고 하지 말고, 대신 'LDS 교회에서는 이것(또는 저것)을 가르치지 않는가?' 하고 물으라. 이야기하는 방법을 일반화해서 듣는 사람들이 개인적으로 공격받는다는 생각이 들지 않도록 하라. 예수께서 제자들에게 "뱀처럼 지혜롭고 비둘기처럼 온순하라" 고 가르치셨다. 몰몬에게 복음의 좋은 소식을 나눌 때에 지혜로워질 필요가 있다.

복습을 위한 질문들

1. LDS 사람들에게 증거할 때 당신이 사용하고자 했던 방법보다 더 중요한 것은 무엇인가?

2. 왜 그것이 더 중요한가??

3. (정/ 오) 무의미한 투쟁과 논쟁을 일으키는 안건은 피해야 한다.
   (정/ 오) 몰몬에게 공격적인 모든 안건은 피해야 한다.

4. 위의 두 정/오 발언의 차이는 무엇인가?

5. '증거하는 사람이 초점을 맞추어야 할 가장 중요한 제목은 무엇인가?

6. '말을 하는 도중에 어떻게 개인적인 공격을 피할 수 있는지 예를 들어보라.

4 과 논쟁과 조롱

몰몬 문화는 영적인 것을 토론할 때에 논쟁이나 조롱을 허용하지 않는다. 당신이 증거하는 중에 당신의 목소리에서 논쟁이나 조롱의 말투를 알아차리게 되면, 그들은 곧장 대화를 멈출 것이다. 왜냐하면, 여기 그 두 용어에 관해 몰몬경이 말한 것이 있다.

논쟁

몰몬경, 제3니파이 11: 29에 예수께서 하신 것으로 추정되는 말씀이 있다. "진실로 진실로 내가 너희에게 이르노니, 서로 다투는(논쟁하는) 정신을 가진 자는 내게 속한 자가 아니요, 악마에게 속한 자니 악마가 분쟁의 아비가 됨이라. 저가 사람의 마음을 책동하여 서로 성나게 하며 다투게 하는도다."

조롱

몰몬경, 앨마서 5:30-31 "내가 다시 너희에게 이르노니, 너희 중에 형제를 조롱하고 핍박하는 자가 있느냐? 그렇게 하는 자는 합당하지 아니한 자라. 저에게 화 있을 지어다. 때가 가까웠음에 구원받지 못하리라."

이 개념들은 이미 디모데후서 2:22-24에서 공부한 '주의 종은 마땅히 다투지 아니하고' 한 성경 원칙과 모순이 없다. 갈라디아서 5:22-23에서도 "오직 성령의 열매는 사랑과 희락과 화평과 오래 참음과 자비와 양선과 충성과 온유와 절제니" 했다. 하나님의 자녀는 항상 성령에 의해 절제하는 모습을 보여야 한다. 무례하거나 모욕을 주어서는 많은 몰몬들을 주님께 인도하지 못하리라는 것을 깨닫는 것은 좋은 상식이다.

논쟁과 조롱은 우리가 증거할 때에 좋은 방어가 될 수 있는 중요한 몰몬 유행어이다. 거리에서 증거하는 것은 매우 적대적인 분위기가 될 수 있다. 우리가 공개적으로 몰몬 교회의 기본에 도전을 하면, 몰몬들도 그들의 종교를 방어하러 일어설 것이다. 만일 당신이 이것들을 억제해 나가는 쪽이면, 몰몬들이 당신을 존경할 것이다. 대화가 뜨거워지기 시작하면, 당신이 이런 말로 평정을 되찾을 수 있다. "만일 논쟁을 원하시면 더이상 토론하지 않겠습니다." 그러면 몰몬이 화내고 큰소리를 낸 쪽이면, 대게 사과하고 평정해진다.

어떤 몰몬들은 특히 공식적인 자리에서 당신이 말한 것을 조롱하여 당신의 메시지를 비하하려 할 수가 있다. 조롱하는 눈치가 보일 때 이렇게 말해보라. "내가 말하고 있는 것을 조롱하는 겁니까? 나는 결코 당신이 나를 조롱하는 그런 식으로 내 형제를 조롱하지는 않습니다." 이 말을 들으면 자신들의 경전을 아는 몰몬들은 거의 항상 물러나 사과한다. 계속해 조롱하면 앨마서 5:30-31을 찾아 크게 읽어주라.

투쟁과 논쟁에 관한 잠언

성경은 투쟁과 논쟁에 관해 많이 언급하고 있다. 잠언에서 다음 구절을 찾아 읽고 용어에 대해 확실히 이해하라. 증거하는 데 도움이 된다.

- 10:12 "미움은 다툼을 일으켜도 사랑은 모든 허물을 가리느니라."
- 15:18 "분을 쉽게 내는 자는 다툼을 일으켜도 노하기를 더디 하는 자는 시비를 그치게 하느니라."
- 18:6 "미련한 자의 입술은 다툼을 일으키고 그 입은 매를 자청하느니라."
- 18:19 "노엽게 한 형제와 화목하기가 견고한 성을 취하기보다 어려운즉 이러한 다툼은 산성 문빗장 같으니라."
- 22:10 "거만한 자를 쫓아내면 다툼이 쉬고 싸움과 수욕이 그치느니라."
- 26:21 "숯불 위에 숯을 더하는 것과 타는 불에 나무를 더하는 것 같이 다툼을 좋아하는 자는 시비를 일으키느니라."
- 28:25 "욕심이 많은 자는 다툼을 일으키나 여호와를 의지하는 자는 풍족하게 되느니라."
- 13:10 "교만에서는 다툼만 일어날 뿐이라 권면을 듣는 자는 지혜가 있느니라."

충고를 잘 들으라. 이 경고에 주의하지 않으면 당신의 증거는 헛될 수가 있다.

복습을 위한 질문들

1. 당신이 몰몬에게 증거하는 데 도움이 되는 두 중요한 단어는 무엇인가?

2. 투쟁에 관해 당신이 좋아하는 잠언의 말씀은 무엇인가?

3. 왜 그러한가?

LDS 경전들 2

5과 성경과 LDS '경전들' 의 사용

*저자 노트: 성경은 영감에 의해 쓰였고, 권위가 있으며, 온전하며, 하나님만의 말씀이다. 기독교는 현대의 계시를 믿지 않으며, 나는 기독교인으로서 부가된 몰몬 교회의 '경전들' 이 영감을 받아서 쓰였거나 역사적으로 진실이라고 믿지 않는다. 당신이 증거할 때에 교리에 관한 요점을 보충하기 위해 되도록 자주 성경적으로 증명된 교재를 쓰라.

STOP 몰몬 용어집에서 '성경' 과 '경전' (LDS)에 대한 LDS 정의를 읽으라.

'경전들'

몰몬 교회는 몰몬들이 영감으로 된 '경전들' 로 믿는 **네 권**의 책이 있다. 그것은 성경, 몰몬경, 교리와 성약 그리고 값진 진주이다. 몰몬에게 전도하며 '성경' (경전들)이라는 말을 쓸 때 그들은 자동적으로 몰몬 교회에서 경전으로 인정하는 네 권 모두로 받아들인다.

몰몬 교회에서 쓰는 **성경은 인증된 흠정역(Authorized King James)이다.** 내용을 바꾸지 않았기 때문에 몰몬들에게 증거할 때는 몰몬 교회에서 인쇄된 성경을 쓰는 것이 안전하다.

몰몬경(Book of Mormon)은 몰몬들에게 가장 중요한 경전이다. 예수 그리스도의 또 다른 언약서라 하여 초기 미주의 유일한 고전 역사 기록으로 믿고 있다. 몰몬경은 B.C. 600년경에 미주로 이주한 조그만 이스라엘 집단이 결국 미원주민(인디언)이 된다는 이야기를 포함하고 있다. 몰몬경은 또한 예수 그리스도가 부활하신 직후 미대륙을 잠깐 방문했다고 한다. 기록에 의하면 예수님은 팔레스타인에 초대 교회가 세워진 것과 같이 미대륙에 그의 교회를 세웠다고 한다.

교리와 성약(The Doctrine and Covenant)은 여러 말일 선지자들에 의해 쓰인 몰몬 교회의 현대 계시책이다.

값진 진주(The pearl of Great Price)는 조셉 스미스의 특별 계시를 모은 책이다. 몰몬 교회의 많은 특이한 교리는 마지막 두 경전에서 왔다.

성경에 관한 말일성도의 관점

성경에 관한 몰몬 관점을 이해하는 것은 중요하다. 성경이 몰몬 교회에서 공적으로 인정되기는 하지만, 네 경전 중 가장 약하게 인중된다고 여겨진다. 우리가 자주 듣는 몰몬들의 말에, "올바르게 번역되어 있는 한 성경이 하나님의 말씀인 것을 믿습니다" 이다. 몰몬 선지자들은 성경이 너무 여러 번 번역되어서 더이상 정확하지 않거나 믿을 가치가 없다고 한다. 더욱이 그들은 많은 귀중한 진리들이 바뀌거나 통째로 없어졌다고 말한다. 이로 인해 몰몬 사람들은 가르침이 성경에 모순될지라도 자기네 교회의 교리에 전적으로 매달린다. 그들은 성경에 있는 기본 진리를 거부하는 동시에 그들이 '기독교' 인 것을 증명하려 성경을 사용한다.

삼중은혜사역(tri-grace Ministries)은 성경의 신뢰 가치에 대한 두 개의 시각자료를 만들었다. 이 배포물들은 몰몬들에게 성경이 정확하고 믿을 만한 가치가 있고 권위가 있다는 것을 이해시키는 데 도움이 될 것이다.

'성경의 단순한 진리와 성경의 값진 진리' 시각자료는 몰몬경에서 A.D. 100년에 변경되었다고 하는 역사의 그 시점에 성경이 변경될 수 없었던 것에 관해 명확하게 증명한다.

'성경의 단순한 진리와 성경의 값진 진리' 자료를 내려받기 위해서 http://www.trigrace.org/Resources.html 으로 가서 GospelTruth4U__Plain and Precious Truths.pdf을 보라. 또한 몰몬들과 대화할 때 어떻게 이 시각자료를 사용하는지를 설명한 비디오를 시청하라.

몰몬경과 몰몬주의

몰몬주의는 거듭나지 않은 사람에 의해 설립되고 여러 해 동안 주관되어온 거짓 종교이다. 각각의 새 '선지자'가 LDS 교회의 가르침에 대해 그의 개인적으로 선호하는 것들을 도입해왔다. 그 결과 공적 몰몬 교리가 수년 동안 극적으로 바뀌어 왔다. 이로 인해 몰몬경 안에는 한결같지 않은 것이 많이 있다.

당신의 주된 초점은 몰몬들에게 전도할 때 그 사람들이 성경과 성경의 진리로 향하도록 하는 것이다. 그리고 이차적 초점은 성경뿐 아니라 몰몬경전들이(특히 몰몬경) 몰몬 교리와 전적으로 모순됨을 보게 하는 것이다. 기독교인들에게는 몰몬경은 역사적으로 맞지 않고 영감으로 된 경전도 아니기에 아무런 권위가 없다. 그러나 몰몬들에게는 몰몬경이 주된 초점이다. 우리가 그들에게 교회의 현 교리에 모순되는 몰몬경의 가르침을 보여줄 때 그들이 매우 곤란해 하는 것을 경험했다.

LDS 교회는 반 몰몬 문헌을 읽는 것을 금지하므로, 대다수의 몰몬들은 그들의 교회에서 허가되지 않은 것을 읽을 시간을 내어주지 않을 것이다. 그러나 만일 당신이 그들의 경전에 대해 물으면 간혹 자유롭게 이야기할 수 있을 것이다. 성경의 교리들과 몰몬경의 교리들은 전부 일치하지는 않지만, 몰몬경은 전통적인 기독 신앙을 어느 정도 포함한다. 몰몬 사람들에게 몰몬경전들을 사용해서 도전하기를 장려한다. 성령이 출처에 상관없이 진리로 사람들을 깨닫게 할 것이다.

성경의 이 예를 참조하라. 민수기에 하나님은 당나귀를 사용하여 거짓 선지자인 발람에게 진리를 선포했다. 그리고 나서 하나님은 이스라엘 자손들을 축복하고 놀라운 메시아의 예언을 선포하는 데에 발람을 사용하셨다.

솔직히 그리고 먼저 몰몬들에게 당신은 몰몬경이 역사적으로 사실이거나 영감으로 쓰인 경전으로 믿지 않는다고 말하라. 그리고 토픽이 성경과 완전히 일치할 때에는 그 원칙에 동의할 수 있다고 설명하라. 그들은 성경이 몰몬경과 일치한다고 배웠기 때문에 이것을 받아들일 것이다. 만일 어떤 사람이 당신은 왜 몰몬경이 역사적으로 사실임을 믿지 않느냐고 물어오면 직접 몰몬경으로 들어가서 〈6과 몰몬경의 시대착오〉에 나와 있는 여러 가지 역사적 문제점들을 보여주라.

*요점: 놀랍게도 몰몬경에는 몰몬 교회의 드러난 교리들이 매우 조금뿐이다. 실제로, 몰몬주의의 많은 주된 교리는 몰몬경과 상반된다. 몰몬 교회의 이상하고 특이한 교리들의 대부분은 '교리와 성약' 이나 '값진 진주' 에서 발견된다. 이 때문에 당신의 토론은 주로 성경과 몰몬경에 초점을 맞추어야 한다.

몰몬 사람들은 토론에 '교리와 성약' 또는 '값진 진주' 를 소개하려 할 것이다. 그러면 당신은 다음의 대화를 통해 토론을 성경과 몰몬경으로 다시 돌릴 수 있다.

기독교인: 성경이나 몰몬경에서 참되시고 살아계신 하나님이 한 분보다 더 있다는 곳이 있다면 한 군데를 내게 보여줄 수 있겠습니까?

몰　　몬: 할 수 있을지 모르지만 교리와 성약 132편에 다른 참된 하나님이 있다고 말하고 있습니다.

기독교인: 교리와 성약은 말일 경전들이죠? 아닙니까?

몰　　몬: 예, 몰몬 교회는 현대 시대의 계시를 믿습니다. 조셉 스미스는 우리에게 말일 경전들을 주라고 하나님께서 보내신 선지자입니다.

기독교인: 나는 몰몬 교회가 하나님이 여럿이라고 믿는 것을 압니다. 그리고 당신 교회의 교리와 성약과 같은 더욱 최근의 계시가 이런 교리를 지원할 것을 기대합니다. 내가 알고 싶은 것은 성경이나 몰몬경 같은 고대 경전 어디에 참된 하나님이 한 분보다 더 많다고 말하고 있는지 입니다. 말일 선지자들이 고대의 선지자들에 동의하는지 알고 싶습니다.

여기에서 몰몬경 '소개' 로 가서 첫째와 여섯째 문단을 들어 당신이 토론을 성경과 몰몬경에 초점 맞추기를 원하는 이유로 사용하라. 이 책의 〈8과 몰몬경의 '소개' 사용〉에는 어떻게 이 정보를 당신의 간증에 쓸 수 있는지 구체적으로 설명되어 있다.

잃어버린 아브라함서/동영상

'값진 진주' 의 신빙성에 도전하는 훌륭한 자료가 '잃어버린 아브라함서' (the Lost Book of Abraham, The Institute of Religious Research, 1340 Monroe Avenue NW, Grand rapids, MI 49505 에서 구입하거나, 그들의 웹사이트 www.irr.org를 방문하라)라고 하는 비디오이다.

The King James 판 성경

몰몬 교회는 성경의 **인증된 King James** 판(KJV)만을 인정한다. 몰몬에게는 모든 다른 번역은 왜곡된 것이다. 몰몬 친구에게 이야기할 때 KJV만 쓰는 것이 현명할 것이다. 몰몬 교회에서 인쇄된 성경을 쓰면 더할 나위 없이 좋다. 이 책에 쓰인 성경본문은 모두 인증된 KJV에서 인용되었다.

복습을 위한 질문들

1. LDS 교회에서 인정하는 네 권의 경전들은 무엇인가?

2. 이 중에 어느 것이 몰몬들에게 가장 중요한가?

3. LDS 사람들은 성경은 옳게 ________되어 있는 한 하나님의 말씀이라고 믿는다.

4. 몰몬경은 역사적 사실도 아니고, 하나님의 영감으로 되어 있지도 않다. 몰몬들에게 증거할 때 이 것을 쓰는 목적은 무엇인가?

5. LDS 사람들에게 증거할 때 성경의 어느 번역판이 쓰기에 가장 좋은가? 왜 그러한가?

6과 몰몬경의 시대착오

문학작품에서는 시간적으로 앞뒤가 맞지 않는 대목들을 만나는 경우가 적지 않다. 이런 것들을 **시대착오**(**연대의 오기**)라 한다. 작가가 잘못해서 대상들을 그들이 존재하거나 발명되기 전의 시간대에 가져다 놓는다. 예로, 셰익스피어는 연극 '줄리어스 시저' 에서 시계를 이야기한다. 실제로 종치는 시계는 고대 로마에는 없었다. 이 대목은 이 연극의 역사적 배경에 맞지 않는다.

몰몬경이 그저 단순한 연극이 아니기에 시대착오가 드러나면 심각하다. 조셉 스미스는 1830년에 발행된 이 저술들이 기원전 2500년부터 기원후 400년 사이에 고대 미주의 역사를 포함했다고 생각되는 금판에서 번역되었다고 주장했다. 이 주장은 해를 거듭해 오면서 분명한 시대착오를 포함한 여러 가지 이유로 인해 자주 도전을 받았다. 다음의 몰몬경에서 역사적 정확성을 거부하는 일반적인 시대착오들을 생각해보라.

- **"…창을 달지 못하겠고…"** (이더서 2:23)–**기원전 2500년 경.** 이것은 바벨탑 때에 쓰인 것으로 여겨진다. 최초의 유리창은 색유리창으로 기원전 1세기에 로마 사람들이 발명했다. 이더서 3:1에도 또한 '투명한 유리' 를 언급하고 있다.

- **"…말과 마차…"** (앨마서 18:9-12; 제3니파이 3:22)–**기원전 600년에서 기원후 400년 경 사이.** 말과 바퀴에 관한 기술이 고대 미대륙에는 없었다. 스페인인들이 1500년경에 말을 가져왔다. 몰몬의 신세계 때에 말이나 마차가 있었다는 고고학적 증명이 없다.

- **"…철제 검들과 신월도**(新月刀, Cimeters)**…"** (이더서 7:9; 니파이후서 5:14-15; 예이롬서 1:8; 앨마서 2:12)–**기원전 2500년에서 기원후 400년 경 사이.** 고대 미대륙에는 제철 기술이 없었고, 신세계에 고고학에는 철로 된 칼이 한 자루도 발견되지 않았다. 몰몬경에 나오는 미대륙 원주민은 '철기시대' 에 도달한 적이 없다. 그러므로 철은 불가능하다.

- **"…코끼리…"** (이더서 9:19)–**기원전 2500년 경.** 이 구절은 코끼리가 미대륙에서 쓸모 있는 것을 알았다고 말한다. 아마도 코끼리에 맞는 묘사는 이미 선사시대에 멸절된 털 많은 맘모스일 가능성이 있다.

● **"…금화와 은화…"** (앨마서 11:3-19)—**기원전 421년 경.** 몰몬경에 언급된 금화나 은화는 미주의 고고학에서 발견된 적이 없다.

● **"…아듀**(Adieu)**…"** (야곱서 7:27)—**기원전 약 421년.** 아듀(안녕)는 불어 용어. 불란서어는 A.D. 700년 까지는 존재하지 않았다.

● **King James 판 성경—기원전 600년에서 기원후 400년 사이.** 다른 큰 문제는 몰몬경은 King James 판 성경에서 직접 복사해온 긴 구절들을 포함하고 있다는 것이다. KJV 초판은 기원후 1611년에 쓰였다. 이사야 2-14장, 48장, 49장, 52장, 54장을 니파이전서 20-21장, 그리고 니파이후서 6장, 8장, 12장, 24장과 비교해보라.

몰몬경의 그리스 시대착오

몰몬경에서 그리스어를 보는 것은 이야기 중의 인물들이 아마도 기원전 600년경, 바벨론에 포로가 되기 전에 이스라엘을 떠난 히브리말을 쓰던 이스라엘 사람들이라고 추정되기에 큰 결점이 된다. 200년과 두 아람어를 쓰는 제국이 그리스 정복자 알렉산더 대제가 역사에 나타나기 전에 오고 갔기에 히브리 민족들이 그리스어를 알았다는 것은 거의 있을 수 없는 일이다. 알렉산더의 영향으로 그리스어는 기원전 400년 이후 일반 통상 언어가 되었다. 그러므로 히브리 사람들이 일상생활에 익숙하지 않은 외국어를 썼다는 것은 불가능하다. 더욱이 몰몬경의 이야기에 나오는 사람들이 기원전 600년 이후에는 구세계와는 접촉이 없었기에 몰몬경에 그리스어가 흩어져 쓰인 것을 보는 것은 커다란 역사적 오류이다.

● **"…알파와 오메가…"** (제3니파이 9:18)—사람들이 그리스어를 몰랐을 것이기에 예수께서 그가 '알파요 오메가' (그리스 알파벳의 처음과 마지막 글자)라 한 말씀은 무의미했을 것이다.

● **"…그리스도…"** (니파이후서 25:14-29)—**기원전 550년 경.** 그리스도는 그리스어로 히브리어의 '메시아' 이다. 둘 다 '안수 받은 자' 와 정확히 같은 것을 의미한다. '그리스도' 와 '메시아' 라는 말이 몰몬경 전반에 걸쳐 번갈아 쓰이고 있다(또한 니파이후서 31:13을 보라. 그리고 더 많다).

● **"…기독교인…"** (앨마서 46:13-16)—**기원전 73년.** 이것은 그리스말이고, 성경에서 믿는 자들이 안디옥에서 처음 기독교인이라는 말을 쓴 것은 기원후 63년경이다(사도행전 11:26).

● **"…디모데…요나…지노스…"** (제3니파이 19:4; 니파이전서 19:10,12)—이들은 모두 그리스 이름들이다.

● **"…구제…"** (제3니파이 13:1-4)—그리스말 '구제'에 해당하는 히브리말은 없다.

시대착오를 정당화하려는 시도

이 일반적인 그리고 그리스어에서의 시대착오가 몰몬경의 완전성의 핵심을 무너뜨리고 있기 때문에 그것을 피하려는 몰몬의 반응들이 있다. 다음은 기독교인과 몰몬 사이에 있을만한 대화이다.

기독교인: 내가 보여준 시대착오를 어떻게 설명합니까?

몰 몬: 몰몬경이 진리라는 것을 증명하는 많은 고고학적 증거가 있습니다.

기독교인: 몰몬 교회와 다른 세속 자료를 통해 그런 형태의 증거를 나도 찾아왔지만 아무런 고고학적 증거를 찾지 못했습니다. 내게 보여줄 수 있겠습니까? (이 반응에 대한 심도 있는 답변을 위해 〈7과 다른 역사적 문제점들〉을 보라.)

몰 몬: (다른 전형적인 몰몬의 응답) 우리는 고고학적 증거가 필요 없습니다. 우리는 믿음으로 몰몬경이 참된 것을 믿고, 하나님으로부터 그 참된 것에 대한 영적 증거를 받았습니다. 나는 몰몬경이 참되고, 조셉 스미스가 하나님의 참된 선지자이고, 몰몬 교회가 참된 것을 압니다.

기독교인: (《4장 감정 다루기》의 13-16과를 보라.)

복습을 위한 질문들

1. 당신이 몰몬에게 증거하는 데 도움이 되는 두 중요한 단어는 무엇인가?

2. 몰몬경 중에 어떤 시대착오가 몰몬경이 틀렸음을 가장 잘 입증하는가?

3. 왜 그러한가?

7과 다른 역사적 문제점들

이 과는 시간에 관계된 문제 외에도 더 많은 문제들이 있기에 '몰몬경 시대착오'에 관한 토론에 이어 계속된다. 몰몬경에 나타나는 다음의 '역사적' 기재 사항들은 신빙성과 가능성이 없거나, 또는 실제로 증명할 수 없는 것들이다.

- **사라진 미원주민의 기독교**—제4니파이는 거의 200년 동안(기원후 36-201) 모든 미주 원주민이 기독교로 훈련되었다고 한다. 그러나 지금까지 고대 미주에 기독교가 번창했었다는 증거가 없다. 어떻게 200년의 기독교 역사가 신세계의 고고학적 기록에서 완전히 사라질 수 있는가?(제4니파이 1:24).
- **쿠모라 언덕 전투**—몰몬서 6:11-16(기원후 385년)와 이더서 15:1-11(기원전 600년 이전)에 기록된 바에 의하면, 뉴욕 주 팔미라의 조셉 스미스 집에 가까운 곳에 있는 쿠모라 언덕에서 일어났던 이 두 번의 전투가 수백만의 목숨을 앗아갔다고 한다. 그러나 큰 전투가 있었다는 아무 증거가 없다. 칼, 놋 헬멧, 동, 흉배, 마차 등.
- **솔로몬 왕의 성전 같은 성전**—니파이후서에 많은 사람들(남녀어린이 모두 100명 미만)이 솔로몬 성전 크기의 성전을 지은 것으로 기록되어 있다. 만일 솔로몬이 그의 웅장한 성전을 짓는데 100,000명 이상의 일꾼들을 써서 7년이 걸렸다면, 니파이와 몇 명 안 되는 추종자들에게는 얼마나 걸렸겠는가?

비디오 자료들(Source flix & Living Hope)

- **DNA 대 몰몬경** (DNA versus the Book of Mormon)—몰몬경은 한 이스라엘 가정이 미주로 이민했다고 이야기한다. 몰몬주의는 이 이스라엘 사람들이 미원주민의 주된 조상이라고 주장한다. 이 비디오는 과학자들이 이 믿을 수 없는 주장을 시험하기 위해서 한 DNA조사와 그 결과들을 드러낸다.
- **성경 대 몰몬경** (the Bible versus the Book of Mormon)—몰몬경은 성경에 비교할만한 거룩한 경전이라 주장하지만, 과연 비교가 될까? 이 비디오는 관련된 질문으로 두 책을 같은 시험대에 놓는다.

이들과 또 다른 자료들을 구입하려면
Source flix & Living Hope Website(www.SourcesFlix.com)로 가보라.

정황 증거 대 고고학적 증명

몰몬들은 몰몬경의 역사적 정확성을 증명하기 위해 정황 증거를 쓰려한다. 몰몬경의 역사를 입증하거나 하지 못할 이 계획에 넘어가는 바보가 되지 마라. 고대 돌 상자, 고대 미주의 콘크리트 발견, 또는 층계가 있는 침례탕으로 쓰인 풀들(fools) 같은 정황 증거들은 몰몬경의 증거가 아니다.

고고학적 증명은 정황 증거와는 매우 다르다. 고고학적 증명은,

- 몰몬경에 언급된 고대 인물들의 이름을 확인한다.
- 몰몬경의 도시들을 확인한다.
- 쿠모라 언덕 전투 같은 주된 사건의 증거를 드러낸다.
- 고대에 쓰인 몰몬경 원본의 일부라도 찾는다.
- 몰몬경에 언급된 마차, 칼, 놋 헬멧, 몰몬 화폐 등 신세계에서 구체적인 물품들을 찾는다.

*저자 노트: 나는 몰몬경 속의 사람, 장소, 또는 사건의 고고학적 증명을 세상이나 몰몬의 자료에서 찾아왔다. 지금까지 몰몬경이 참된 역사라는 한 가지 증거도 찾지 못했다. 당신의 몰몬 친구에게 몰몬경이 주장하는 고고학적 증명을 보여 달라고 도전해보라.

성경적 증거

성경의 고고학적 증거는 넘치게 많다. 기독교 서점에 가서 성경의 역사성을 증명할 수 있는 수천의 고고학적 예를 포함한 책을 찾아보라. 한 예로 토마스 넬슨(Thomas Nelson Inc.)에서 1998년에 발행한 Nelson' s Illustrated Encyclopedia of the Bible이 있다. 수백 개의 증거들이 담겨있다.

복습을 위한 질문들

1. 정황 증거와 고고학적 증명의 차이가 무엇인가?

2. 몰몬경의 역사적 진실성을 뒷받침하는 어떤 고고학적 증명이 있는가?

3. 성경의 역사적 진실성을 뒷받침하는 어떤 고고학적 증명이 있는가?

8과 몰몬경의 '소개' 사용

당신의 몰몬 친구와 이 책에 나온 여러 가지 토픽을 토론하면 **성경이나 몰몬경이 몰몬 교회의 가장 중요한 교리를 뒷받침하지 않기 때문에** 다음의 두 인용문을 자주 쓰고자 할 것이다. 당신은 다음의 인용문이 1981년 판 몰몬경의 '소개' 라는 제목으로 첫 몇 페이지에 있는 것을 보게 된다.

첫째 구절 인용

"몰몬경은 성경과 같은 하나의 경전이다. 이 경전에는 미대륙에 살았던 고대 주민들에게 하나님께서 행하신 일이 기록되어 있으며, 성경과 마찬가지로 충만하고 영원한 복음이 실려 있다."

몰몬경의 이 인용문을 읽고 몰몬 친구에게 다음의 질문을 해보라.

- 당신은 성경과 몰몬경이 둘 다 충만하고 영원한 복음을 싣고 있다는 주장에 동의하는가?
- 충만하다는 것은 무엇을 의미하는가?
- 영원하다는 것은 무엇을 의미하는가?

만일 '충만하고 영원한 복음' 이 완전한 복음을 의미한다면, 복음에 관해 몰몬주의가 가르치는 모든 것은 성경과 몰몬경 양쪽에 다 실려 있다는 의미이다. 여기 조셉 필딩 스미스(Joseph Fielding Smith)의 인용이 논쟁을 도울 것이다. "복음의 충만함. 복음의 충만함이란 해의 왕국에서의 들림에 알맞은 모든 법령과 원리를 의미하며"(구원의 교리 1권, p160, 조셉 필딩 스미스).

여섯째 구절 인용

"…예언자 조셉 스미스는 이 기록에 관해 다음과 같이 말했다. "나는 형제들에게 몰몬경은 지상의 어떠한 책보다도 가장 정확한 책이며, 우리 종교의 종석(宗石)이고, 이 책의 교훈대로만 살아간다면 하나님 앞으로 더욱 가까이 갈 수 있다고 말하였다."

몰몬들과 함께 이 인용을 읽은 후 다음 질문을 해보라.

- 당신은 몰몬경이 지구상에서 가장 정확한 책이라고 믿는가?
- 몰몬경이 당신 종교의 종석이란 무엇을 의미하는가?
- 당신은 다른 책보다 몰몬경에 포함된 교훈대로 살아가면 하나님께 더 가까워질 수 있다고 믿는가?

두 인용을 검토한 후에 하나 더 질문하라.

- 주어진 주제에 성경과 몰몬경이 일치한다면, 이 주제가 참된 교리나 원리라고 결론짓는 것이 맞는가?

몰몬에게 맞는 답은 '예' 이어야 한다.

복습을 위한 질문들

1. 만일 몰몬주의의 근본 교리가 성경이나 몰몬경이 아니라면, 이 과에서 지적해낸 인용이 당신에게 왜 유익한가?

2. 몰몬경 소개의 첫째 구절에 있는 '충만하고 영원한 복음' 은 무엇을 의미하는가?

3. 성경에 관해 여섯째 구절은 무엇을 암시하는가?

간증 준비 3

9과 두 가지 간증 기술

몰몬들에게 간증할 때는 특별히 두 가지 기술이 간증 요령의 일부가 되어야만 한다. 그것은 **'진리 대 오류'** 및 **'굶주리고 갈급하게 하는 원리'** 이다.

진리 대 오류

이 책의 많은 정보는 몰몬주의 교리의 오류에 맞서기 위해 도안된 성경적 진리이다. 몰몬들에게 이 진리들을 들어낼 때 논란의 근거로 '경전들' 을 쓰는 것이 중요하다.

'진리 대 오류' 간증 기술은 이 책에 토론된 토픽에 관련된 증명된 본문을 읽으며 사람들에게 말할 때 가장 효과적이다. 문단 읽기를 마쳤을 때마다, "이것이 무엇을 말합니까?" 하고 물으라. **그들이 방금 읽은 것이 그들 교회에서 가르친 것과 다를 때에, '진리 대 오류' 가 역할을 한다.** 당신이 하고 있는 것은 성령으로 하여금 성경의 진리로 그들의 오류를 확인하게 하는 것이다. "하나님의 말씀은 헛되이 내게로 돌아오지 아니하고 하나님께서 기뻐하시는 것을 이루리라" (이사야 55:11).

굶주리고 갈급하게 하는 원리

굶주리고 갈급하게 하는 원리는 '진리 대 오류' 만큼 중요하다. '진리 대 오류' 는 몰몬들이 그들의 종교에 의문하도록 도안된 반면, **굶주리고 갈급하게 하는 원리는 그들이 참된 기독교인들이 예수 그리스도 안에서 발견한 것을 원하도록 도안되었다.** 그들의 잘못된 종교 체계의 오류들을 드러낸 후, 부서진 것을 참된 것으로 대치하는 것이 아주 중요하다.

복음은 복된 소식이다. 당신 자신의 구원의 간증을 통해 예수 그리스도와의 개인적인 관계가 다른 어떤 종교 체계의 끝없고 소망 없는 일보다도 한없이 만족스러움을 보여줄 수 있다. LDS 사람들은 하나님과 화평한 것이 무엇인지, 죄의 완전한 용서, 영생, 성령의 내주를 통한 하나님과의 관계 등을 이해하지 못한다. 당신은 그들이 그리스도가 굶주린 영혼에 영원한 평화를 가져다 줄 오직 한 분임을 보도록 도울 수 있다. 이것이 굶주리고 갈급하게 하는 원리이다.

복습을 위한 질문들

1. 당신 자신의 말로 '진리 대 오류' 를 설명하라.

2. 당신 자신의 말로 '굶주리고 갈급하게 하는 원리' 를 설명하라.

3. 왜 두 전도 기술이 중요한가?

10과 대화 시작하기

대다수의 몰몬들은 그들의 종교에 관해 이야기하는 것에 매우 개방적이다.

최선의 대화 시작하기

몰몬에게는 '몰몬경' 이 쓰여 있는 것 중에 가장 중요한 문서이기에 몰몬들은 당신에게 몰몬경을 읽도록 도전할 것이고, 하나님께서 그 책의 진실한 것을 나타내도록 기도하라고 요구할 것이다.

당신은 이 책에서 발견되는 주제들에 관계된 것을 몰몬경으로 공부하라. 시간과 노력이 들겠지만 몰몬들에게 간증할 때에 어마어마한 이득이 될 것이다. 당신은 그들에게 몰몬경을 공부해왔고 몇 가지 질문이 있다고 말할 수 있다. 그들이 당신의 질문에 답하고자 할까? 만일 거절하면 반 몰몬이 될 것이다. 이젠 이 책에서 배울 주제들의 학습 중 하나로 그들을 데리고 가라.

가족은 영원한가?

STOP **몰몬 용어집에서 '천상의 결혼' 과 '영원한 가족' 에 대한 LDS 정의를 읽으라.**

'가족은 영원하다' 는 잘 알려진 말은 몰몬교에서 온 것이다. 이 온화하고 흐릿한 교리는 몰몬 교회의 아주 인기 있는 것 중의 하나이지만 가장 큰 속임수 중의 하나이기도 하다. 당신의 몰몬 친구와 몰몬주의를 토론하는 중에 그들로부터 "그러나 당신은 당신 부인과 식구들이 영원히 함께하기를 원하지 않습니까?" 라는 말을 어느 땐가는 듣게 될 것이다.

이 거짓 교리는 조셉 스미스에 의해 성약과 교리 131-132편으로 몰몬교에 소개되어 졌다. 이 개념은 부르스 알 맥컨키(Bruce R. McConkie)가 몰몬 교리 684쪽에서 성전 봉인이 '…성전에서 남편과 부인이 결혼으로 영원히 결합되고 또 아이들이 부모들과 영원히 봉인되어 이루어지는 법령' 이라고 말했다.

몰몬주의는 가장(家長)의 사회이며, 몰몬이라고 인정받을만한 가치가 있는 사람은 이생에서 적절한 권위자(LDS 교회)에 의해 그에게 봉인됨으로 자신의 부인과 아이들을 해의 왕국에 데리고 갈 수 있다고 믿는다. 이것은 몰몬들에게 그들의 영원한 미래에 대한 잘못된 안전감을 주며, 몰몬을 믿지 않더라도 선한 몰몬 부모에게 봉인되어 그들도 '이룰 수 있다' 는 희망에 매달리게 된다. 이 교리는 몰몬주의 내에서조차도 전혀 불합리하고 성립이 되지 않는다. 다음 각본을 생각해보라.

> 당신은 어릴 때에 몰몬 성전에서 당신의 LDS 가족에게 영원히 봉인되었다. 어른이 되어 (다른) 몰몬과 결혼해서 그 사람과 영원히 봉인이 된다. 불행히도 그 사람도 또한 그의 가족들에게 영원히 봉인되어 있다. 여기에 심각한 문제가 생긴다. 당신의 부모에게 영원히 봉인되고, 또 배우자에게도 영원히 봉인될 수가 있는가? 아이들을 갖게 되면, 그들은 당신의 새 가족에 봉인되며, 한편, 이미 가족에게 봉인된 몰몬과 결혼할 때에 문제는 복잡하게 된다. 어떤 봉인이 우선권이 있는 것인가?

이 환상에 마지막 걸림돌 하나가 있다. 모든 헌신적인 남녀의 최종 목표는 하나님으로 들림 받는 것이다. 들림을 이루었을 때 각 존경받는 남녀는 그들 자신의 세상에서 신(神)과 여신(女神)이 된다. 이것이 참되다면, 어떻게 가족이 영원히 함께할 수 있는가? 같이 있는 대신, 가장 선한 가족들은 다른 별들에 동떨어져 있게 될 것이다.

'가족은 영원하다' 는 생각은 몰몬주의보다는 기독교에서 더 참되다. 예수 그리스도를 구원자로 받아드린 각 가족구성원은 하늘에서 가족 단위로 사는 것을 그리지 않고 하늘의 경이를 나눌 것이다. 몰몬주의와 달리 영생의 초점은 이 세상에서 누린 우리 가족이나 그 관계에 있지 않다. 우리의 영원한 초점은 하나님이다.

이런 부조화에 부딪히면 몰몬은 "우리는 모든 것을 다 알지는 못하지만 하나님이 잘 알아서 하시겠지요." 몰몬들은 '영원한 가족' 의 난점에 관한 이성적인 설명이 없다. 그러나 이 주제가 그들을 계속 따라다닌다는 것을 우리는 경험으로 알고 있다.

복습을 위한 질문들

1. 최선의 대화는 무엇이며, 이 방법을 쓸 때 무엇이 필요한가?

2. 만일 마지막 결말에 대한 몰몬 교리를 당신이 따르면, 가족은 영원한가? 아니라면, 왜 아닌가?

11과 몰몬교는 기독교인가?

최근 수년 동안 LDS 교회는 기독교의 또 다른 교파로 받아드려지기 위해 무척 노력해왔는데, 기독교 공동체가 몰몬주의를 기독교로 받아드리지 않는 것이 몰몬들을 난감하게 한다. 이를 그들에게 간증할 기회로 사용하라.

기독교인과 몰몬사이에 추천하는 대화

몰　　몬: 어느 종교에 속하십니까?

기독교인: 나는 기독교인입니다. 당신은요?

몰　　몬: 나는 예수 그리스도 말일성도교회 교인입니다. 우리도 기독교인입니다.

기독교인: 왜 당신은 몰몬 교회가 기독교라고 생각합니까?

몰　　몬: 예수를 믿기 때문입니다. 그의 이름은 우리 교회에도 있습니다.

기독교인: 질문을 하나 해도 되겠습니까? 나는 몰몬경이 영감으로 써졌다고 믿지 않고, 조셉 스미스도 참된 선지자로 믿지 않습니다. (그런데도) 내가 다른 사람에게 (나는) 몰몬이라고 하면 솔직한 것입니까?

몰　　몬: 물론 아니죠.

기독교인: 왜 아닙니까?

몰　　몬: 당신은 우리가 믿는 것을 믿지 않기 때문입니다.

기독교인: (그것입니다) 그렇기 때문에 당신은 몰몬교를 기독교라고 부르면 안 됩니다. 당신의 교회는 예수님 때부터 있던 성경적 기독교의 근본적 교리에 어느 것도 일치하지 않습니다.

몰　　몬: 무슨 의미이십니까? 우리가 그렇게 동떨어져 있다고 생각지 않습니다.

이런 식의 대화는 간증할 기회를 여는 아주 좋은 기회이다. 세상의 많은 종교들은 예수라 부르는 역사 속의 사람을 믿는다. 무슬림, 여호와의 증인, 몰몬 등. 이 종교들 어느 것도 기독교가 아니다. 성경이 말하기를 "…귀신들도 믿고 떠느니라" (야고보서 2:19)고 했다. 이 책에 토론된 많은 논쟁들은 몰몬교가 기독교라는 그들의 생각에 효과적으로 도전하여 당신의 몰몬 친구들에게 참된 예수와 성경의 참된 복음을 소개하도록 도울 것이다.

복습을 위한 질문들

1. 몰몬이 "당신은 어느 종교입니까?" 라고 물을 때 어떻게 대응해야 하는가?

2. 왜 몰몬들은 몰몬교가 또 다른 기독교 교파라고 생각하는가?

3. 왜 몰몬교는 기독교가 아닌가?

12과 모로나이서 10:3-5

모로나이서 10:3-5은 몰몬경에 나오는 구절로 몰몬들이 자주 언급할 것이다. 그들은 당신에게 이 절 읽기를 청하고 나서 "몰몬경에 대해 기도할 뜻을 가지고 하나님께 이것이 참되다는 것을 보여 달라고 물으시겠습니까?" 라고 할 것이다. 이 요청은 우리에게 간증할 완벽한 기회를 준다.

> 모로나이서 10:3-5 "보라. 내가 너희에게 권고하거니와 하나님께서 합당하다 여기시어 허락하사 너희로 이 기록을 **읽게** 하실 때에 너희는 아담이 창조된 때로부터 너희가 이 기록을 **받을** 때까지 주가 베푸신 자비를 기억하며 이를 마음속 깊이 **간직**하라. 또한 내가 너희에게 권고하거니와, 너희가 이 기록을 **받거든** 영원하신 하나님 아버지께 예수 그리스도 이름으로 이 기록들이 혹 참된 것이 아닌지 간구하여 보라. 너희가 참마음 참뜻을 가지고 그리스도를 믿는 신앙으로써 간구할진대 하나님께서는 성신의 능력으로 이것들이 진실함을 밝히 나타내어 보이시리라. 또한 성신의 권세로써 너희가 온갖 진리를 알지니."

모로나이서 10:3-5 사용방법

당신은 이 구절을 역으로 사용함으로써 유익을 볼 수 있다. 마지막 니파이의 선지자인 모로나이의 교훈은 그저 책이 참된지 하나님께 기도하고 물으라는 것만이 아니다. 굵은 글자들은 책에 쓰인 것을 읽고, 받고, 간직하는 것이 얼마나 중요한지 언급한다. 그러므로 당신의 몰몬 친구에게 "몰몬경을 읽었습니까? 몰몬경이 참되다는 것을 보여 달라고 기도도 하고, 하나님께 물어도 보셨습니까? 하나님이 뭐라고 말씀하셨습니까?" 라고 물어 본 후 "그렇다면 당신이 몰몬경이 가르치는 모든 것을 믿는다고 생각하겠습니다" 라고 이어가라.

그들은 위의 질문들에 거의 확실히 긍정적으로 대답할 것이다. 그러면 당신은 이렇게 말하라. "몰몬경을 공부하고 있는데, 몇 가지 궁금한 질문이 있습니다. 《5장 하나님 교리》와 《6장 하나님에 대해 생각함》, 그리고 〈41과의 불가능한 복음〉에 관련된 토론을 통해, 그들이 실제로 몰몬경에서 가르치는 것을 믿는지 보라.

복습을 위한 질문들

1. 모로나이서 10:3-5은 기도뿐 아니라 다른 세 가지를 하도록 교훈한다. 무엇인가?

-
-
-

2. 몰몬과 의미 있는 토론에 들어가기 위해 모로나이서 10:3-5을 어떻게 쓸 수 있는지를 설명하라.

감정 다루기 4

13과 LDS 간증

몰몬 용어집에서 '성신'(Holy Ghost)과 '성령'(Holy Spirit)에 대한 LDS 정의를 읽으라.

몰몬 교회는 보통 **'간증'** **'가슴이 뜨거워짐'** 또는 **'영적 증거'** 라고 불리는 영적이고 긍정적인 느낌이 있는 믿음의 체계를 지원한다. 이런 영적 느낌들은 잘못된 영들과의 만남의 결과일 수도 있다. 영의 방문은 몰몬교에서 격려하며 개인적인 진리의 드러냄이라 믿어진다. 그러므로 고고학이나 고대 원고 등은 '영적 문제' 를 확인하는 데는 필요하다고 생각하지 않는다. 다음 그림은 이 현상 뒤에 있는 원형의 이성을 설명한다. 어떻게 한 몰몬이 그들의 믿음을 정당화시키는지를 보라.

LDS 간증은 "너는 네 생각으로 그것을 연구해야만 하느니라. 그러고 나서 그것이 옳은지를 내게 물어야 하나니 만일 그것이 옳으면, 내가 내 가슴을 네 속에서 뜨겁게 할 것이라. 그러므로 너는 그것이

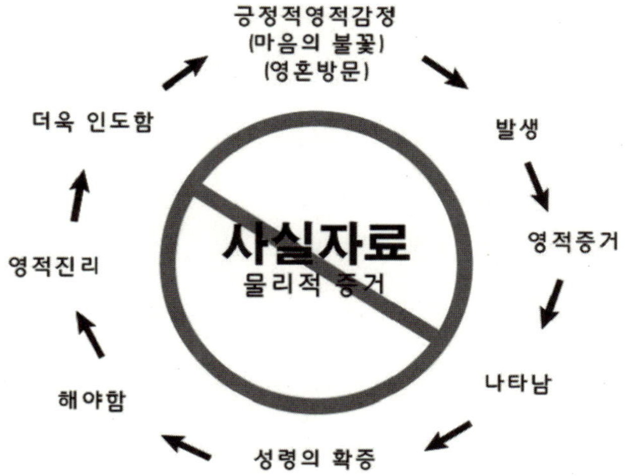

옳은 줄 느끼게 되리라. 그러나 그것이 옳지 아니하면, 네게는 그러한 느낌이 없을 것이요, 도리어 생각이 둔하여져 들은 것을 잊어버리게 되리니, 그러므로 내게서 주어지지 아니하면 너는 성스러운 것을 기록할 수 없느니라"(교리와 성약 9:8-9)는 교리와 성약에서 볼 수 있는 몰몬경 구절에 근거를 둔다. 당신이 볼 수 있는 것처럼 진리든 허위든 근거를 모두 느낌에 두고 있다.

몰몬들에게 증거할 때에 이런 합리적이지 않은 생각을 다루는 것이 가장 힘들다. 아무리 논점이 사실적이라 할지라도, 당신이 말한 것에 대해 적극적이고 영적인 느낌이 없으면 그들을 따라오게 할 수 없다.

우리는 LDS 간증에서 두 가지 도전할 것을 찾았다. 첫째이면서 가장 중요한 것은 당신의 삶과 당신의 간증을 통하여 말한 하나님의 말씀이다. 이사야는 하나님의 말씀은 결코 헛되지 않고 그가 기뻐하는 것을 이루리라고 했으며(이사야 55:11) 요한계시록 12:11은 "어린 양의 피와 자기들이 증언하는 말씀으로써 그를 이겼으니"라고 말하고 있다. 다른 것은 **조셉 스미스**의 생애에 대한 역사적 이야기가 몰몬 교회에 의해 기록이 된 것이다(이 장의 뒤에 더 나온다).

*흥미 있는 점: 몰몬들은 신학적으로 구석에 몰리게 되면 가끔 '그들의 간증'을 한다. 그들은 이런 식으로 말할 것이다. "당신이 뭐라고 말하더라도 나는 몰몬 교회가 참되고, 조셉 스미스가 참된 선지자이고, 몰몬경이 참된 것을 압니다."

몰몬 친구 가 이렇게 이야기하면 실망하지 마라. 그들은 다만 그들의 믿음을 방어할 수 없을 때 지시 받은 대로 하는 것일 뿐이다. 그들만의 간증에 의지하여 흔들리지 않은 듯이 보이려 하는 것이고, 실제로, 이것은 성령님이 그들을 견책하는 확실한 증명이다.

복습을 위한 질문들

1. LDS 간증을 당신의 말로 설명해보라.

2. 왜 이것이 몰몬에게 간증할 때에 다루기 어려운 사항이라고 생각하는가?

14과 LDS 간증에 대한 대응

LDS 간증에 대응하는 두 가지 방법이 있다.

당신의 간증을 나누라

당신의 간증은 어느 LDS 간증과 다를 것이다. LDS 간증은 그들의 종교에 대한 것이고 기독교인의 간증은 예수와의 관계에 대한 것이다. 많은 몰몬들이 예수와의 관계에 갈급해서 예수와 개인적으로 걷는 당신의 간증은 그들이 결코 잊지 못할 특별한 것이 될 것이다. 몰몬과의 대화를 끝낼 때에는 항상 그들과 기도하라. 몰몬들은 기독교인처럼 기도하지 않는다. 기독교인은 하나님과 개인적인 관계를 가지고 이야기하듯 기도하지만, 몰몬들의 기도는 매우 정중하고 개성이 없어 마치 전화기에 응답메시지를 남기는 것과 같다. 그래서 그들은 기독교인의 기도를 들은 후에 때때로 "와, 희한하네요! 마치 하나님과 실제로 이야기하는 것과 같이 들립니다"라고 말한다. 당신의 간증과 마음으로부터의 기도는 당신들이 짐작하는 어느 것보다 더 몰몬들에게 충격을 준다.

'캐나다인 판권사건(The Canadian Copyright Episode)을 사용한 그들의 간증 출처에 관한 도전'

캐나다인 판권사건은 B.H.로버트(B.H Robert)에 의해서 기록된, 말일성도 예수 그리스도의 교회의 전체 역사 중, 몰몬의 초기역사 이야기이다.

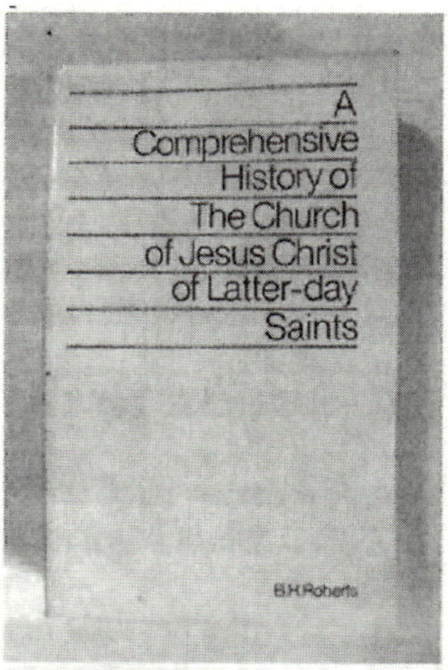

데이비드 윗트머(David Whitemer)에 의하면, 하이럼 스미스(Hyrum Smith)가 그에게 형제들 몇이 캐나다 토론토에 가서 몰몬경의 판권을 큰 금액을 받고 팔 것을—저작권을 완전히 매각하는 것이 아니라 캐나다 지역에서 발행할 권리를 팔 것을—제의했다고 말했다.

그는 조셉 스미스가 주께 간구해 '몇 형제가 캐나다 토론토에 가서 판권을 팔 계시를 받도록' 하는 결과를 얻도록 설득했다.

그에 따라 올리버 카우더리(Oliver Cowdery)와 나중에 8증인의 하나가 된 하이럼 페이지(Hirum Page)가 판권을 팔러 캐나다에 갔으나 실패했다.

선지자는 실패를 시인하고 주께 간구하였다. 그는 응답으로 "어떤 계시는 하나님으로부터 오고, 어떤 계시는 사람으로부터 오며, 또 어떤 계시는 마귀로부터 온다"는 메시지를 받았다(몰몬 교회의 전반적인 역사, 1권, pp.162-163).

당신이 이 역사적 설명에서 보듯이, 조셉 스미스는 자신도 하나님으로부터 온 것이 아니라고 인정하는 하나의 '계시'를 받았다. 그리고 그는 이 계시에 양자택일의 출처를 내어 놓는다. 하나는 자기 자신의 마음으로부터일 수 있다는 것이고 다른 하나는 마귀로부터일 수 있다는 것이다. 이것은 전적으로 느낌에 근거를 둔 LDS 간증에 심각한 문제를 제기한다. 만일 조셉 스미스가 그의 계시가 하나님, 자기, 또는 마귀로부터 온 것인지 가려낼 수 없다면, 어떻게 LDS 사람들이 자기들 간증이 하나님으로부터 왔다고 확인할 수 있겠는가?

LDS 간증은 조셉 스미스가 참된 예언자이고 몰몬경이 참되다고 믿는 많은 몰몬 분리주의자들에 의해 더욱 복잡해진다. 그들도 기도하여 진리를 드러내려고 가슴이 뜨거워지는 것을 찾으라는 '교리와 성약' 9:8-9에 있는 시험을 따른다. 그러나 각 그룹이 그들의 마음으로부터 기도의 다른 응답을 받는다.

유타 주 만티(Manti)에 있는 **참되고 살아있는 말일성도 예수 그리스도의 교회**(TLC; The True and Living Church of Jesus Christ of Saints of the Latter-day)는 그들의 예언자가 유일한 참된 예언자라고 믿고, 애리조나 주의 콜로라도 시(Colorado city)에 있는 **근본주의말일성도**(FLDS; The Fundamental Latter-day Saint)는 자기네 예언자가 오직 참된 예언자라고 믿으며, **연합된 사도적 형제들**(The United Apostolic Bredren; the Allred Group으로도 알려진)은 자기네 예언자가 오직 참된 예언자라 믿는다. 이러니 이들 중 (the LDS, the TLC, the FLDS, the Allred Group) 어느 몰몬그룹이 옳은가? 시험(문제)은 다 똑같은 데, 왜 대답이 각기 다른 것인가?

TGM(Tri-Grace Ministries)에서는 당신이 몰몬 간증을 도전하는 데 돕기 위해 'the feeling visual'로 제목이 붙여진 3단계 대화형 훈련교범을 만들었다. 'the feeling visual'을 내려받기 위해서 http://www.trigrace.org/Resources.html 으로 가라. 또한 LDS 사람들과 어떻게 이 시각자료를 사용하는지를 설명한 비디오를 시청하라.

복습을 위한 질문들

1. 만일 당신이 몰몬에게 간증을 나눌 기회가 생기면 어느 구절을 쓰겠는가?

2. 몰몬교인들의 입장에 서서 왜 '캐나다인 판권 이야기'가 그들의 몰몬 간증에 충격이 될 수 있는지를 설명하라.

15과 영을 다 믿지 말라

영적 간증

한 몰몬이 "영이 내게 옳다고 말했기에 나는 내가 믿는 것이 옳다는 것을 안다"고 말할 수 있다. 어떤 사람이 이렇게 이야기할 때 당신은 "어떤 영이 그것이 옳다고 말했습니까, 그리고 어떻게 당신은 당신에게 말한 영이 하나님이 보낸 영인지 압니까?"라고 물을 수 있다.

> 요한일서 4:1 "사랑하는 자들아 영을 다 믿지 말고 오직 영들이 하나님께 속하였나 분별하라 많은 거짓 선지자가 세상에 나왔음이라."

어떻게 개인이 영을 시험하는가?

영적 메시지는 선지자의 가르침에 일치해야 한다.

> 요한일서 4:1, 6 "사랑하는 자들아 영을 다 믿지 말고 오직 영들이 하나님께 속하였나 분별하라 많은 거짓 선지자가 세상에 나왔음이라…우리는 하나님께 속하였으니 하나님을 아는 자는 우리의 말을 듣고 하나님께 속하지 아니한 자는 우리의 말을 듣지 아니하나니 진리의 영과 미혹의 영을 이로써 아느니라."

경전이 표준이다

영적 메시지는 하나님의 선지자가 감동받아 쓴 하나님의 말씀에 일치해야 한다.

> 디모데후서 3:16-17 "모든 성경은 하나님의 감동으로 된 것으로 교훈과 책망과 바르게 함과 의로 교육하기에 유익하니 이는 하나님의 사람으로 온전하게 하며 모든 선한 일을 행할 능력을 갖추게 하려 함이라."

> 베드로후서 1:21 "예언은 언제든지 사람의 뜻으로 낸 것이 아니요 오직 성령의 감동하심을 받은 사람들이 하나님께 받아 말한 것이니라."

"범사를 헤아리라"

> 데살로니가전서 5:21 "범사에 헤아려 좋은 것을 취하고."

사도행전 17:11 "베뢰아 사람들은 데살로니가에 있는 사람보다 더 너그러워서 간절한 마음으로 말씀을 받고 이것이 그러한가 하여 날마다 성경을 상고하므로…."

사탄의 영은 속인다

거짓된 영들은 항상 사악하게 보이는 것은 아니고, 거짓 선지자가 항상 가짜 같아 보이는 것은 아니다.

고린도후서 11:14-15 "이것이 이상한 일이 아니니라 사탄도 자기를 광명의 천사로 가장하나니 그러므로 사탄의 일꾼들도 자기를 의의 일꾼으로 가장하는 것이 또한 대단한 일이 아니니라 그들의 마지막은 그 행위대로 되리라."

모든 선지자가 참된 것은 아니다

마태복음 24:4-5, 11, 24 "예수께서 대답하여 이르시되 너희가 사람의 미혹을 받지 않도록 주의하라 많은 사람이 내 이름으로 와서 이르되 나는 그리스도라 하여 많은 사람을 미혹케 하리라…거짓 선지자가 많이 일어나 많은 사람을 미혹하겠으며…거짓 그리스도들과 거짓 선지자들이 일어나 큰 표적과 기사를 보여 할 수만 있으면 택하신 자들도 미혹하리라."

하나님은 혼란을 지으신 이가 아니다

모순된 계시는 혼란이고, 하나님은 혼란을 지으신 이가 아니다. 하나님으로부터 오는 참된 계시는 전에 나온 계시와 모순되지 않는다. 감동받은 선지자가 이미 성경에 선포한 것에 반대되는 '영적 간증'은 하나님으로부터 온 것이 아니다.

고린도전서 14:32-33 "예언하는 자들의 영이 예언하는 자들에게 제재를 받나니, 하나님은 무질서의 하나님이 아니시요 오직 화평의 하나님이시니라."

복습을 위한 질문들

1. 당신은 어떻게 참된 영과 잘못된 영을 분별하는가?

16과 당신의 마음을 믿는 것

LDS 교회는 그 교회 사람들이 그들의 마음(느낌)을 믿도록 격려하여, 하나님의 거룩한 말씀인 성경을 의심하게 한다. 이렇게 해서 그들은 믿지 않아야 될 것을 믿고, 의심하지 말아야 할 것을 의심하는 속임수에 빠진다.

당신이 몰몬 교리가 참되지 않음을 체계적으로 증명하고, 몰몬경의 역사적 진실성을 사실적으로 벗길 때에 당신의 LDS 친구는 마음에서 나오는 감정으로 "그러나 내 마음은 몰몬경과 몰몬 교회가 참되다고 합니다. 나는 단지 내 마음을 믿어야 합니다" 라고 응답할 것이다.

몰몬주의는 조셉 스미스와 하나님으로부터 온 그의 계시를 믿는 데에 기초를 두고 있다. 조셉 스미스가 거짓 선지자라는 의심의 그림자를 넘어 증명하면, 당신은 "나는 조셉 스미스가 하나님의 참된 선지자였음을 믿습니다. 당신이 뭐라 하건 관계치 않습니다. 내 마음은 그가 참된 선지자이었음을 말하고 있습니다" 라는 말을 듣게 될 것이다.

마음을 믿는 것에 관한 성경의 경고

마음을 믿는 것에 관해 성경이 말하는 것을 보는 것은 몰몬들에게 두 눈을 뜨게 해주는 놀랄만한 사건이다.

> 예레미야 17:9 "만물보다 거짓되고 심히 부패한 것은 마음이라 누가 능히 알리요마는."

> 잠언 28:26 "자기의 마음을 믿는 자는 미련한 자요 지혜롭게 행하는 자는 구원을 얻을 자니라."

> 마가복음 7:20-23 "또 이르시되 사람에게서 나오는 그것이 사람을 더럽게 하느니라 속에서 곧 사람의 마음에서 나오는 것은 악한 생각 곧 음란과 도둑질과 살인과 간음과 탐욕과 악독과 속임과 음탕과 질투와 비방과 교만과 우매함이니 이 모든 악한 것이 다 속에서 나와서 사람을 더럽게 하느니라."

성경을 믿으라

예수께서 요한복음 17:17에 "그들을 진리로 거룩하게 하옵소서 아버지의 말씀은 진리니이다" 하셨다.

> 디모데후서 3:16-17 "모든 성경은 하나님의 감동으로 된 것으로 교훈과 책망과 바르게 함과 의로 교육하기에 유익하니, 이는 하나님의 사람으로 온전케 하며 모든 선한 일을 행하기에 온전케 하려 함이니라."

진리를 찾아 공부하고 기도하라

성경과 몰몬경 둘 다 독자들에게 하나님의 쓰신 말씀과 기도에 기초를 두라고 하고, 기록된 계시에 모순되는 개인의 느낌에 기초를 두지 말라고 한 것은 흥미롭다. 성경에서 진리를 찾아 공부하고 기도하라는 말씀이다.

> 디모데후서 2:15 "너는 진리의 말씀을 옳게 분별하며 부끄러울 것이 없는 일꾼으로 인정된 자로 자신을 하나님 앞에 드리기를 힘쓰라."

> 야고보서 1:5 "너희 중에 누구든지 지혜가 부족하거든 모든 사람에게 후히 주시고 꾸짖지 아니하시는 하나님께 구하라 그리하면 주시리라."

3장에서 배운 것처럼 몰몬경도 몰몬들이 공부하고 기도할 것을 격려한다.

> 모로나이서 10:3-5 "보라 내가 너희에게 권고하거니와 하나님께서 합당하다 여기시어 허락하사 너희로 이 기록을 읽게 하실 때에 너희는 아담이 창조된 때로부터 너희가 이 기록을 받을 때까지 주가 베푸신 자비를 기억하며 이를 마음속 깊이 간직하라. 또한 내가 너희에게 권고하거니와, 너희가 이 기록을 받거든 영원하신 하나님 아버지께 예수 그리스도 이름으로 이 기록들이 혹 참된 것이 아닌지 간구하여 보라. 너희가 참마음 참뜻을 가지고 그리스도를 믿는 신앙으로써 간구할진대 하나님께서는 성신의 능력으로 이것들이 진실함을 밝히 나타내어 보이시리라. 또한 성신의 권세로써 너희가 온갖 진리를 알지니."

복습을 위한 질문들

1. 왜 우리는 우리의 마음을 믿지 못하는가?

2. 우리는 무엇을 믿어야 하는가?

3. 왜 그러한가?

하나님 교리 5

17과 유일하신 하나님

STOP 몰몬 용어집에서 '신격'(godhead)에 대한 LDS 정의를 읽으라.

*역자 노트: Godhead라는 단어는 KJV의 골로새서 2:9에 나오며 한글성경에는 '신성'으로 번역되었다.

성경은 유일하신 하나님을 가르친다.

성경

이사야 43:10 "나 여호와가 말하노라 너희는 나의 증인, 나의 종으로 택함을 입었나니 이는 너희가 나를 알고 믿으며 내가 그인 줄 깨닫게 하려 함이라 나의 전에 지음을 받은 신이 없었느니라 나의 후에도 없으리라."

이사야 44:6 "이스라엘의 왕인 여호와, 이스라엘의 구원자인 만군의 여호와가 이같이 말하노라 나는 처음이요 나는 마지막이라 나 외에 다른 신이 없느니라."

이사야 44:8 "너희는 두려워하지 말며 겁내지 말라 내가 예로부터 너희에게 듣게 하지 아니하였느냐 알리지 아니하였느냐 너희는 나의 증인이라 나 외에 신이 있겠느냐 과연 반석은 없나니 다른 신이 있음을 내가 알지 못하노라" (이사야 45:5, 18 참조).

신명기 4:35 "이것을 네게 나타내심은 여호와는 하나님이시요 그 외에는 다른 신이 없음을 네게 알게 하려 하심이니라."

신명기 4:39 "그런즉 너는 오늘 위로 하늘에나 아래로 땅에 오직 여호와는 하나님이시요 다른 신이 없는 줄을 알아 명심하고."

몰몬경

앨마서 11:26-29 "이에 지에즈롬이 그에게 이르되, 너는 참되시고 살아계신 하나님이 있다고 말하느냐? 이에 엠율레크가 이르되, 그러하다, 참되시고 살아계신 하나님이 계시느니라. 이제 지에즈롬이 이르되, 한 하나님 외에 하나님이 더 있느냐? 이에 그가 대답하되, 아니라."

몰몬경은 하나님에 대한 주제에 전적으로 일치하게 기록되어져야 한다. 몰몬경은 '참되고 살아계신 하나님이 한 분 이상 존재한다' 고 몰몬교인에게 결코 말하지 않는다.

전형적인 몰몬 해석

몰몬들은 앨마서 11:26-29의 의미에서 자신들이 예배드리는 하나님은 지구상에 오직 한 분 유일하신 하나님이라고 당신을 납득시키려고 한다.

두 가지의 그리스도인의 답변

그리스도인은 두 가지의 방법으로 신격에 대한 몰몬교의 관점에 답을 할 수 있어야 한다.

첫째는 살아계시고 진실하신 하나님이 몰몬경이나 혹은 성경에 한 분 이상이라고 가르치고 있는지를 당신의 몰몬 친구에게 질문해보라.

둘째는 몰몬교에서 예배하는 하나님이 성부 하나님인지, 성자 예수인지 혹은 성신 하나님인지를 질문하고, 또 이 세 분이 모두 이 땅에 있지 않은지, 당신들은 이 세 분의 하나님께 예배드리고 있지 않은가를 질문해보라.

복습을 위한 질문들

1. 몰몬경에 의하면 몇 분의 하나님(신들)이 존재하는가?

2. 몰몬교도들은 몇 분의 하나님(신들)을 예배하고 있는가?
(몰몬 용어집의 신격 난에 있는 인용구절을 보라.)

3. 이사야 43장, 44장 그리고 45장은 누가 말씀하시고 있는가?

4. 위에서 언급한 이사야서에 있는 말씀에서 다른 하나님의 존재의 가능성을 배제시키는 것은 무엇인가?

5. 앨마서 11:20-29을 읽고 '진실하시고 살아계신 하나님' 이란 구절이 다른 하나님의 존재의 가능성에 대한 관계로서 왜 중요한가?

18과 신격 – 삼위일체(The Godhead – Trinity)

STOP 몰몬 용어집에서 '삼위일체'에 대한 LDS 정의를 읽으라.

성경은 하나님이 셋이 하나인 삼위일체적 존재임을 가르친다.

성경

마태복음 28:19 "그러므로 너희는 가서 모든 민족을 제자로 삼아 아버지와 아들과 성령의 이름으로 침례를 베풀고."

요한복음 10:30 "나와 아버지는 하나이니라 하신대."

몰몬경

앨마 11:44 "모든 것이 지금처럼 그 완전한 구조, 즉 육신으로 회복되어 영원하신 한 하나님이신 아들 그리스도와 아버지 하나님과 성령의 심판대 앞에 인도되어 심문을 받고, 그 행위가 선하든지 그 행위가 악하든지 그 행위대로 심판을 받게 되리라."

니파이후서 31:21 "또 이제, 보라, 나의 사랑하는 형제들아, 이것이 길이니, 사람이 하나님 나라에서 구원받을 수 있는 길이나 이름이 하늘 아래 달리 주어지지 아니하였느니라. 또 이제, 보라, 이것은 그리스도의 교리요, 한 하나님이시요 끝이 없으신 아버지와 아들과 성신의 유일하고 참된 교리니라. 아멘."

성경이나 몰몬경 모두가 명백하게 아버지, 아들 그리고 성령은 유일무이하고 영원하며 그리고 구별되시는 한 분 하나님이심을 말하고 있다.

전형적인 몰몬교의 주장

이 구절들은 아버지, 아들 그리고 성령이 목적(용도) 안에서 하나라는 것을 의미한다고 몰몬교는 말한다. 그래서 그들은 신격(Godhead, 또는 신회)에 주의를 돌리게 한다.

*역자 노트: 몰몬들은 Godhead를 신들의 모임이라는 의미의 신회(神會)로 번역한다. 몰몬들에게 삼위일체는 3신들의 모임으로 이해된다.

그리스도인의 답변

당신들이 말하는 아버지, 아들 그리고 성령, 삼위가 목적 안에서 온전하게 하나로 연합된다고 하는 구절이 몰몬경 어디에 있는지를 보여달라고 요구해야 한다.

*주의: 특별히 요한복음 17장 몇 구절은 위와 같은 내용처럼 보일 수가 있지만, 분리된 하나님들이라 말하지 않는다. 성경과 몰몬경에서는 하나님이 한 분이시라는 것을 계속 말씀하고 있다. 〈30과 목적에 있어서 한 하나님〉을 참고하라.

복습을 위한 질문들

1. 마태복음 28:19에서 '이름' 이라는 단어가 복수인가, 아니면 단수인가? 아버지, 아들, 그리고 성령의 이름은 무엇인가?(〈21과 삼위일체를 설명함〉 참고).

2. '영원하신 유일하신 하나님' 그리고 '…한 분이신 하나님' 이라고 한 진술을 몰몬경에서 발견하였다. 이 진술은 형식에서 단수인가, 복수인가?

3. 몰몬교도들은 이 구절들을 자신들의 신학에 맞추기 위해서 무엇을 하는가?

19과 신격 – 일체(The Godhead – One Substance)

● 성자와 성부 하나님은 영원하신 유일무이하시며 구별되시지만 동질의 한 분 하나님이다.

성경

요한복음 1:1-3, 14 "태초에 말씀이 계시니라 이 말씀이 하나님과 함께 계셨으니 이 말씀은 곧 하나님이시니라 그가 태초에 하나님과 함께 계셨고 만물이 그로 말미암아 지은 바 되었으니 지은 것이 하나도 그가 없이는 된 것이 없느니라…말씀이 육신이 되어 우리 가운데 거하시매 우리가 그의 영광을 보니 아버지의 독생자의 영광이요 은혜와 진리가 충만하더라."

요한복음 14:7-11 "너희가 나를 알았더라면 내 아버지도 알았으리로다 이제부터는 너희가 그를 알았고 또 보았느니라 빌립이 이르되 주여 아버지를 우리에게 보여 주옵소서 그리하면 족하겠나이다 예수께서 이르시되 빌립아 내가 이렇게 오래 너희와 함께 있으되 네가 나를 알지 못하느냐 나를 본 자는 아버지를 보았거늘 어찌하여 아버지를 보이라 하느냐 내가 아버지 안에 거하고 아버지는 내 안에 계신 것을 네가 믿지 아니하느냐 내가 너희에게 이르는 말은 스스로 하는 것이 아니라 아버지께서 내 안에 계셔서 그의 일을 하시는 것이라 내가 아버지 안에 거하고 아버지께서 내 안에 계심을 믿으라 그렇지 못하겠거든 행하는 그 일로 말미암아 나를 믿으라."

이사야 9:6 "이는 한 아기가 우리에게 났고 한 아들을 우리에게 주신 바 되었는데 그의 어깨에는 정사를 메었고 그의 이름은 기묘자라, 모사라, 전능하신 하나님이라, 영존하시는 아버지라, 평강의 왕이라 할 것임이라" (니파이후서 19:6의 몰몬경 구절이 이사야 9:6과 일치한다는 것에 주목하라).

몰몬경

*저자 노트: 그리스도인들은 몰몬교도들에게 그리스도를 증거할 때 외에는 신격이 동질이라는 것을 증명하기 위해서 아래에 있는 몰몬경의 구절들을 사용하지 말아야 한다. 몰몬교에서 이 질문이 논제거리가 된 이래로 이 구절들은 아버지, 아들, 그리고 성령, 삼위가 다른 하나님들이라고 하는 것을 대비해서 강조점을 만들어 놓고 있다. 저자나 그 외 누구든지 아래의 구절들이 삼위일체의 양태론적인 관점을 가지고 있다고 가정해서는 안 된다.

모사 15:1-4 "그리고 이제 아빈아다이가 그들에게 이르되, 나는 하나님이 친히 사람의 자녀들 가운데 내려오사, 자기 백성을 구속하시리라는 것을 너희가 깨닫기 바라노라. 그가 육체 가운데 거하심으로 인하여 하나님의 아들이라 일컬음을 받을 것이며, 육체를 아버지의 뜻에 복종시키셨음으로, 아버지요 아들이 되시니 아버지인 것은, 그가 하나님의 능력으로 잉태되었음으로 인함이요. 아들인 것은 육체로 인함이라. 이리하여 아버지요 아들이 되시나니 또 그들은 한 하나님이시라, 참으로 바로 하늘과 땅의 영원하신 아버지시니라.

니파이후서 19:6 "이는 우리에게 한 아기가 났고 우리에게 한 아들을 주셨으니, 정사가 그 어깨 위에 있을 것이며, 그 이름은 경이로운 자라, 모사라, 능하신 하나님이라, 영존하시는 아버지라, 평강의 왕이라 할 것임이라."

- 예수와 성령(성신)은 영원하시고 유일무이하시며 구별되시지만 동질이신 한 하나님이다.

성경

요한복음 14:16-18 "내가 아버지께 구하겠으니 그가 또 다른 보혜사를 너희에게 주사 영원토록 너희와 함께 있게 하리니 그는 진리의 영이라 세상은 능히 그를 받지 못하나니 이는 그를 보지도 못하고 알지도 못함이라 그러나 너희는 그를 아나니 그는 너희와 함께 거하심이요 또 너희 속에 계시겠음이라 내가 너희를 고아와 같이 버려두지 아니하고 너희에게로 오리라"(로마서 8:9-11 참고).

- 신격—성부, 성자, 그리고 성령—은 하나의 영이시다.

성경

로마서 8:9-11 "만일 너희 속에 하나님의 영이 거하시면 너희가 육신에 있지 아니하고 영에 있나니 누구든지 그리스도의 영이 없으면 그리스도의 사람이 아니라 또 그리스도께서 너희 안에 계시면 몸은 죄로 말미암아 죽은 것이나 영은 의로 말미암아 살아 있는 것이니라 예수를 죽은 자 가운데서 살리신 이의 영이 너희 안에 거하시면 그리스도 예수를 죽은 자 가운데서 살리신 이가 너희 안에 거하시는 그의 영으로 말미암아 너희 죽을 몸도 살리시리라."

고린도전서 12:13 "우리가 유대인이나 헬라인이나 종이나 자유인이나 다 한 성령으로 침례를 받아 한 몸이 되었고 또 다 한 성령을 마시게 하셨느니라."

에베소서 4:4-6 "몸이 하나요 성령도 한 분이시니 이와 같이 너희가 부르심의 한 소망 안에서 부르심을 받았느니라 주도 한 분이시요 믿음도 하나요 침례도 하나요 하나님도 한 분이시니 곧 만유의 아버지시라 만유 위에 계시고 만유를 통일하시고 만유 가운데 계시도다."

전형적인 몰몬교의 반응

"나는 어떻게 모든 사람들이 삼위일체를 믿을 수 있는지 이해가 되지 않는다. 그것은 전혀 도리에 맞지 않는다. 어떻게 성부 하나님과 그의 아들 예수가 같은 하나님이 될 수가 있는가?"

그리스도인의 답변

〈21과의 삼위일체를 설명함〉을 참고하라.

복습을 위한 질문들

1. 요한복음 14:7-11에서 예수와 아버지에 대해서 가르치고 있는 것이 무엇인지를 당신의 말로 설명하라.

2. 모사이서 15:1-4에서 예수와 아버지에 대해서 가르치고 있는 것은 무엇인지를 당신의 말로 설명하라.

3. 모사이서 15:1-4과 앨마 11:38-40의 구절 중 어떤 구절이 삼위일체에 대한 성경적 견해와 전적으로 일치하지 않는가? 그것은 왜 그러한가?

4. 요한복음 14:16-18에서 예수와 성령에 대해서 가르치고 있는 것은 무엇인지를 당신의 말로 설명하라.

5. 로마서 8:9-11에서 삼위일체에 대한 성경적 견해를 어떻게 지지하고 있는지를 당신의 말로 설명하라.

20과 동정녀 탄생

몰몬 용어집에서 '동정녀 탄생'에 대한 LDS 정의를 읽으라.

세 명의 분리된 신들로 구성된 삼위 하나님의 몰몬교의 교리는 그리스도의 무원죄 잉태의 사건을 가져온 대리자로서의 성령을 거절하는 몰몬 신앙을 강요한다. 만약 이것이 사실이라면, 그리스도는 '성령의 아들' 이라고 불려졌어야 할 것이다. 그보다도, 그들은 성부 하나님이 마리아와 육신적인 관계가 있었다고 가르치며, 마리아는 예수를 이 땅에 있는 여자들이 임신을 하듯이 같은 방법으로 임신하였다고 가르친다. 이러한 이단적인 교리는 그리스도의 동정녀 탄생의 성경적인 진리를 파괴하고 있는 것이다.

성령에 의한 잉태

성경은 성령에 의한 잉태를 선포하고 있다.

> 마태복음 1:18-20 "예수 그리스도의 나심은 이러하니라 그의 어머니 마리아가 조셉과 약혼하고 동거하기 전에 성령으로 잉태된 것이 나타났더니 그의 남편 조셉은 의로운 사람이라 그를 드러내지 아니하고 가만히 끊고자 하여 이 일을 생각할 때에 주의 사자가 현몽하여 이르되 다윗의 자손 조셉아 네 아내 마리아 데려오기를 무서워하지 말라 그에게 잉태된 자는 성령으로 된 것이라."

몰몬경은 다음과 같이 성령으로 잉태된 그리스도를 말하고 있다.

> 앨마 7:10 "또 보라, 그는 우리 선조들의 땅인 예루살렘에서 마리아에게서 나시리니, 그는 처녀로서, 귀하고 택함을 받은 그릇이라, 성신의 권능으로 덮으심을 입고 잉태하여, 아들을 낳으리니, 곧 하나님의 아들이니라."

이 구절에서 그리스도는 성령, 즉 삼위일체의 하나님의 영에 의해서 독생하시고 잉태된 것을 명백하게 말하고 있다.

전형적인 몰몬 반응

몰몬교도들은 보통 이러한 성경구절에 대해서 어떻게 답을 해야 할지를 잘 모른다. 그의 입장을 방어하기 위한 노력 가운데, 아주 독실한 한 몰몬교도는 "나는 하나님께서 인공수정에 의해서 예수가 잉태된 것이라고 믿는다"라고 말했다. 그의 부인이 크게 웃는데도 불구하고 심각한 얼굴로 말했다.

그들은 또한 '성령은 단지 이 일의 진행을 위한 조력을 한 것' 이라고 답할지도 모른다. 성령의 능력에 의해서 예수의 잉태가 일어난 것이라고 말하지만 사실은 하나님이 마리아를 임신하게 하였다고 말하는 것이다.

그리스도인의 답변

몰몬교 선지자들은 절대로 예수 그리스도가 성령에 의해서 잉태되었다고 말하지 않는다. 그들은 단호하게 하나님이 마리아와 육체적인 관계를 맺었다고 가르쳤고 아직도 그렇게 가르치고 있다. "그리스도는, 죽을 수밖에 없는 인간이 죽을 수밖에 없는 아버지에 의해서 태어난 것처럼, 영원한 아버지에 의해서 태어난 것이다" 라고 말한다(몰몬 용어집 '동정녀 탄생' 을 보라).

몰몬이 주장하는 대로, 만약 하나님이 육신을 가진 승영을 받는 사람이라면, 또 만약 몰몬이 말하는 천국의 하나님이 죽을 수밖에 없는 인간과 같은 방법으로 예수를 잉태시켰다면 마리아는 예수가 태어날 때 동정녀가 아니었을 것이다. 몰몬들은 그들이 예수 그리스도의 동정녀 탄생을 믿는다고 하는 것을 정직하게 주장할 수가 없다.

TGM은 몰몬들과 하나님에 대한 교리를 변론할 때 당신을 돕기 위하여 '하나님에 대한 진리' (Gospel Truth About God) PDF 자료를 만들었다.
http://www.trigrace.org/Resources.html 에 있으며 이 자료를 어떻게 몰몬교들에게 설명하는지 비디오를 시청하라.

복습을 위한 질문들

1. 그리스도인들은 어떻게 예수 그리스도께서 성령에 의해서 잉태되고 지금도 그가 하나님의 아들이심을 주장할 수 있는가?

2. 왜 몰몬교도들은 예수 그리스도가 성령에 의해 잉태되었음을 받아들이는 것에 문제가 있는가?

하나님에 대해 생각함 6

21과 삼위일체를 설명함

STOP 몰몬 용어집에서 '신격'과 '삼위일체'에 대한 LDS의 정의를 읽으라.

몰몬교인들은 다른 기독교의 교리들보다 삼위일체 교리에 어려움을 더 겪는다. 그들은 어떻게 그리스도인들이 성부, 성자 그리고 성령이 한 하나님이심을 진실하게 믿는지를 이해하지 못한다. 당신이 몰몬교도들에게 복음을 증거할 때마다 거듭해서 제기되는 주제가 바로 삼위일체에 대한 것이다. 그래서 그들에게 성경적인 답을 주는 것은 아주 중요하다.

몰몬교도들의 주장 #1(삼위일체에 대한 가장 일반적인 논증)-만일 예수님과 하나님이 같은 하나님이라면 당신은 다음의 성경구절을 어떻게 설명하는가?"

마태복음 26:39 "조금 나아가사 얼굴을 땅에 대시고 엎드려 기도하여 이르시되 내 아버지여 만일 할 만하시거든 이 잔을 내게서 지나가게 하옵소서 그러나 나의 원대로 마시옵고 아버지의 원대로 하옵소서 하시고."

이 구절에서 "예수님은 누구에게 기도하고 있는가? 자기 자신에게인가?"

그리스도인의 답

"만약 당신이 그리스도인들이 이 질문에 대해서 고려하지 않는다고 믿는다면 당신은 실수를 범하는 것이다. 이 구절은 성경이 하나님에 대해서 나타내는 것을 믿는 사람들이 갖는 문제가 아니다. 만약 당신이 몇 분간의 시간이 있다면 나는 당신에게 삼위일체에 대한 기독교의 개념을 설명하고 당신의 질문에 답을 해주기 원한다.

삼위일체 도해

- 마태복음 28:19 "그러므로 너희는 가서 모든 민족을 제자로 삼아 아버지와 아들과 성령의 이름으로 침례를 베풀고"(단수- '이름' -아버지, 아들, 그리고 성령이 같은 이름인 여호와를 사용한다).

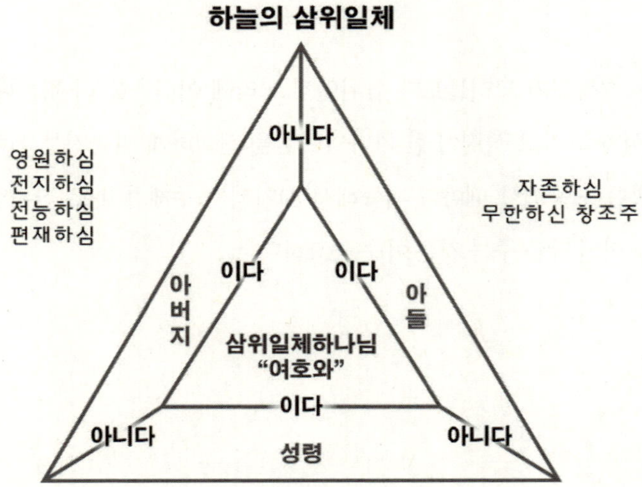

창세기 1:26 “하나님이 이르시되 우리의 형상을 따라 우리의 모양대로 우리가 사람을 만들고 그들로 바다의 물고기와 하늘의 새와 가축과 온 땅과 땅에 기는 모든 것을 다스리게 하자 하시고” (복수).

창세기 1:27 “하나님이 자기 형상 곧 하나님의 형상대로 사람을 창조하시되 남자와 여자를 창조하시고” (단수).

● 데살로니가전서 5:23 “평강의 하나님이 친히 너희를 온전히 거룩하게 하시고 또 너희의 온 영과 혼과 몸이 우리 주 예수 그리스도께서 강림하실 때에 흠 없게 보전되기를 원하노라.”

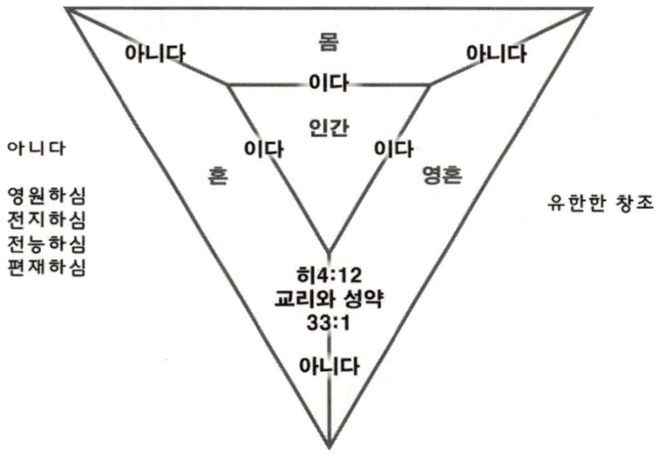

땅의 삼위일체

삼위일체 도해 해설

성경에서 주(여호와) 하나님은 100% 아버지와 아들 그리고 성령이시다.

1. 주(여호와)는 아버지 하나님이시다.

이사야 63:16에 의심할 것 없이 ‘주는 우리 아버지시라’ ‘주는 우리의 아버지시오 우리의 구속자이시라’ 당신의 이름은 영원으로부터입니다(이사야 64:8도 보라).

신명기 14:1-2 “너희는 너희 하나님 여호와의 자녀이니.”

주님은 또한 성령의 아버지이시다.

히브리서 12:5-9 "하물며 모든 영의 아버지께 더욱 복종하며 살려 하지 않겠느냐" (잠언 3:11~12과 비교하라. 또한 스가랴 12:1을 보라).

주님은 또한 아들의 아버지이시다.

시편 2:7 "내가 여호와의 명령을 전하노라 여호와께서 내게 이르시되 너는 내 아들이라 오늘 내가 너를 낳았도다" (사도행전 13:32-33과 비교하라).

2. 예수는 자신이 구약성경의 여호와 하나님이 되신다고 주장하였다.

요한복음 8:23-24; 8:56-58 "예수께서 이르시되 진실로 진실로 너희에게 이르노니 아브라함이 나기 전부터 내가 있느니라 하시니" (출애굽기 3:14과 비교하라).

요한과 바울은 모두 예수님이 모든 것의 창조자라는 것을 확인하였다.

요한복음 1:3 "만물이 그(예수)로 말미암아 지은 바 되었으니 지은 것이 하나도 그가 없이는 된 것이 없느니라" (골로새서 1:16을 보라).

이사야 44:24 "네 구속자요 모태에서 너를 지은 나 여호와가 이같이 말하노라 나는 만물을 지은 여호와라 홀로 하늘을 폈으며 나와 함께한 자 없이 땅을 펼쳤고" (창세기 2:4을 보라).

3. 성령은 주 여호와 하나님의 영이다.

마태복음 1:20 "그에게 잉태된 자는 성령으로 된 것이라" (시편 2:7과 비교하라. "여호와께서 내게 이르시되 너는 내 아들이라 오늘 내가 너를 낳았도다").

히브리서 3:7-9 "그러므로 성령이 이르신 바와 같이 오늘 너희가 그의 음성을 듣거든 광야에서 시험하던 날에 거역하던 것 같이 너희 마음을 완고하게 하지 말라 거기서 너희 열조가 나를 시험하여 증험하고 사십 년 동안 나의 행사를 보았느니라."

시편 95:6-9 "오라 우리가 굽혀 경배하며 우리를 지으신 여호와 앞에 무릎을 꿇자 그는 우리의 하나님이시요 우리는 그가 기르시는 백성이며 그의 손이 돌보시는 양이기 때문이라 너희가 오늘 그의 음성을 듣거든 너희는 므리바에서와 같이 또 광야의 맛사에서 지냈던 날과 같이 너희 마음을 완악하게 하지 말지어다 그 때에 너희 조상들이 내가 행한 일을 보고서도 나를 시험하고 조사하였도다."

성경에 의하면 여호와 하나님은 1) 아버지 2) 아들 3) 성령이시다. 세 분 모두 영원히 독특하고 구분이 되시나 한 분이시다. 인간의 구조가 몸과 혼과 영과 유사하다. 인간의 세 가지 요소 모두가 독특하고 구분이 되지만 한 인간인 것이다. 그렇다. 인간은 그의 창조자와 유사한 이미지를 가지고 창조되었다.

이것은 삼위일체의 어려운 개념을 우리가 이해하도록 도울 수 있다. "만일 예수와 아버지가 같은 하나님이라면 예수는 누구에게 기도하였느냐? 그 자신에게?" 라고 물어올 때, 대답은 간단하다. 우리 모두가 생각하고, 까닭이 있고, 논쟁하며 그리고 우리 자신에게 조차도 크게 말할 때가 있지 않은가? 만일 우리가 우리 자신과 소통을 한다면 또한 삼위일체 하나님이 상호소통하는 것이 왜 그렇게 이상한 일인가?

위의 내용이 TGM이 만든 http://www.trigrace.org/Resources.html의 삼위일체도해(Trinity Diagram)에 있다. 그리고 이 도해를 어떻게 몰몬교들에게 설명하는지 비디오를 보라.

삼위일체 도해 사용하기

이 도해는 삼위일체에 대한 성경적인 설명을 보여주는 시각적 도구이다. 다음의 설명과 같이 도해를 사용해보자.

마태복음 28:19부터 시작해보자. "그러므로 너희는 가서 모든 민족을 제자로 삼아 아버지와 아들과 성령의 이름으로 침례를 베풀고."

'의 이름으로' 라는 구는 단수이다. 성경은 하나님의 이름이 여호와라고 설명한다. 성부가 여호와 하나님, 성자가 여호와 하나님 그리고 성령이 여호와 하나님임을 설명하는 도해를 사용해보자. 또한 '성경에서 삼위일체의 인격들, 아버지가 아들이 아니다, 아들이 성령이 아니다, 그리고 성령이 아버지가 아니다' 의 사이에서 만들어진 구별점을 지적해보자. 이들 신격의 상호 동등함과 상호 영원성은 구별된 인격들이며 삼위일체의 필수적인 구성원인 것이다. 여호와 하나님은 삼위가 하나인 실재이다.

이 시점에서 다음과 같은 질문을 해보자. "당신은 하나님이 그의 형상대로 인간을 만들었음을 믿는가?"

창세기 1:26에서 "우리의 형상을 따라 우리의 모양대로 우리가 사람을 만들고"라고 우리에게 보여주고 있다. 이 구절에서 복수 대명사인 '우리'를 사용하고 있다. 기독교 교리는 어떤 다른 이들의 교리처럼 그들이 복수의 하나님들이라고 되어있지 않다고 할지라도 삼위신격의 각 인격체들이 창조의 대역사에 함께 하였음을 믿는다. 다음 구절은 이 해석을 더 명확하게 해준다.

창세기 1:27 "하나님이 자기 형상 곧 하나님의 형상대로 사람을 창조하시되 남자와 여자를 창조하시고" 이 구절에서 보면 대명사 '그의'와 '그'는 단수이다. 이유는 여호와 하나님은 혼자, 즉 삼위일체의 존재로서 '자기의 형상'으로 인간을 창조하셨다(이사야 44:24을 보라).

이것은 다음과 같은 질문을 불러 온다. "하나님의 형상은 무엇인가?" 만약 '형상'이라는 단어가 물리적인 형태와 관계가 있다면 우리는 어떻게 하나님이 '남자와 여자 모두'를 '자기의 형상대로' 만들었다는 사실에 일치할 수 있는가? 하나님이 남성과 여성이지 않는 한, 이것은 물리적인 것으로 관련 지울 수 없다. 그렇다면 인간의 형상은 무엇인가? 성경은 우리에게 다음과 같이 답한다.

데살로니가전서 5:23 "평강의 하나님이 친히 너희를 온전히 거룩하게 하시고 또 너희의 온 영과 혼과 몸이 우리 주 예수 그리스도께서 강림하실 때에 흠 없게 보전되기를 원하노라." 위의 구절에 의하면, 온전한 사람의 세 가지 구성요소들이 무엇인가?

도해를 사용하여 사람은 몸, 영혼, 그리고 영으로 구성되어 있음을 설명하라. 또한 몸은 영이 아니고, 영은 혼이 아니며, 그리고 혼은 몸이 아님을 지적하라. 하나님의 형상과 같이 인간 또한 삼위적 존재이다.

몰몬교인 중 얼마는 어떻게 혼과 영이 구별되며 다른지를 물어볼 수 있다. 그렇다면 당신은 히브리서 4:12을 참고하는 것이 필요할 것이다. 히브리서 4:12 "하나님의 말씀은 살아 있고 활력이 있어 좌우에 날선 어떤 검보다도 예리하여 혼과 영과 및 관절과 골수를 찔러 쪼개기까지 하며 또 마음의 생각과 뜻을 판단하나니." (이와 똑같은 인용은 교리와 언약 33:1에서도 찾아볼 수 있다.) 이 구절들이 혼과 영이 나눠질 수 있는 것이라고 언급하기 때문에, 혼과 영은 두개의 분리된 존재임에 틀림없는 것이다.

그러면 이제 이 진리를 개인에게 적용시켜보자.

나의 영은 _______이다(당신의 이름을 넣으라), 나의 혼은 _______이다(당신의 이름을 넣으라) 그리고 나의 몸은 ________이다(당신의 이름을 넣으라)라고 말하는 것이 옳은가?

대답은 '옳다' 이다. 온전하기 위하여 나는 영도, 혼도, 그리고 몸도 있어야 한다. 나는 셋으로 나누어진 하나의 존재인 것이다.

계속하기 전에, 사람들이 그들의 창조주의 형상과 같게 주어졌다고 하여도 하나님과 인간 사이에는 굉장한 차이점이 있음을 지적하는 것이 중요하다.

첫째, 하나님은 스스로 존재하는 무한한 창조주 이며, 반면에 우리는 단지 그의 유한한 창조에 불과하다.

둘째, 하나님은 영원하며(하나님으로서 영원히 존재한다), 전지하며(모든 지식을 소유하는), 전능하며(모든 능력의 소유자), 그리고 편재(어디에든지 존재)한다. 반면에 사람은 영원하지도, 전지하지도, 전능하지도, 편재하지도 않다. 인간은 하나님이 아니며 결코 하나님이 되지 못할 것이다.

"예수님은 누구에게 기도하는가? 자기 자신에게인가?"라는 몰몬교의 질문에 대한 답변

이 문제를 처리하기 위해서 몇몇의 상식적인 질문을 사용해보자.

아침에 일어나서부터 잠자리에 들 때까지 당신은 당신 스스로에게 '생각하게' 하고 혹은 '왜 그런지' 라고 하지 않는가? 만약 당신이 한 인격이라면 왜 당신 자신에게 의문을 가지는가?

당신은 때때로 당신 자신과 논쟁하거나 토론하지 않는가? 예를 들면, 당신이 유혹에 당면하였을 때, 당신은 당신 자신 안에서 유혹을 이기기 위해 몸부림치지 않는가?

자, 좀더 어려운 질문을 해보자. 당신은 때때로 당신 자신에게 크게 말할 때가 없는가? (때때로 우리 모두는 우리 자신에게 큰 소리로 말한다).

당신이 그러한 일들을 할 때 무엇을 하는 것인가? 당신이 정신 이상자인가? 물론 아니다. 나는 우리가 하나님의 형상대로 지음을 받았으므로 우리 자신과 서로 소통한다고 생각한다. 인간이 하나님의 형상대로 지음을 받은 이래로 우리가 우리 자신과 서로 계속적으로 소통한다면, 왜 우리는 하나님이 성경에서 하나님 자신과 서로 교통하는 것을 이상하게 생각해야 하는가?

성경으로부터의 삼위일체의 증명

삼위일체 도해로 돌아가서 보면 삼위일체를 증명해주는 성경구절들을 논의하고 있다. 이 구절들은 성부가 여호와 하나님, 예수가 여호와 하나님, 그리고 성령이 여호와 하나님임을 잘 보여주고 있다.

STOP 삼위일체 도해와 각 성경구절을 조심스럽게 연구하자.

결론

성경에서 여호와 하나님은 1) 아버지 2) 아들 3) 성령이다. 이 셋은 영원히 유일하며 하나의 하나님이지만 구별된다. 유사한 방법으로, 인간의 구성도 1) 몸 2) 혼 3) 영으로 되어 있다. 사람은 하나이지만 이 셋은 모두 유일하며 또 구별된다. 인간은 그의 창조주의 형상과 닮게 창조되었다.

당신이 이 주제를 논의할 때, 성경과 몰몬경의 살아계시며 참 진리이신 한 분을 진술하는 많은 구절들을 포함하고 있다(이사야 43:10; 44:6, 8 참고). 아버지(성부), 아들(성자) 그리고 성령은 절대로 서로 다른 하나님이 될 수가 없다.

전형적인 몰몬반응

당신이 몰몬들과 같이 삼위일체 도해에 대해서 연구하게 될 때, 그들은 자주 이렇게 반응한다. "삼위일체에 대해서 이해가 되는 방법으로 설명하는 사람은 당신 한 사람입니다. 동의할 필요는 없지만, 그러나 당신이 왜 삼위일체를 믿는지 처음으로 이해가 되는군요."

복습을 위한 질문들

1. 삼위일체 하나님의 필수요소인 서로 동등함과 영원한 멤버가 된다는 것은 무엇인가?

2. 아버지와 아들과 성령의 개인적인 이름은 무엇인가?

3. 사람이 삼분법으로 되어 있음을 가르쳐주는 성경구절은 어디에 있는가?

4. 아버지와 아들과 성령의 개인적인 이름은 무엇인가? 인간을 구성하는 세 유일하고 구별되는 요소들은 무엇인가?

LDS의 반박 #2—성경은 아버지가 예수보다 크다고 말한다

> 요한복음 14:28 "내가 갔다가 너희에게로 온다 하는 말을 너희가 들었나니 나를 사랑하였더라면 내가 아버지께로 감을 기뻐하였으리라 아버지는 나보다 크심이라."

만약 예수와 아버지가 같다면 예수가 "내 아버지는 나보다 크다"라고 한 것을 어떻게 설명하겠는가?

기독교인의 대답

바다의 예화를 들어서 답을 해보자.

당신이 만약 바다로 여행을 간다고 해보자. 감동적일 것이다. 바다는 대단하고 장대하고, 광대하며, 힘이 있고 위엄이 있다. 당신은 바다를 보지 못한 가족이나 친구들에게 바다에서의 경험을 나누기 위해 병에 바닷물과 해변의 모래를 조금 넣고, 조개껍질과 바다의 풀들을 넣는다.

당신이 집에 돌아온 후, 당신은 바다에 대해서 친구들에게 묘사하며 그들에게 그 병을 보여 준다. 당신은 친구들에게 냄새를 맡아 보라고 하며, "이것이 바로 바다냄새야"라고 설명한다. 그리고 당신은 친구들에게 물을 맛보게 한다. 물론 짜다. 모래, 조개껍질, 그리고 바다에서 가지고 온 작은 여러 가지 것들을 보여준다.

" '이제 당신에게 질문을 하나 하겠습니다. 병 안에 바다가 있었습니까? 답은 무엇입니까? '네, 그러나 아니요' 입니다. '네' 의 의미는 병 안에 바다의 작은 부분이 들어 있었다는 것이고, '아니요' 는 모든 바다가 그렇게 작은 병 안에 다 들어갈 수가 없다는 의미입니다. 그렇다면 바다는 어떻습니까? 당신이 바다에서 작은 병으로 바다의 물을 옮겼기 때문에 바다의 위엄이나 힘이 바뀌었습니까? 아닙니다."

이와 유사하게 예수는 인간의 몸을 입고 세상에 나타낸 여호와 하나님이다.

> 디모데전서 3:16 "크도다 경건의 비밀이여, 그렇지 않다 하는 이 없도다 그는 육신으로 나타난 바 되시고 영으로 의롭다 하심을 받으시고 천사들에게 보이시고 만국에서 전파되시고 세상에서 믿은 바 되시고 영광 가운데서 올려지셨느니라."

하나님이신 아들은 그 자신을 낮추셨고 그의 영광, 위엄 그리고 권능을 뒤에 남겨 놓았고, 현세와 생활 속에서 인간들이 하나님을 만지고 보고 경험하도록 허락하셨다.

빌립보서 2:5-8 "너희 안에 이 마음을 품으라 곧 그리스도 예수의 마음이니 그는 근본 하나님의 본체시나 하나님과 동등됨을 취할 것으로 여기지 아니하시고 오히려 자기를 비워 종의 형체를 가지사 사람들과 같이 되셨고 사람의 모양으로 나타나사 자기를 낮추시고 죽기까지 복종하셨으니 곧 십자가에 죽으심이라."

그의 인간성에서, 예수는 무한하고 전능한 하나님의 육체적인 표현이었다. 바다의 예화에 연관해서, 예수는 사람으로서의 예수의 몸인 병 안에 있는 하나님과도 같은 것이었다.

하나님은 이 세상의 장막 안에 온전히 용납할 수가 없다.

열왕기상 8:27 "하나님이 참으로 땅에 거하시리이까 하늘과 하늘들의 하늘이라도 주를 용납하지 못하겠거든 하물며 내가 건축한 이 성전이오리이까."

예레미야 23:23-24 "여호와의 말씀이니라 나는 가까운 데에 있는 하나님이요 먼 데에 있는 하나님은 아니냐 여호와의 말씀이니라 사람이 내게 보이지 아니하려고 누가 자신을 은밀한 곳에 숨길 수 있겠느냐 여호와가 말하노라 나는 천지에 충만하지 아니하냐."

바다는 하늘과 바다에 충만하신 전능한 하나님의 위대함과 비교가 되지 않는다. 바다의 물이 담긴 이 병이 이것의 중요한 개념을 설명한다고 해도, 이 예화는 하나님이 자신을 낮추어 인간의 몸을 입고 오신 엄청난 충격을 옮기지 못한다.

복습을 위한 질문들

1. 예수의 성육신이 병에 담긴 바다의 물과 유사한지를 당신 자신의 말로 어떻게 묘사하겠는가?

2. 왜 예수는 "내 아버지는 나 보다 크다"라고 말하였는지 설명하도록 돕는 성경적인 참고구절은 무엇인가?

LDS의 반박 #3 – 인간적으로 말하면, 삼위일체는 상식적으로 맞지 않는다. 그래서 그것은 틀린 것이 분명하다

STOP 몰몬 용어집에서 '하나님' 과 '성령' 에 대한 LDS 정의를 읽으라.

삼위일체에 대한 일반적인 다른 몰몬교도들의 반박은 다음 성경 말씀에서 발견된다.

> 마태복음 3:16-17 "예수께서 침례를 받으시고 곧 물에서 올라오실새 하늘이 열리고 하나님의 성령이 비둘기 같이 내려 자기 위에 임하심을 보시더니 하늘로부터 소리가 있어 말씀하시되 이는 내 사랑하는 아들이요 내 기뻐하는 자라 하시니라."

누가 "이는 내 사랑하는 아들이요" 라고 말하였는가? 예수는 인형의 목소리를 내는 복화술자인가?

> 사도행전 7:55-56 "스데반이 성령 충만하여 하늘을 우러러 주목하여 하나님의 영광과 및 예수께서 하나님 우편에 서신 것을 보고 말하되 보라 하늘이 열리고 인자가 하나님 우편에 서신 것을 보노라 한대."

예수가 하나님의 우편에 앉아 있으므로 분명히 그들은 두 하나님임에 틀림이 없다. 두 종류의 반박들은, 몰몬교도들은 우리 하나님의 위대하심을 이해할 수 없다는 사실과 관련되어 있는 것이다.

기독교인의 대답

> 마태복음 19:26 "예수께서 그들을 보시며 이르시되 사람으로는 할 수 없으나 **하나님으로서는 다 하실 수 있느니라.**"

당신의 몰몬 친구들에게 다음과 같은 질문을 해보라. "하나님으로서 불가능한 것이 있는가?" 그들은 보통 하나님으로서는 불가능한 것이 없다고 대답한다. 그러면 "그렇다면 하나님은 같은 시간에 다른 두 장소에 있을 수 있는가?" 라고 질문해보자. 몰몬교의 교리에서 "아니다" 라는 답을 요구하기 때문에 몰몬교인은 "하나님은 살과 뼈가 있는 몸을 가졌기 때문에 가능하지 않다. 그는 단지 같은 시간에

한 장소에만 있을 수 있다" 고 대답을 한다.

만약 그들이 이 대답들의 모순을 알지 못하고 있다면, 지적해주어야 한다. 그리고 하나님의 편재하심에 관한 성경적인 가르침을 따르도록 그들에게 도전을 주어야 한다.

하나님은 편재한다.

성경의 하나님은 하늘과 땅에 충만하다.

> 시편 139:7-10 "내가 주의 영을 떠나 어디로 가며 주의 앞에서 어디로 피하리이까 내가 하늘에 올라갈지라도 거기 계시며 스올에 내 자리를 펼지라도 거기 계시니이다 내가 새벽 날개를 치며 바다 끝에 가서 거주할지라도 거기서도 주의 손이 나를 인도하시며 주의 오른손이 나를 붙드시리이다" (예레미야 23:23-24도 보라).

편재의 속성은 같은 시간에 하나님이 땅에 있는 사람인 예수 그리스도 안에서 우주를 통제하면서 하늘에 있는 것을 말한다.

예수 그리스도도 편재하는 것을 선포한다.

흥미로운 것은 예수가 땅에 있으면서 하늘에 있음(현재 시제)을 선포하는 것을 보여준다.

> 요한복음 3:13 "하늘에서 내려온 자 곧 인자 외에는 하늘에 올라간 자가 없느니라."

> 마태복음 18:20 "두세 사람이 내 이름으로 모인 곳에는 나도 그들 중에 있느니라"
> (마태복음 28:20; 히브리서 13:5도 보라).

전능하신 하나님은 죽음을 면할 수 없는 사람에 의해서 이해될 수가 없다.

당신의 몰몬 친구들이 어느 유한한 인간의 생각과 이해를 훨씬 넘어서 무한한 하나님을 알도록 도와주는 몇 개의 질문들이 있다.

- 당신은 솔직하게 어떻게 하나님이 아담을 흙으로 만들었는지 이해한다고 말할 수 있는가?(창세기 2:7).
- 당신은 하나님이 1조나 넘는 별들을 만들었고 각각의 이름을 안다는 사실을 이해할 수

있는가?(창세기 1:16; 시편 147:4, 5).

- 인간은 하늘이 얼마나 높이 땅위에 있는지 알아내었는가?

이사야 55:8, 9 "이는 내 생각이 너희의 생각과 다르며 내 길은 너희의 길과 다름이니라 여호와의 말씀이니라 이는 하늘이 땅보다 높음 같이 내 길은 너희의 길보다 높으며 내 생각은 너희의 생각보다 높음이니라" (몰몬경 야곱서 4:8-9을 보라).

성경의 하나님을 믿는 것이 믿음이다.

히브리서 11:6 "믿음이 없이는 하나님을 기쁘시게 하지 못하나니 하나님께 나아가는 자는 반드시 그가 계신 것과 또한 그가 자기를 찾는 자들에게 상 주시는 이심을 믿어야 할지니라."

전형적인 몰몬의 응답

"나는 당신에게 내 간증을 하겠다."

기독교인의 대답

당신의 답을 돕기 위해, 《4장의 감정 다루기》13-16과를 보라.

복습을 위한 질문들

1. 무한하신 하나님을 인간의 두뇌로써는 온전히 이해할 수 없는 이유는 무엇인가?

2. 어떻게 하늘에 있는 여호와 하나님이 땅에 있는 인간인 예수 그리스도 안에서 동시에 우주를 통제하는 것이 가능한가?

22과 삼위일체에 이르는 지름길

STOP 몰몬 용어집에서 '엘로힘'(Elohim)과 '여호와/예수 그리스도'에 대한 LDS 정의를 읽으라.

이 방법은 몰몬교인에게 삼위일체에 대해서 보여주기 위해 성경을 사용하는 재미있는 길이다. 흥미롭게 만드는 것은 아래의 질문들이 요구되었을 때에, 잘못된 답을 하는 것을 불가능하게 하는 것이다.

누구의 영이 모든 믿는 자들에게 내주하는가?

아래에 있는 성경구절에 나오는 하나님의 영은 아버지의 영인가, 예수 그리스도의 영인가, 아니면 성령인가?

> 로마서 8:9-13 "만일 너희 속에 하나님의 영이 거하시면 너희가 육신에 있지 아니하고 영에 있나니 누구든지 그리스도의 영이 없으면 그리스도의 사람이 아니라 또 그리스도께서 너희 안에 계시면 몸은 죄로 말미암아 죽은 것이나 영은 의로 말미암아 살아 있는 것이니라 예수를 죽은 자 가운데서 살리신 이의 영이 너희 안에 거하시면 그리스도 예수를 죽은 자 가운데서 살리신 이가 너희 안에 거하시는 그의 영으로 말미암아 너희 죽을 몸도 살리시리라 그러므로 형제들아 우리가 빚진 자로되 육신에게 져서 육신대로 살 것이 아니니라 너희가 육신대로 살면 반드시 죽을 것이로되 영으로써 몸의 행실을 죽이면 살리니."

> 고린도전서 6:19 "너희 몸은 너희가 하나님께로부터 받은 바 너희 가운데 계신 성령의 전인 줄을 알지 못하느냐 너희는 너희 자신의 것이 아니라."

그러면 얼마나 많은 영이 믿는 자 안에 거하는가? 셋?

> 고린도전서 12:13 "우리가 유대인이나 헬라인이나 종이나 자유인이나 다 한 성령으로 세례를 받아 한 몸이 되었고 또 다 한 성령을 마시게 하셨느니라."

한 성령, 하나님의 영, 여호와 하나님의 영이 모든 믿는 자들 안에 내주한다.

누가 죽은 자 가운데서 예수를 살렸나?

성부인가, 성자인가, 아니면 성령인가?

갈라디아서 1:1 "사람들에게서 난 것도 아니니요 사람으로 말미암은 것도 아니요 오직 예수 그리스도와 그를 죽은 자 가운데서 살리신 하나님 아버지로 말미암아 사도 된 바울은."

요한복음 2:19-21 "예수께서 대답하여 이르시되 너희가 이 성전을 헐라 내가 사흘 동안에 일으키리라 유대인들이 이르되 이 성전은 사십육 년 동안에 지었거늘 네가 삼 일 동안에 일으키겠느냐 하더라 그러나 예수는 성전된 자기 육체를 가리켜 말씀하신 것이라."

베드로전서 3:18 "그리스도께서도 단번에 죄를 위하여 죽으사 의인으로서 불의한 자를 대신하셨으니 이는 우리를 하나님 앞으로 인도하려 하심이라 육체로는 죽임을 당하시고 영으로는 살리심을 받으셨으니."

누가 세상을 창조하였는가?

창세기 1:1 "태초에 하나님이 천지를 창조하시니라"(히브리어로 하나님이 '엘로힘' 임).

창세기 1:2 "땅이 혼돈하고 공허하며 흑암이 깊음 위에 있고 하나님의 영은 수면 위에 운행하시니라."

창세기 1:26 "하나님이 이르시되 우리의 형상을 따라 우리의 모양대로 우리가 사람을 만들고 그들로 바다의 물고기와 하늘의 새와 가축과 온 땅과 땅에 기는 모든 것을 다스리게 하자 하시고."

이 성경구절은 완전한 신격(성부, 성자 그리고 성령)이 창조에 참여했다는 것을 가르치지 않는가?

요한복음 1:1-3, 14 "태초에 말씀이 계시니라 이 말씀이 하나님과 함께 계셨으니 이 말씀은 곧 하나님이시니라 그가 태초에 하나님과 함께 계셨고 만물이 그로 말미암아 지은 바 되었으니 지은 것이 하나도 그가 없이는 된 것이 없느니라…말씀이 육신이 되어 우리 가운데 거하시매 우리가 그의 영광을 보니 아버지의 독생자의 영광이요 은혜와 진리가 충만하더라."

그래서 이 셋으로 나누어진 하나님이 우리 세상의 창조에 참여했는가?

말라기 2:10 "우리는 한 아버지를 가지지 아니하였느냐 한 하나님께서 지으신 바가 아니냐."

이사야 44:24 "네 구속자요 모태에서 너를 지은 나 여호와가 이같이 말하노라 나는 만물을 지은 여호와라 홀로 하늘을 폈으며 나와 함께 한 자 없이 땅을 펼쳤고"(히브리어로 주는 '여호와' 임).

누가 예수의 아버지인가?

요한복음 3:16 "하나님이 세상을 이처럼 사랑하사 독생자를 주셨으니 이는 그를 믿는 자마다 멸망하지 않고 영생을 얻게 하려 하심이라."

마태복음 1:18, 20 "예수 그리스도의 나심은 이러하니라 그의 어머니 마리아가 요셉과 약혼하고 동거하기 전에 성령으로 잉태된 것이 나타났더니…이 일을 생각할 때에 주의 사자가 현몽하여 이르되 다윗의 자손 요셉아 네 아내 마리아 데려오기를 무서워하지 말라 그에게 잉태된 자는 성령으로 된 것이라."

시편 2:7 "내가 여호와의 명령을 전하노라 여호와께서 내게 이르시되 너는 내 아들이라 오늘 내가 너를 낳았도다"(히브리어로 '주' 는 '여호와' 임).

참 진리요 살아계신 유일한 하나님이 더 있는가?

이사야 44:6, 8 "이스라엘의 왕인 여호와, 이스라엘의 구원자인 만군의 여호와가 이같이 말하노라 나는 처음이요 나는 마지막이라 나 외에 다른 신이 없느니라…너희는 두려워하지 말며 겁내지 말라 내가 예로부터 너희에게 듣게 하지 아니하였느냐 알리지 아니하였느냐 너희는 나의 증인이라 나 외에 신이 있겠느냐 과연 반석은 없나니 다른 신이 있음을 내가 알지 못하노라"(이사야 43:10도 보라).

전형적인 몰몬교인의 반응

"참 혼란스럽군요! 기독교의 삼위일체를 이해 못하겠군요!"

기독교인의 대답

21과에 있는 삼위일체 도해를 사용하여 당신의 몰몬 친구에게 삼위일체를 설명하라.

TGM은 당신의 친구인 몰몬교도들과 '삼위일체로 가는 지름길'(The Back door to the trinity)에 대하여 나눌 때 사용하도록 전도실습 자료를 만들었다. http://www.trigrace.org/Resources.html에 접속하라. 그리고 이 자료를 어떻게 몰몬교들에게 사용하는지 비디오를 보라.

복습을 위한 질문들

1. 위의 있는 모든 질문들에 대한 성경적인 답은 무엇인가?

2. 성경에 의해서 볼 때, 참 진리이고 살아계신 유일한 하나님이 더 있을 수 있는가?

23과 하나님은 승영(昇靈)된 인간인가?

STOP 몰몬 용어집에서 '하나님' '승영'에 대한 LDS 정의를 읽으라.

몰몬교의 교리는, 하나님은 우리 인간들의 몸과 같이 확실한 물리적인 육신의 몸과 뼈를 가진 승영된 인간이라고 진술하고 있다.

좋은 질문

당신의 몰몬 친구에게 "성경이나 몰몬경 어디에서 하나님은 사람이고 혹은 물리적인 육신의 몸과 뼈를 가지고 있다"고 서술하고 있는지 물어보라. (답: 성경에도, 몰몬경에도 하나님이 사람이라고 기록되어 있지 않다.)

하나님은 사람이 아니다

> 호세아 11:9 "내가 나의 맹렬한 진노를 나타내지 아니하며 내가 다시는 에브라임을 멸하지 아니하리니 이는 내가 하나님이요 사람이 아님이라 네 가운데 있는 거룩한 이니 진노함으로 네게 임하지 아니하리라"(민수기 23:19과 사무엘상 15:29도 보라).

몰몬교인의 반응과 기독교인의 대답

당신의 몰몬 친구는 아래에 있는 진술들로 반응을 할지도 모른다.

첫 번째, "성경은 하나님이 사람을 자신의 형상대로 만들었다"고 선포하고 있다. 만약 내가 하나님의 형상대로 지음을 받았다면, 나는 육신의 몸과 뼈를 가지고 있다. 그렇다면 하나님도 역시 육신의 몸과 뼈를 가지고 있는 것이다."

이에 대한 대답은, "형상이란 단어가 물리적 형상으로 참고에 사용될 수 있을 지라도, 항상 물리적 형상으로 관련되지는 않는다." 다음에 나오는 성경의 구절과 몰몬경의 구절을 상고해보라.

> 로마서 8:29 "하나님이 미리 아신 자들을 또한 그 아들의 형상을 본받게 하기 위하여 미리 정하셨으니 이는 그로 많은 형제 중에서 맏아들이 되게 하려 하심이니라."

앨마서 5:19 "…내가 너희에게 이르노니, 그 날에 너희가 청결한 마음과 깨끗한 손으로 하나님을 우러러 볼 수 있겠느냐? 내가 너희에게 이르노니, 너희가 하나님의 형상을 너희 얼굴에 새기고, 우러러 볼 수 있겠느냐?" (앨마 5:14과 이더서 3:12-16도 보라).

'형상' 의 성경적인 개념을 설명하기 위하여 삼위일체 도해를 사용하라.

두 번째, 몰몬교도의 반응은 "성경은 하나님이 손과 발이 있다고 말하고 있다" 고 할 수 있다. 당신은 "하나님의 손이 얼마나 크냐?" 라고 대답할 수 있다. 이사야 40:12은 "하나님이 손바닥으로 바닷물을 헤아렸으며 뼘으로 하늘을 쟀으며" 라고 선포하고, 시편 91:4에서는 '하나님은 날개와 깃털을 가지고 있다' 고 선포하고 있다. 출애굽기 3장에서는 하나님이 떨기나무에서 불길의 화염으로 현현하였다. 하나님이 화염인가? 우리는 이러한 진술들을 문자적으로 받아드려야 하는가?

세 번째, 몰몬교도의 반응은 "조셉 스미스는 물리적인 신체를 가진 분리된 두 사람, 아버지인 하나님과 아들인 예수 그리스도를 보았다." 당신의 답을 돕기 위해서 〈49과 첫 번째 시현에 관한 엇갈린 설명〉을 보라.

복습을 위한 질문들

1. 하나님이 사람이라고 말하는 어느 한 구절이라도 성경이나 몰몬경에 있는가?

2. 하나님이 찬양받는 사람이라는 것이 비논리적이고 비성경적 개념이라는 이유는 무엇인가?

24과 하나님은 변하는가?

STOP 몰몬 용어집에서 '영원한 진보' '하나님' 그리고 '인류－인간' 에 대한 LDS 정의를 읽으라.

몰몬교의 영원한 진보의 법은 '하나님은 영원히 계속 하나님이다' 고 진술한 성경과 몰몬경에 모순되는 것이다.

성경

시편 90:1-2 "(하나님의 사람 모세의 기도)주여 주는 대대에 우리의 거처가 되셨나이다. 산이 생기기 전, 땅과 세계도 주께서 조성하시기 전 곧 영원부터 영원까지 주는 하나님이시니이다."

몰몬경

니파이후서 26:12 "그리고 예수가 바로 그리스도이심을 유대인들에게 확신시킴에 관하여 내가 말한 것 같이, 이방인들도 예수는 그리스도시요 영원하신 하나님이심을 확신하게 되어야 하며."

성경 그리고 몰몬서 모두 '하나님은 변함이 없다' 고 가르친다. 그래서 하나님은 영원한 진보의 법에 적용될 수 없다.

성경

말라기 3:6 "나 여호와는 변하지 아니하나니 그러므로 야곱의 자손들아 너희가 소멸되지 아니하느니라."

몰몬경

모로나이서 8:18 "이는 하나님은 공평치 않으신 하나님이 아니요, 변하시는 존재도 아니시며, 모든 영원에서 모든 영원까지 변하지 아니하심을 내다 앎이라" (모로니서 7:22; 몰몬서 9:9-10, 19도 참고).

전형적인 몰몬의 반응

몰몬교인들은 이것은 하나님의 영원한 진보를 통해서 변하지 않는 하나님의 성품에만 연관된다고 말한다.

기독교인의 대답

"우리가 지금 읽은 성경 말씀은 하나님의 불변함의 성품뿐만 아니라 전능하신 하나님으로서 그의 영원함도 가리킨다."

'모로나이서 8:18의 4단계'(The 4 step Moroni 8:18)를 사용한 '전도활동 자료'는 http://www.trigrace.org/Resources.html에 있으며 이 자료를 몰몬교들에게 어떻게 사용하는지에 대한 비디오를 보라.

또 다른 몰몬교인이 보일 수 있는 반응

몰몬교인들은 아마도 '영구'(Everlasting)와 '영원'(Eternal)을 설명하려고 할지 모른다. 그들은 아마도 이 단어들이 하나님에 대한 단순한 서술적인 이름의 명칭이며 문자적으로 받아드려서는 안 된다고 납득시키려 할지 모른다. 그들은 하나님을 때로는 '영원한 하나님' 혹은 '영구한 하나님'으로 불렀지만, 이들 이름이 '하나님은 영원한 하나님'으로 존재하는 것을 암시해주는 것은 아니라고 말할 것이다.

*저자 노트: 만약 당신이 이것(두 단어)을 확실하게 이해하지 못한 다해도, 마음 상하지 마라. 나도 마찬가지이다.

몰몬 용어집을 참고 하여 '영원한 징계'와 '무궁한(영원한) 형벌'에 대한 LDS 정의를 읽으라.

기독교인의 대답

"나는 나의 신학에 맞추려고 일반적인 단어들의 정의를 바꿀 필요가 없어서 정말 기쁘다. 그것이 하나님을 더 가까이 하게 하고 그가 선포하는 것을 믿게 한다."

복습을 위한 질문들

1. 몰몬교의 영원한 진보의 법을 당신 자신의 견해로 설명해보라.

2. LDS 법은 어떻게 영원하신 하나님의 가능성을 없애버렸는가?

주 하나님 7

25과 여호와와 엘로힘

몰몬 용어집에서 '엘로힘'과 '하늘의 아버지' 그리고 '예수 그리스도'에 대한 LDS 정의를 읽으라.

당신이 당신의 몰몬교 친구와 하나님에 대해서 토론한 것 같이, 히브리어와 관련된 야훼(YHWH)와 엘로힘(ELOHIM)에 대해서 서로 토론을 나누는 것은 유익하다. 구약성경에서 쓰인 야훼는 히브리어로 '주'(소문자 lord) 혹은 '여호와'(Jehovah)로 번역되었고, 구약성경에서 쓰인 엘로힘은 히브리어로 '하나님'(God) 혹은 '신들'(gods)로 번역되었다.

성경적인 배경

주/여호와 — 영어성경 KJV에서 사용되는 소문자 주(lord)는 구약성경에서만 6,000번 이상 사용되며

KJV에 있는 JEHOVAH(여호와)로 번역되어 있는 히브리어 YHWH(야훼)와 관련이 있다. 당신이 몰몬 성경책을 가지고 있다면 몰몬성경의 사전과 여호와에 대한 그들의 정의에 의해서 이 사실이 지지될 것이다. 이 정의를 보면 "킹제임스성경역본에서 유대인의 관습을 좇았으며 이름은 일반적으로 주 혹은 하나님으로 나타났는데 이들은 소문자로 인쇄되어 있다."

하나님/엘로힘–하나님(GOD)이란 단어는 구약에서 약 3,000번 나타난다. 거기에는 같은 어근으로부터 나온 계열인 'god' (하나님)에 대한 4개의 근접한 단어들이 있다. 즉 '엘' (el), '엘라' (elah), '엘로아' (eloah) 그리고 '엘로힘' (elohim)이다. 이 모든 직임(title)은 신성을 나타내며 'God' 'god' 혹은 'gods' 으로 올바르게 번역되어 있다. 본문에 따라서 이 직임(직책)들은 성경의 진실하신 하나님, 거짓 신들 혹은 인간 통치자로 나타나곤 한다.

거의 3,000번 가까이 하나님이란 단어가 KJV에서 나타나고 이것의 87%가 히브리어인 '엘로힘' 이다. 나머지 13%는 '엘' '엘라' '엘로아' 로 사용되었다. 이들의 직임은 각각의 독특한 책들에서 찾을 수 있으며 다음에 나타난 것처럼 히브리 구약성경에서 독특한 방법으로 사용되었다.

- **시가서**, 즉 욥기, 시편, 그리고 이사야에서 대부분 나타나며 이것은 시적인 음률에 맞게 바꿀 수 있게 사용되었다.
- 아람어로는 구약시대에 일반적인 교역 언어였다. '엘라' 는 구약성경의 **아람어적인 구절**, 즉 다니엘과 에스라 그리고 예레미야의 어떤 부분에서만 나온다.
- 구약성경의 **산재되어 있는 부분**에서는, 형용사(문법적인 경우)가 엘샤다이(하나님은 전능하시다), 엘 엘리온(하나님은 가장 높으시다), 엘 케돔(하나님은 영원이시다), 엘예수아(하나님은 구원이시다) 등처럼 엘(El)이 문장에서 명사와 함께 묶여있을 때의 경우이다.

직임(Title)과 이름(Name)

당신이 여호와(Jehovah)에 대한 본체를 이해할 수 있기 전에, 그의 직임과 이름의 차이점을 먼저 이해하는 것이 필요하다.

*연습: 하나님을 엘로힘으로, 주를 여호와로 쓰고 있는 출애굽기 3:1-15을 읽어보라. 출애굽기 3:13에서 나오는 질문에 주의해보라.

출애굽기 3:13 "모세가 하나님께 아뢰되 내가 이스라엘 자손에게 가서 이르기를 너희의 조상의 하나님이 나를 너희에게 보내셨다 하면 그들이 내게 묻기를 그의 이름이 무엇이냐 하리니 내가 무엇이라고 그들에게 말하리이까."

이 질문은 모세가 만약 하나님의 이름이 엘로힘이라면 타당치 않다는 것에 대해서 묻는 것이다. (엘로힘은 직임이지 이름이 아님을 상기하자. 이것은 미국의 대통령에게 "각하, 당신의 이름이 무엇입니까" 하고 질문하는 것과 같은 것이다. 당신은 그의 직임에 말을 건 것이지, 아직 당신은 그의 이름을 모르는 것이다.) 어떻게 하나님(엘로힘)이 모세에게 대답을 하였는지 주목해보자.

출애굽기 3:15 "하나님(엘로힘)이 또 모세에게 이르시되 너는 이스라엘 자손에게 이같이 이르기를 너희 조상의 하나님 여호와(Lord-주) 곧 아브라함의 하나님(엘로힘), 이삭의 하나님(엘로힘), 야곱의 하나님(엘로힘)께서 나를 너희에게 보내셨다 하라 이는 나의 영원한 이름이요 대대로 기억할 나의 칭호니라."

하나님(엘로힘)은 그의 **직책**이며 주(여호와)는 그의 개인적인 **이름**이다.

YHWH

히브리어인 YHWH(때때로 주 그리고/혹은 여호와로 번역되었다)는 하나님의 개인적인 이름이다.

출애굽기 6:2-3 "하나님이 모세에게 말씀하여 이르시되 나는 여호와이니라 내가 아브라함과 이삭과 야곱에게 전능의 하나님으로 나타났으나 나의 이름을 여호와로는 그들에게 알리지 아니하였고."

이사야 42:8 "나는 여호와이니 이는 내 이름이라 나는 내 영광을 다른 자에게, 내 찬송을 우상에게 주지 아니하리라."

여호와는 '나는 스스로 있는 자' 라는 의미이다.

여호와(Jehovah)는 영원히 유일하며 다른 어떤 것들에 의해서 제기될 수가 없다. 히브리 단어인 YHWH의 단어는 그들의 어원을 의미하는 것으로 각각 분리되는데, 그것의 각각 의미는 '나는 있었다' '나는 있다' '나는 있을 것이다' 혹은 간단하게 '나는 존재한다' 이다. 'I AM' 은 여호와는 스스로 존재하는 한 분을 의미한다. 출애굽기 3:14에서 하나님이 모세에게 말씀하실 때 '나는 스스로 있는 자' 라고 하였고 또 문자적으로 모세에게 '내가 존재하므로 나는 존재한다' 고 말씀하셨다. 여호와는 시작도 끝도 없으신 천국의 유일하신 존재이다.

복습을 위한 질문들

1. 성경 KJV에서 '주' (lord)는 히브리말로 항상 무엇을 의미하는가?

2. KJV에서 히브리어 YHWH를 여호와(Jehovah)로 번역한 곳은 어디인가?(당신이 할 수 있는 만큼 많이 적어보라).

3. 몰몬교도들에게 여호와는 누구인가?

4. 몰몬교도들에게 엘로힘은 누구인가?

5. Lord(주)/Jehovah(여호와)가 의미하는 것은 무엇인가?

6. 당신이 몰몬교도들에게 예수의 증인으로서 하나님 이름의 의미가 중요한 이유는 무엇인가?

26과 여호와는 유일한 참 엘로힘이시다

STOP 몰몬 용어집에서 '엘로힘'과 '하늘의 아버지' 그리고 '예수 그리스도'에 대한 LDS 정의를 읽으라.

몰몬교는 엘로힘(성부 하나님)과 여호와(성자 예수)는 두 개의 다른 하나님이라고 가르치기 때문에 다음의 성경구절과 커다란 문제점을 일으킨다.

열왕기상 8:60 "이에 세상 만민에게 여호와께서만 하나님이시고 그 외에는 없는 줄을 알게 하시기를 원하노라."

사실: 구약성경의 책들이 원래 히브리어로 쓰인 것임은 그리스도인과 몰몬교들에 의해서 인지되었다.
사실: 여호와와 엘로힘은 히브리어이다.
그래서: 이들 히브리어의 올바른 이해는 히브리구약성경으로부터 기원을 찾아야 한다.

주(여호와)는 하나님(엘로힘)이다

신명기 4:35, 39 "이것을 네게 나타내심은 여호와(Lord)는 하나님(Elohim)이시요 그 외에는 다른 신이 없음을 네게 알게 하려 하심이니라…그런즉 너는 오늘 위로 하늘에나 아래로 땅에 오직 여호와(Lord)는 하나님(Elohim)이시요 다른 신이 없는 줄을 알아 명심하고."

이사야 44:6 "이스라엘의 왕인 여호와(Lord), 이스라엘의 구원자인 만군의 여호와(Lord)가 이같이 말하노라 나는 처음이요 나는 마지막이라 나 외에 다른 신(Elohim)이 없느니라."

이사야 45:5 "나는 여호와(Lord)라 나 외에 다른 이가 없나니 나 밖에 신(Elohim)이 없느니라."

시 100:3 "여호와(Lord)가 우리 하나님(Elohim)이신 줄 너희는 알지어다 그는 우리를 지으신 이요 우리는 그의 것이니 그의 백성이요 그의 기르시는 양이로다"(사무엘하 40:28; 열왕기상 8:23; 예레미야 10:10; 이사야 40:18; 민수기 27:16; 신명기 14:1; 이사야 45:18; 예레미야 23:23-24도 참고).

구약성경 탐구

- 엘로힘은 여호와의 아버지가 절대로 아니다.
- 여호와는 엘로힘의 아들도 절대로 아니다.
- 여호와나 엘로힘은 절대로 나누어진 하나님도 아니다.
- 항상 여호와는 엘로힘이며 한 분이고 살아계신 진실하신 하나님이다.

거짓 하나님

여호와가 유일한 진실하신 엘로힘이라고 써진 것이 흥미로울 뿐만 아니라 몰몬교도들은 히브리어인 엘로힘(elohim)이 거짓 신들로 성경에서 표시되었다는 것을 배울 때 놀라게 된다. 당신은 엘로힘이 이름이 아니고 직위라는 것을 지난 과로부터 배웠다. (이 단어는) 직위(직책)로서 우상과 자주 관계를 갖는다.

> 열왕기상 18:26-27 "그들이 받은 송아지를 가져다가 잡고 아침부터 낮까지 바알의 이름을 불러 이르되 바알이여 우리에게 응답(반응)하소서 하나 아무 소리도 없고 아무 응답(반응)하는 자도 없으므로 그들이 그 쌓은 제단 주위에서 뛰놀더라 정오에 이르러는 엘리야가 그들을 조롱하여 이르되 큰 소리로 부르라 그는 신(god-elohim)인즉 묵상하고 있는지 혹은 그가 잠깐 나갔는지 혹은 그가 길을 행하는지 혹은 그가 잠이 들어서 깨워야 할 것인지 하매" (사사기 6:31도 보라).

> 역대상 10:8-10 "이튿날에 블레셋 사람들이 와서 죽임을 당한 자의 옷을 벗기다가 사울과 그의 아들들이 길보아 산에 엎드러졌음을 보고 곧 사울의 옷을 벗기고 그의 머리와 갑옷을 가져다가 사람을 블레셋 땅 사방에 보내 모든 이방 신전과 그 백성에게 소식을 전하고 사울의 갑옷을 그들의 신전(god-elohim)에 두고 그의 머리를 다곤의 신전에 단지라."

성경에 거짓 신들(false gods-elohim)은 너무 많이 있다.

> 출애굽기 12:12 "내가 그 밤에 애굽 땅에 두루 다니며 사람과 짐승을 막론하고 애굽 땅에 있는 모든 처음 난 것을 다 치고 애굽의 모든 신을(gods-elohim) 내가 심판하리라 나는 여호와라."

시편 96:4-5 "여호와(Lord)는 위대하시니 지극히 찬양할 것이요 모든 신들(gods-elohim)보다 경외할 것임이여 만국의 모든 신들(gods-elohim)은 우상들이지만 여호와(Lord)께서는 하늘을 지으셨음이로다."

전형적인 몰몬교의 반응

"모든 것이 해석의 문제이다. 당신들의 방법으로 하는 해석이 있고, 우리에게는 우리의 방법으로 해석한다."

기독교인의 대답

몰몬교도들에게 위에 서술된 성경구절들을 다시 읽게 하고 그들의 해석을 요구한다. 그들이 다른 성경적인 해석 혹은 몰몬경의 구절과 함께 그들의 해석을 제공하지 않는다면 그 구절이 뜻하는 바를 바꾸지 못하게 해야 한다(열왕기상 8:60; 신명기 4:35, 39; 이사야 44:6 등을보라).

복습을 위한 질문들

1. 신명기 4:35, 39; 시편 100:3; 이사야 44:6; 45:5들이 몰몬교도들에게 왜 문제가 되는가?

2. 성경에 있는 어떤 우상 신들을 엘로힘이라고 부르는가?

3. 엘로힘이 직위이며 개인적인 이름이 아니라는 견해를 성경구절들이 어떻게 지지하는가?

4. 누가 유일하시며 살아계신 '엘로힘' 인가?

27과 엘로힘은 복수다

히브리어 엘로힘(하나님)은 복수명사이다. 그런데 왜 하나님들(Gods)이라고 항상 번역하지 않는 것일까? 히브리문법에 의하면, 엘로힘은 위엄 있는 복수이며, 그의 탁월한 위대성을 나타내는 여호와 하나님에 대한 높은 **직위**이다. 엘로힘은 다원적인 성격과 전능하신 하나님의 위대함을 암시한다.

복수명사라고 해도, 엘로힘이란 단어가 단순히 복수형으로 끝난다해도 한 분 이상의 하나님을 암시하지 않는다. 엘로힘은 나, 그, 나를, 그의, 나의, 그 자신 그리고 구약성경의 **99%**가 나 자신과 같이 **단수**대명사와 직접적으로 관련을 맺고 있다.

이것은 엘로힘이 단순히 복수로 끝나는 이유로 하나님들로 해석되어지는 것으로 우기는 것은 히브리문법을 모독하는 것이다. 엘로힘이 단수로 붙여져 사용하는 곳인 창세기에서 몇 개의 예를 생각해 보자.

> 창세기 1:27 "**하나님**(엘로힘)이 **자기** 형상 곧 **하나님**의 형상대로 사람을 창조하시되 남자와 여자를 창조하시고."

> 창세기 2:2 "**하나님**(엘로힘)이 그가 하시던 일을 일곱째 날에 마치시니 그가 하시던 모든 일을 그치고 일곱째 날에 안식하시니라."

> 창세기 6:13 "**하나님**(엘로힘)이 노아에게 이르시되 모든 혈육 있는 자의 포악함이 땅에 가득하므로 그 끝 날이 **내** 앞에 이르렀으니 **내**가 그들을 땅과 함께 멸하리라."

> 창세기 22:8 "아브라함이 이르되 내 아들아 번제할 어린 양은 **하나님**(엘로힘)이 자기를 위하여 **친히** 준비하시리라 하고 두 사람이 함께 나아가서(창1:10; 1:29; 1:31; 2:3; 2:8; 2:18; 2:21-22; 5:1; 9:1-6; 9:8-17; 17:3-22; 20:6; 21:12-13; 21:18-19; 22:1-2; 26:24; 35:11-12; 46:2-4 참고, 더 많이 있다).

이 구절들은 엘로힘이 성경에서 '하나님들' 로 항상 번역될 수 없는 이유를 예증하고 있다. 3,500년이 넘는 우리의 역사적인 기록을 통해서 히브리어를 말하는 유대의 성경학자들은 엘로힘의 단어가 단지 복수형으로 끝나는 이유로 엘로힘을 '하나님들' 로 번역한 적이 절대로 없다는 것이다. 또한 그들은 창세기 1:26도 엘로힘이 복수형이기 때문에 한 분이상의 하나님이라고 해석하지 않았다. 오히려 히브리 학자들은 엘로힘을 주 하나님에 대한 특별한 직위로 보고 있는 것이다.

몰몬교의 해석

성경과 대비해서, 몰몬교도들이 하나님을 복수로 믿는 것을 뒷받침하고 있다는 '값진 진주' 로부터 다음과 같은 구절을 읽어보자.

> "그러고 나서 주께서 이르시되, 우리가 내려가자 하시고, 태초에 그들이 내려가시니라. 그리고 그들 곧 하나님들께서 하늘들과 이 땅을 조직하며 지으시더라. 그리고 땅은 형체가 이루어진 후에 공허하고 황량하였으니, 이는 그들이 땅 외에는 아무 것도 짓지 아니하신 까닭이라, 어둠이 깊음의 표면 위를 지배하였고 하나님들의 영은 수면을 조용히 덮고 계시더라. 그리고 그들(하나님들)이 이르시되, 빛이 있으라 하시매 빛이 있더라. 그리고 그들(하나님들)이 빛을 보고 아셨으니, 이는 그것이 밝았음이라. 그들이 빛과 어둠을 나누시고, 또는 빛과 어둠을 나뉘게 하시니라. 그리고 하나님들께서 빛을 낮이라 일컬으시고 어둠을 밤이라 일컬으시니라. 그리고 이렇게 되었나니, 저녁부터 아침까지를 그들이 밤이라 일컬으시고 아침부터 저녁까지를 낮이라 일컬으시니, 이는 그들이 낮과 밤이라 일컬으시는 것의 첫 번째 곧 시작이었더라 (값진 진주, 아브라함서 4:1-5을 보라).

전형적인 몰몬교의 반응

"만약 엘로힘이 복수가 아니라면 왜 하나님이 창세기 1:26에 말씀하시기를, '우리가 우리의 형상대로 사람을 만들자' 라고 했는가?"

기독교인의 대답

이 질문의 대답은 21과에서 삼위일체를 설명하고 있는 '삼위일체 도해' 를 사용하라.

복습을 위한 질문들

1. 엘로힘은 복수단어이다. 맞는가, 틀리는가?

2. 엘로힘이 히브리 명사로서 복수형으로 어미가 끝이 나는데도 구약성경에서는 99% '하나님들' 로 번역되지 않는 이유는 무엇인가?

3. 조셉 스미스의 창세기 1:1-5에 대한 의역(좀 전에 인용한 아브라함서 4:1-5)은 정확한 것인가?

4. 아닌 이유는 무엇인가?

28과 예수 그리스도는 정말 하나님이신가?

STOP 몰몬 용어집에서 '예수 그리스도'에 대한 LDS 정의를 읽으라.

몰몬교의 교리는, 예수는 '하나님'이거나 적어도 '신'이라고 주장한다. 그러나 몰몬교 안에 있는 혼돈과 대립되는 주장으로 인하여, 몰몬교도들은 예수 그리스도의 신성에 대해 자주 불확실한 모습을 보인다. 만약 당신이 그리스도의 신성에 의심을 품고 있는 몰몬교인과 이야기를 한 적이 있다면, 아래에 있는 성경구절과 몰몬경을 통해 예수가 하나님임을 말해주라.

성경

이사야 9:6 "이는 한 아기가 우리에게 났고 한 아들을 우리에게 주신 바 되었는데 그의 어깨에는 정사를 메었고 그의 이름은 기묘자라, 모사라, 전능하신 하나님이라, 영존하시는 아버지라, 평강의 왕이라 할 것임이라"(이것은 몰몬경의 니파이후서 19:6과 동일하다).

마태복음 1:22-23 "이 모든 일이 된 것은 주께서 선지자로 하신 말씀을 이루려 하심이니 이르시되 보라 처녀가 잉태하여 아들을 낳을 것이요 그의 이름은 임마누엘이라 하리라 하셨으니 이를 번역한즉 하나님이 우리와 함께 계시다 함이라"(이사야 7:14을 보라).

유다서 1:24-25 "능히 너희를 보호하사 거침이 없게 하시고 너희로 그 영광 앞에 흠이 없이 기쁨으로 서게 하실 이 곧 우리 구주 홀로 하나이신 하나님께 우리 주 예수 그리스도로 말미암아 영광과 위엄과 권력과 권세가 영원 전부터 이제와 영원토록 있을지어다 아멘."

디모데전서 3:16 "크도다 경건의 비밀이여, 그렇지 않다 하는 이 없도다 그는 육신으로 나타난 바 되시고 영으로 의롭다 하심을 받으시고 천사들에게 보이시고 만국에서 전파되시고 세상에서 믿은 바 되시고 영광 가운데서 올려지셨느니라."

몰몬경

모사이서 5:15 "그러므로 너희가 굳건하고 흔들리지 아니하며, 항상 선한 행실이 가득하여, 전능하신 주 하나님이신 그리스도께서 너희를 자기 것으로 인 치시어, 너희로 하늘에 인도되게 하시고, 하늘과 땅의 만물을 창조하시고, 만유 위에 하나님이 되시는 이의 지혜와 권능과 공의와 자비를 통하여 영원한 구원과 영생을 갖게 하시기를 바라노라. 아멘."

니파이후서 11:7 "이는 만일 그리스도가 없다 할진대 하나님이 없다 할 것이요, 또 하나님이 없다 할진대 우리가 있지 아니할 것임이니, 이는 아무 창조도 있을 수 없었을 것임이라. 그러나 하나님이 계시니, 그는 그리스도시요, 그는 자기 때가 차면 오시느니라."

니파이후서 26:12 "그리고 예수가 바로 그리스도이심을 유대인들에게 확신시킴에 관하여 내가 말한 것같이, 이방인들도 예수는 그리스도시요, 영원하심 하나님이심을 확신하게 되어야 하며,"

복습을 위한 질문들

1. 예수가 하나님임을 증명하는 구절들을 성경과 몰몬경에서 찾아 써보라.

2. 몰몬교의 신격에 대한 개념에 대해서 이 책에서 당신이 배운 것들로부터, 당신은 왜 어떤 몰몬교도들은 그리스도의 신성에 대해 의문을 가질 것이라고 생각하는가?

3. 하나님의 영원한 진보의 몰몬교의 법은 어떻게 몰몬교도들의 정신 속에 예수가 진짜 하나님인지 아닌지를 의심하게 만들었는가?('하나님' 그리고 '하나님의 진보의 법' 에 대한 몰몬 용어집을 보라).

하나님에 대한 전형적인 몰몬 답변들 8

29과 너희는 신들이다

STOP 몰몬 용어집에서 '인류 – 인간' 에 대한 LDS 정의를 읽으라.

인간은 유전적으로 '작은 신들로 창조되었다' 는 몰몬 교리를 뒷받침하기 위한 노력 가운데, 어떤 몰몬들은 요한복음 10:34을 사용할 것이다. 여기에 그 구절의 전후맥락이 있다.

> 요한복음 10:33-36 "유대인들이 대답하되 선한 일로 말미암아 우리가 너를 돌로 치려는 것이 아니라 신성모독으로 인함이니 네가 사람이 되어 자칭 하나님이라 함이로라 예수께서 이르시되 너희 율법에 기록된 바 내가 너희를 신이라 하였노라 하지 아니하였느냐 성경은 폐하지 못하나니 하나님의 말씀을 받은 사람들을 신이라 하셨거든 하물며 아버지께서 거룩하게 하사 세상에 보내신 자가 나는 하나님의 아들이라 하는 것으로 너희가 어찌 신성모독이라 하느냐."

요한복음 10:34을 문맥에서 떼어내면 다신주의 몰몬 교리를 지지하는 것으로 보일 수 있지만 문맥 안에서 보면 그 반대이다. 예수님은 이 장에서 누구에게 말하고 있는가? 이스라엘의 재판관들인 유대 종교 지도자들이다. 이들은 나중에 예수님을 죽음으로 몰고간 사람들이다. 어떤 사람이 우리 주님을 죽인 살인자들을 예수님이 실제로 '신들' (현재형)이라고 말했다고 주장하기 원하는가?

왜 예수님이 유대 종교 지도자들을 '신들' 이라고 불렀는가?

요한복음 10:34은 시편 82편의 인용이다. 거기서 주 하나님은 이스라엘의 재판관들에게 말씀하신다(계속 나가기 전에 당신의 성경에서 시편 82편으로 가서 읽으라).

시편 82편에서 하나님은 신들이 불공평하게 재판한다는 사실에 분노한다. 그는 이러한 신들은 사람처럼 죽을 것이라고 한다. 신들이 인간처럼 죽을 수 있는가? 참된 신들이 부정하게 판단할 수 있는가? 이 구절은 무엇을 말하는가? 하나님이 실제로 다른 신들을 견책한 것인가? 절대로 아니다. 시편 82편은 이스라엘의 재판관들에 주어진 구약율법과 규정들을 되돌이켜 보게 하는 구절이다. 이어지는 구절들에서 '하나님' 과 '재판관' 은 같은 히브리 단어 '엘로힘' 으로부터 교차적으로 번역되었다.

> 출애굽기 21:6 "상전이 그를 데리고 **재판장(엘로힘)**에게로 갈 것이요 또 그를 문이나 문설주 앞으로 데리고 가서 그것에다가 송곳으로 그의 귀를 뚫을 것이라 그는 종신토록 그 상전을 섬기리라."

이 구절에서 '재판관' 이라는 단어는 시편 82편에 나오는 '하나님' 과 같은 히브리 단어이다.

*흥미로운 노트: 조셉 스미스는 킹제임스판 성경을 수정했다. 이 문학작품은 몰몬 학자들에 의해 '조셉 스미스 번역' (JST) 또는 '영감된 번역본' 으로 인정되었다. 만일 당신이 몰몬 교회에 의해 인쇄된 킹제임스 성경을 소유하고 있다면 이런 수정문들이 본문 하단에 '조셉 스미스 주석' 으로 보일 것이다. 조셉 스미스의 '영감된 번역본' 출애굽기 21:6에서는 이미 있는 단어 '재판장들' 을 보다 문자적 번역인 '신들' 로 번역하지는 않았다. 분명하게 조셉은 히브리어 단어 엘로힘을 '재판관들' 로 번역하는 것을 문제시 하지 않았다. 조셉 스미스 번역 출애굽기 21:6 "상전이 그를 데리고 재판장들(엘로힘)에게로 갈 것이요 또 그를 문이나 문설주 앞으로 데리고 가서 그것에다가 송곳으로 그의 귀를 뚫을 것이라 그는 종신토록 그 상전을 섬기리라."

출애굽기 22:8-9 "도둑이 잡히지 아니하면 그 집 주인이 재판장(**엘로힘**) 앞에 가서 자기가 그 이웃의 물품에 손 댄 여부의 조사를 받을 것이며 어떤 잃은 물건 즉 소나 나귀나 양이나 의복이나 또는 다른 잃은 물건에 대하여 어떤 사람이 이르기를 이것이 그것이라 하면 양편이 재판장(**엘로힘**) 앞에 나아갈 것이요 재판장(**엘로힘**)이 죄 있다고 하는 자가 그 상대편에게 갑절을 배상할지니라."

출애굽기 22:28 "너는 재판장을 모독하지 말며 백성의 지도자를 저주하지 말지니라" (KJV).

이스라엘의 재판관은 실제로 신들이었는가?

왜 하나님은 이스라엘의 재판관들을 '신들' 이라고 불렀는가? 하나님이 이스라엘의 재판관들을 신들이라고 부른 이유는 그들은 하나님의 대표들이기 때문이다. 그들은 그의 백성들을 판단하는 하나님의 위치에 서있다. 신명기 1장에서 하나님은 정의롭게 판단하지 않고 그의 거룩한 백성에게 불명예를 가져오는 이런 자들에게 경고하신다.

신명기 1:15-17 "내가 너희 지파의 수령으로 지혜가 있고 인정 받는 자들을 취하여 너희의 수령을 삼되 곧 각 지파를 따라 천부장과 백부장과 오십부장과 십부장과 조장을 삼고 내가 그 때에 너희의 재판장들에게 명하여 이르기를 너희가 너희의 형제 중에서 송사를 들을 때에 쌍방간에 공정히 판결할 것이며 그들 중에 있는 타국인에게도 그리할 것이라 재판은 하나님께 속한 것인즉 너희는 재판할 때에 외모를 보지 말고 귀천을 차별 없이 듣고 사람의 낯을 두려워하지 말 것이며 스스로 결단하기 어려운 일이 있거든 내게로 돌리라 내가 들으리라 하였고."

'엘로힘' 은 또한 거짓 신을 말한다

성경에 '엘로힘' 은 또한 거짓 신을 말하기도 한다는 것을 기억하라.

시편 96:4-5 "여호와는 위대하시니 지극히 찬양할 것이요 모든 신들(엘로힘)보다 경외할 것임이여 만국의 모든 신들(엘로힘)은 우상들이지만 여호와께서는 하늘을 지으셨음이로다" (열왕기상 18:26-27; 사사기 6:31; 역대상 10:8-10과 출애굽기 12:12를 보라).

유일한 참 하나님

기억하라 단 하나의 참되고 살아계신 하나님, 주 하나님이 계시다.

이사야 44:6 "이스라엘의 왕인 여호와, 이스라엘의 구원자인 만군의 여호와가 이같이 말하노라 나는 처음이요 나는 마지막이라 나 외에 다른 신이 없느니라" (이사야 45:5; 사무엘하 7:22; 열왕기상 8:23; 예레미야 10:10; 이사야 40:28; 민수기 27:16; 신명기 14:1; 이사야 45:18; 예레미야 23:23-24를 보라).

복습을 위한 질문들

1. 요한복음 10:33-36의 본문으로부터 왜 예수님이 이 사람들이 참 신들이라고 말하지 아니한 몇 가지 이유들을 제공하라.

2. 왜 하나님은 이스라엘의 재판관들을 '엘로힘/신들' 이라고 불렀는가?

3. 성경에 어떤 거짓 신들이 '엘로힘/신들' 로 언급되었는가?

4. 누가 유일하고 단 하나의 참된 하나님인가?

30과 목적에 있어서 한 하나님

몰몬 용어집에서 '신회 또는 신격'(Godhead) '삼위일체'에 대한 LDS 정의를 읽으라.

몰몬들은 예수님과 아버지는 둘로 분리된 별개의 신들이며 단지 목적에 있어서 하나가 된다는 몰몬 교리를 뒷받침하기 위해 요한복음 17장을 사용한다. 그들은 비꼬는 투로 물을 것이다. "예수님이 제자들을 위해 기도할 때 아버지와 자신이 하나가 된 것처럼 저들도 아버지와 하나가 되게 해달라고 기도한 의미가 무엇입니까? 그것이 제자들과 예수님과 아버지가 엮어져서 하나의 큰 하나님이 된다는 것입니까?"

> 요한복음 17:11 "나는 세상에 더 있지 아니하오나 그들은 세상에 있사옵고 나는 아버지께로 가옵나니 거룩하신 아버지여 내게 주신 아버지의 이름으로 그들을 보전하사 우리와 같이 그들도 하나가 되게 하옵소서"(요한복음 17:20-23도 보라).

요한복음 17장은 예수님에 의해 그를 믿을 모든 사람들을 위해서 제안된 기도이다. 예수님은 그와 그의 아버지가 하나 되었던 것과 같이 모든 그리스도인들도 아버지와 하나 되기를 위해 기도하셨다. 이 기도는 놀라운 방법으로 응답이 되었다. 예수님이 이 지상에 계신 동안 하나님의 성령은 그의 불멸의 몸에 내주하셨고 그는 아버지와의 친밀한 교제와 완전한 하나 됨을 누리셨다. 같은 방법으로 하나님의 성령은 각각의 믿는 사람들에게 내주하신다. 모든 믿는 자들은 사람으로서의 예수님이 경험하였던 것과 같은 하나님과의 친밀한 교제를 누릴 특권을 가졌다.

요한복음 17장은 복수의 신들을 증명하거나 증명하지 않거나 하는 진술들이 없다. 요한복음 17장이 예수님과 하나님이 목적에서 하나 된 둘로 분리된 다른 하나님이라는 것을 증명하기 위한 시도로 사용된다면 이 구절들은 완전하게 문맥과 동떨어지게 사용된 것이다. 성경은 오직 한 하나님이 존재한다고 가르친다. 몰몬 교회의 해석은 성경의 나머지 부분과 일치하지 않는다.

예수님은 아버지와 연합되었다

예수님은 아버지의 성령으로 사셨다.

요한복음 14:7-11 "너희가 나를 알았더라면 내 아버지도 알았으리로다 이제부터는 너희가 그를 알았고 또 보았느니라 빌립이 이르되 주여 아버지를 우리에게 보여 주옵소서 그리하면 족하겠나이다 예수께서 이르시되 빌립아 내가 이렇게 오래 너희와 함께 있으되 네가 나를 알지 못하느냐 나를 본 자는 아버지를 보았거늘 어찌하여 아버지를 보이라 하느냐 내가 아버지 안에 거하고 아버지는 내 안에 계신 것을 네가 믿지 아니하느냐 내가 너희에게 이르는 말은 스스로 하는 것이 아니라 아버지께서 내 안에 계셔서 그의 일을 하시는 것이라 내가 아버지 안에 거하고 아버지께서 내 안에 계심을 믿으라 그렇지 못하겠거든 행하는 그 일로 말미암아 나를 믿으라."

고린도후서 5:19 "곧 하나님께서 그리스도 안에 계시사 세상을 자기와 화목하게 하시며 그들의 죄를 그들에게 돌리지 아니하시고 화목하게 하는 말씀을 우리에게 부탁하셨느니라."

신자들은 아버지와 연합되었다

예수님이 지상에 계실 때 성령의 내주하심으로 아버지와 연합되었던 것처럼, 모든 신자들도 성령의 내주하심에 의해 아버지와 연합되었다.

로마서 8:11 "예수를 죽은 자 가운데서 살리신 이의 영이 너희 안에 거하시면 그리스도 예수를 죽은 자 가운데서 살리신 이가 너희 안에 거하시는 그의 영으로 말미암아 너희 죽을 몸도 살리시리라."

로마서 8:14-16 "무릇 하나님의 영으로 인도함을 받는 사람은 곧 하나님의 아들이라 너희는 다시 무서워하는 종의 영을 받지 아니하고 양자의 영을 받았으므로 우리가 아빠 아버지라고 부르짖느니라 성령이 친히 우리의 영과 더불어 우리가 하나님의 자녀인 것을 증언하시나니."

고린도전서 3:16 "너희는 너희가 하나님의 성전인 것과 하나님의 성령이 너희 안에 계시는 것을 알지 못하느냐."

예수님의 기도는 응답이 되었다. 신자들은 예수님이 이 지상에 계셨을 때 경험했던 아버지와의 같은 친밀한 관계를 경험한다.

복습을 위한 질문들

1. 요한복음 17장을 간단하게 요약하라. 복수의 신들을 증명하거나 또는 반대하는 어떤 진술들을 발견하는가?

2. 우리는 예수님이 그 인성에서 아버지와 연합된 것과 같은 방법으로 아버지와 연합되었는가?

31과 니케아 종교회의: 옳은가, 그른가?

STOP 몰몬 용어집에서 '큰 배도'에 대한 LDS 정의를 읽으라.

몰몬 사람들은 니케아신조는 기독교회의 큰 배도를 이끈 주요한 요인 중의 하나라고 가르친다. 몰몬 교회는 당신이 로마황제 콘스탄틴이 전통적인 삼위일체관을 정의하였던 니케아회의의 결과에 지대한 영향을 주었다고 믿게 할 것이다. 그럼에도 불구하고 성경과 몰몬경의 메시지와 비교한 니케아신경의 정밀 검사는 정확하게 그 반대가 진실임을 증명한다.

아리우스와 니케아신경

니케아회의(니케아신경과는 상관없이)는 삼위일체의 인격성—특히 그리스도의 신성—에 관한 논란을 해결하기 위해 소집되었다. 기원후 318년경 알렉산드리아에 있는 교회의 장로 아리우스는, 하나님은 영원하고, 태어나지 않으며, 시작이 없다고 가르쳤다. 그럼에도 아리우스는 하나님의 아들은 태어났기 때문에 아버지와 같은 면에서 하나님이 될 수 없다고 주장하였다. 아리우스는 아들은 완전한 영원으로부터 존재하지 않았으며 모든 피조물들과 같이 무로부터 창조되었다고 가르쳤다. 아리안주의는 아들은 아버지와 동질(同質, 라틴어 로 호무시오스Homoousios)이 아니며 오히려 아버지의 뜻에 의해 존재한다는 주장을 견지했다.

(역자 노트: 그러나, 그의 주장과는 반대로 니케아회의에서는) 그리스도의 신성을 부정하는 아리안주의를 멈추게 하기 위해 동질론('호무시오스')이 채택되었다.

아리우스의 가르침은 주후 325년에 니케아에서 열린 첫 번째 초교파적인 회의에서 정죄되었다. 318명으로 구성된 감독들은 하나님의 아들은 태어나셨으나 창조된 것이 아니고 아버지와 동질(Homoousios)이라고 진술된 신조를 초안하였다. 다른 말로 하면 영원히 삼위일체와 연결되었으며 창조의 한 부분이 아니라는 것이다.

니케아회의에서 도출한 신조의 중심진리(예수는 하나님과 본질에 있어서 동일하다는)를 성경과 몰몬경이 동의한다는 점은 매우 중요하다.

예수님은 하나님이다

성경

마태복음 1:22-23 "…보라 처녀가 잉태하여 아들을 낳을 것이요 그의 이름은 임마누엘이라 하리라 하셨으니 이를 번역한즉 하나님이 우리와 함께 계시다 함이라."

유다서 1:24-25 "…곧 우리 구주 홀로 하나이신 하나님께 우리 주 예수 그리스도로 말미암아 영광과 위엄과 권력과 권세가 영원 전부터 이제와 영원토록 있을지어다 아멘"(KJV).

디모데전서 3:16 "크도다 경건의 비밀이여, 그렇지 않다 하는 이 없도다 그는 (하나님) 육신으로 나타난 바 되시고…."

몰몬경

모사이서 5:15 " 그러므로 나는 너희가 굳건하고 흔들리지 아니하며, 항상 선한 행실이 가득하여, 전능하신 주 하나님이신 그리스도께서 너희를 자기 것으로 인 치시어, 너희로 하늘에 인도되게 하시고, 하늘과 땅의 만물을 창조하시고, 만유 위에 하나님이 되시는 이의 지혜와 권능과 공의와 자비를 통하여 영원한 구원과 영생을 갖게 하시기를 바라노라. 아멘"(니파이후서 26:12을 보라).

예수님과 아버지는 동질이시다

성경

요한복음 14:7-11 "너희가 나를 알았더라면 내 아버지도 알았으리로다 이제부터는 너희가 그를 알았고 또 보았느니라 빌립이 이르되 주여 아버지를 우리에게 보여 주옵소서 그리하면 족하겠나이다 예수께서 이르시되 빌립아 내가 이렇게 오래 너희와 함께 있으되 네가 나를 알지 못하느냐 나를 본 자는 아버지를 보았거늘 어찌하여 아버지를 보이라 하느냐 내가 아버지 안에 거하고 아버지는 내 안에 계신 것을 네가 믿지 아니하느냐 내가 너희에게 이르는 말은 스스로 하는 것이 아니라 아버지께서 내 안에 계셔서 그의 일을 하시는 것이라 내가 아버지 안에 거하고 아버지께서 내 안에 계심을 믿으라 그렇지 못하겠거든 행하는 그 일로 말미암아 나를 믿으라."

이사야 9:6 "이는 한 아기가 우리에게 났고 한 아들을 우리에게 주신 바 되었는데 그의 어깨에는 정사를 메었고 그의 이름은 기묘자라, 모사라, 전능하신 하나님이라, 영존하시는 아버지라, 평강의 왕이라 할 것임이라."

몰몬경

모사이서 15:1-4 "그리고 이제 아빈아다이가 그들에게 이르되, 나는 하나님이 친히 사람의 자녀들 가운데 내려오사, 자기 백성을 구속하시리라는 것을 너희가 깨닫기 바라노라. 그가 육체 가운데 거하심으로 인하여 하나님의 아들이라 일컬음을 받을 것이며, 육체를 아버지의 뜻에 복종시키셨음으로, 아버지요 아들이 되시니—아버지인 것은, 그가 하나님의 능력으로 잉태되었음으로 인함이요. 아들인 것은 육체로 인함이라. 이리하여 아버지요 아들이 되시나니—또 그들은 한 하나님이시라, 참으로 바로 하늘과 땅의 영원하신 아버지시니라(니파이후서 19:6을 보라).

삼위일체의 성경적 신분: 한 하나님

성경

마태복음 28:19 "그러므로 너희는 가서 모든 민족을 제자로 삼아 아버지와 아들과 성령의 이름으로 침례를 베풀고" (요한복음 10:30을 보라).

몰몬경

알마 11:44 "…모든 것이 지금처럼 그 완전한 구조, 즉 육신으로 회복되어 영원하신 한 하나님이신 아들 그리스도와 아버지 하나님과 성령의 심판대 앞에 인도되어 심문을 받고, 그 행위가 선하든지 그 행위가 악하든지 그 행위대로 심판을 받게 되리라" (니파이후서 31:21 그리고 '세 증인들의 증언' '몰몬경 입문' 을 보라).

복습을 위한 질문들

1. 성경과 몰몬경에서 취한 앞의 구절들이 니케아회의에서 만들어진 신조들에 대해 동의하는가? 동의하지 않는가? 동의한다면, 왜 동의하는가? 또는 동의하지 않는다면 왜 아닌가?

2. 니케아회의의 중심단어 '호무시오스' 의 의미는 무엇인가?

3. 예수님과 아버지는 본질에서 하나이시고 한 존재이시고 한 하나님이신가? 당신의 답을 지지하는 성경적 근거를 대보라.

32과 '지극히 높으신 자'와 '주'(여호와)-그들은 다른 하나님인가?

어떤 몰몬 학자들은 신명기 32:8-9이 구약에서 나오는 두 분리된 하나님들의 증거라고 주장해왔다. 이 구절들을 생각해보자.

> 신명기 32:8-9 "지극히 높으신 자가 민족들에게 기업을 주실 때에, 인종(the son' s of Adam)을 나누실 때에 이스라엘 자손의 수효대로 백성들의 경계를 정하셨도다 여호와의 분깃은 자기 백성이라 야곱은 그가 택하신 기업이로다."

몰몬들의 논리는 다음과 같다. 항상 아버지는 자기의 기업을 그의 자녀에게 남긴다. 그리고 이 구절에서 '지극히 높으신 자'(또는 하늘의 하나님)는 그의 유산을 '아담의 자녀들'로서 이름 붙여진 그의 자녀들에게 나누어 주신다. 상속의 일부가 주 또는 첫 번째 태어난 하나님의 아들인, 여호와에게 나누어진다. 그러므로 지극히 높은 자와 주(여호와)는 다른 하나님임에 틀림이 없다.

이 논쟁은 다음과 같은 간단한 질문에 의해서 쉽게 해결이 된다. 성경에 의하면 누가 가장 높으신 하나님인가? 그리고 얼마나 많은 가장 높으신 분이 존재할 수 있는가? 시편 91:1-2은 말한다. "지존자의 은밀한 곳에 거주하며 전능자의 그늘 아래에 사는 자여, 나는 여호와를 향하여 말하기를 그는 나의 피난처요 나의 요새요 내가 의뢰하는 하나님이라 하리니." 시편 91:9-10은 이 사상을 이어나간다. 말하기를 "네가 말하기를 여호와는 나의 피난처시라 하고 지존자를 너의 거처로 삼았으므로 화가 네게 미치지 못하며." 다시 시편 92:1에 말하기를, "지존자여…여호와께 감사하며 주의 이름을 찬양하고…좋으니이다."

신명기 32:8-9의 정확한 번역은 무엇인가? 그것은 매우 단순하다. 지극히 거룩하신 자가 그의 상속을 열방들에게 나눌 때에 그는(주) 이스라엘이 그의 상속자가 되도록 선택하였다. 그리고 또한 고대로부터 야곱이나 이스라엘의 아들들은 보통 하나님의 선택받은 백성들로 알려졌다.

복습을 위한 질문들

1. '지극히 높으신 자' 가 주(여호와 하나님)라는 것을 보여주는 데 사용될 수 있는 성경구절은 무엇인가?

2. 얼마나 많은 지극히 높은 자가 거기에 있을 수 있는가?

구원의 교리 9

33과 몰몬의 구원관

몰몬주의 안에 있는 가장 큰 속임수는 몰몬 교회에 의해 사용되어진 구원에 관한 용어학의 문제이다. 몰몬 교회는 구원의 주제에 관련된 거의 모든 성경적 용어들을 재정의 해왔기 때문에 몰몬교인들과 복음에 관해 토론할 때에 그들의 용어를 이해하지 못하는 사람은 혼란스러운 경험을 하게 된다. 성경적 구원과 몰몬의 구원에 어떤 공통점을 가지고 있다는 생각에 속지 말라. **몰몬의 용어를 이해하는 것의 중요성은 아무리 강조해도 지나치지 않다.**

STOP 몰몬 용어집에서 '그리스도의 속죄' '타락' '구속' '구원' '은혜로만 얻는 구원'에 대한 LDS 정의를 읽으라.

몰몬경에서의 구원

몰몬경은 하나님에 대한 교리(신관)에 관해선 성경적인 원리들을 동의하지만, 구원에 대해서는 동의하지 **않는다.** 비록 단편적인 구절들이 단지 믿음에 의해서 구원받는 것처럼 보인다 할지라도 몰몬경을 구원의 성경적 개념들을 지지하기 위한 데에 **사용하지 말라.** 명확하게 말하자면 몰몬경의 구원관은 믿음에 행위를 더하는 체제이다. 몰몬경에서 구원을 말하는 전형적인 아래의 구절들을 숙고해보라. 여기에서 사용된 구절들이 성경의 용어들로 보이지만 그 말씀은 왜곡되어 있으며 결과적으로 이단적 교리이다.

> **니파이후서 9:23-24** "또 그는 모든 사람에게 명하사, 그들이 이스라엘의 거룩하신 자에 대한 완전한 신앙을 갖고 회개하여 그의 이름으로 침례 받아야 하며, 그렇지 아니하면 그들이 하나님의 왕국에서 구원받을 수 없다 하시느니라. 또 만일 그들이 회개하여 그의 이름을 믿고, 그의 이름으로 침례 받고, 끝까지 견디려 하지 아니하면, 그들은 반드시 저주를 받으리니, 이는 주 하나님 이스라엘의 거룩하신 자께서 이를 말씀하셨음이니라.

> **모로나이 10:32** "참으로 그리스도에게로 나아와, 그의 안에서 온전하게 되고, 모든 경건하지 아니한 것을 거부하라. 너희가 만일 모든 경건하지 아니한 것을 거부하고, 너희의 능력과 생각과 힘을 다하여 하나님을 사랑할 것 같으면, 그러면 그의 은혜가 너희에게 족하니, 그의 은혜로 너희가 그리스도 안에서 온전하게 될지라. 또 만일 하나님의 은혜로 너희가 그리스도 안에서 온전하면, 너희가 결단코 하나님의 권능을 부인할 수 없으리로다."

> **니파이후서 25:23** "이는 우리가 우리의 자손과 또한 우리의 형제들을 설득하여, 그리스도를 믿게 하고 하나님과 화목하게 하려 부지런히 수고하여 기록함이니, 이는 우리가 할 수 있는 모든 것 후에 우리가 구원받는 것이 은혜에 의한 것임을 우리가 앎이라."

복습을 위한 질문들

1. 몰몬교 신학에서 무조건적 구원과 조건적 구원의 차이가 무엇인지를 설명하라(몰몬 용어집에서 '구속' 과 '구원' 을 보라).

2. 몰몬 교회는 오직 믿음을 통한 은혜의 구원에 대해서 어떻게 생각하는가?(몰몬 용어집에서 '은혜로만 얻는 구원' 을 보라).

3. 기독교 교리를 지지하기 위해서 몰몬경을 사용하지 말아야 할 주제는 무엇인가?

34과 전통적인 복음증거 방법들

전통적인 복음증거 접근법들은 몰몬들에게 복음을 전할 때 효과적이지 않다. CCC(Campus Crusade for Church)에서 나온 사영리(the four spiritual laws,四靈理)는 강력한 복음증거의 수단이고 그것을 사용해 수 많은 사람들을 주님께 인도했다. 그럼에도 불구하고 그 용어의 장벽 때문에 대다수의 몰몬들은 그 4가지 영적 진리들을 동의한다고 생각할 것이다. 어떻게 한 사람의 몰몬이 각각의 요점을 바라보는지를 살펴보라.

네 가지 영적 진리들(The Four Spiritual Laws, 四靈理)

1. 하나님은 당신을 사랑하시며 당신의 삶에 놀라운 계획을 가지고 계신다(요한복음 3:16; 10:10).

몰몬의 생각: 물론 하나님이 우리를 사랑하신다. 그는 하늘에 계신 우리 아버지이시다. 하나님과 그의 하늘의 어머니는 선재 가운데서 우리를 낳으셨다. 그리고 하나님은 우리가 우리 자녀를 사랑하는 것처럼 사랑한다. 인류를 위한 하나님의 놀라운 계획은 우리가 그와 같이 되는 것과 그의 모든 계명에 순종하여 언젠가 그와 같은 하나님들이 되는 것을 가능하게 하는 것이다.

2. 모든 사람이 죄에 빠져 하나님으로부터 떠나 있다. 그러므로 하나님의 사랑과 계획을 알 수 없고 또 체험할 수 없다(로마서 3:23; 6:23).

몰몬의 생각: 그렇다. 우리 모두는 아담의 죄로 인해 죽음과 시험을 받는 상태에 있다. 아담과 하와에게 감사한다. 에덴동산에서 그들이 금단의 열매를 따먹는 바른 결정으로 인해 우리 모두가 영원한 미래에 하나님이 되기 위해 우리가 필요한 지식과 경험을 가지게 되었고 우리의 삶을 향한 하나님의 놀라운 계획을 성취하게 되었다. 그러나 우리는 그 계획이 시행되기 위해서 한 구세주가 필요했다.

STOP 몰몬 용어집에서 몰몬교 '타락' 에 대한 LDS 정의를 읽으라.

3. 예수 그리스도는 인간의 죄를 위한 하나님의 유일한 대책이다. 그를 통해서만 당신은 당신의 생애를 향한 하나님의 사랑과 계획을 알 수 있고 또 그것을 누릴 수가 있다(로마서 5:8; 고린도전서 15:3-6; 요한복음 14:6).

몰몬의 생각: 그렇다. 예수 그리스도는 하나님의 첫 번째 출생한 영적 자녀이며 문자 그대로 우리의 영적 형제이다. 그는 영원한 선재 가운데서 아담의 원죄를 속죄하기 위한 자로 선택되었다. 그리스도의 위대한 속죄로 인하여 모든 사람은 부활할 것이고 불멸의 대가없는 선물을 받을 것이다. 이 무상의 선물에 따라 우리 모두는 세 하늘들 중 하나를 경험할 기회를 가지게 되며 모든 계명과 몰몬교복음의 모든 의식들을 순종함으로 언젠가 하나님이 될 것이다.

4. 우리 각자가 개인적으로 예수 그리스도를 '나의 구주, 나의 하나님'으로 영접해야 한다. 그러면 우리는 우리 각 사람에 대한 하나님의 사랑과 계획을 알게 되며, 또 그것을 체험하게 된다(요한복음 1:12; 3:1-8).

몰몬의 생각: 그렇다. 단지 예수님을 구세주로 인정하는 사람들이 하나님이 위대한 계획을 완전하게 성취하는 기회를 가질 것이다. 그 계획은 우리가 높임을 받는 데에 이르고 하늘에 계신 우리 아버지 같은 신들이 되어지는 것이다.

지금 본 것처럼, 용어의 장벽은 당신이 몰몬들에게 전하고 자 힘쓰는 메시지를 그들이 이해하는 것을 방해할 것이다. 그들은 각각의 요점과 그것들을 뒷받침하는 성경적 구절들에 동의할 것이다. 그러나 속지 말라. 주의력이 없는 사람에게는 몰몬의 대답들이 '그리스도인' 처럼 들리지만 몰몬 교리와 성경적 진리 사이에는 아무런 연관성이 없다. 몰몬들이 당신의 메시지를 받아들인 것 같이 보이고 때로는 어떤 몰몬은 당신과 함께 영접(죄인) 기도를 드리는 데 동의할 수도 있다. 당신은 그들이 구원받았다고 즐거워하며 떠날 것이지만, 그들은 여전히 몰몬 교리에 발을 들여놓은 채로 살 것이며 자신이 작은 신들로 만들어지고 있다고 믿을 것이다.

국제전도폭발(Evangelism Explosion International)

국제전도폭발의 질문들 또한 실증되어졌고 참된 전도의 방법들이지만, 다시 강조하건 데 용어의 장벽으로 인해 몰몬에게는 방해가 될 것이다. 이런 질문들에 몰몬들이 어떻게 반응하는지를 생각해보라.

질문1: 당신의 신앙생활에서 만일 당신이 오늘 죽는다면 천국에 간다는 확신이 있는가? 아니면 당신은 아직도 천국에 들어가려고 여전히 노력하는가?

몰몬의 생각: 몰몬에게 있어 은혜(우주적 부활과 영생)에 의한 구원은 하나님의 대가없는 선물이다. 전에 살았던 모든 인류는, 믿었건 안 믿었건 간에, 부활의 때에 세 가지 천국 중 하나에 들어가게 될 것이다. 그러므로 몰몬들은 정직하게 첫 번째 질문에 대답할 수 있다. "예! 나는 그리스도의 속죄의 결과로서 천국에 들어갈 것을 확신합니다."

질문2: 오늘 죽어 하나님 앞에 섰는데 하나님께서 "내가 너를 나의 천국에 들어오게 해야 할 이유가 무엇이겠느냐?" 고 묻는다면 어떻게 대답할 것인가?

몰몬의 생각: 내가 천국에 들어가도록 허락될 것이다. 예수 그리스도는 이 세상의 구주이시고, 인류의 죄를 대속하셨고 나와 모든 사람들이 들어가도록 천국을 여셨다. 회개와 예수 그리스도를 믿는 믿음을 통하여 나는 내가 죽을 때 천국(몰몬의 3개의 천국 중 하나)에 들어가게 될 것을 확실히 안다.

말씀 전한 그 그리스도인은 이 몰몬이 참된 신자가 된 것처럼 보이기 때문에 경탄하며 떠날 것이다. 그러나 그 몰몬은 여전히 몰몬 교리에 젖어서 언젠가 한 신이 된다고 믿고 살아갈 것이다.

복습을 위한 질문들

1. 왜 몰몬에게 전통적인 복음전파의 방법들을 사용하는 것이 자주 문제가 되는가?

2. (정/ 오) 아담과 하와의 타락은 바른 방향으로 떨어진 것이다.

   요한복음 8:44과 몰몬경, 모르나이서 7:17을 보라! 이 구절들이 마귀(Devil)에 대해서 무엇을 가르치는가?

3. 만일 당신이 몰몬들에게 효과적으로 전도하기 위해 전통적인 복음전파방법을 재편할 수 있는지 살펴보라.

35과 영생

몰몬 용어집에서 '해의 왕국' '영생' '승영' '천국' '불멸'에 대한 LDS 정의를 읽으라.

영원한 생명에 대한 성경적 논제는 당신의 몰몬 친구와 토의하기에 너무도 중대한 주제이다. 영생은 모든 율법과 몰몬 복음의 의식에 대한 완전한 복종으로 얻어지는 것이라는 몰몬주의의 가르침 때문에, 몰몬 사람들은 그들이 충분하게 행동하였는지에 대해 결코 확신할 수 없다. 아주 드물게 몰몬들은 그들이 영생의 확신을 가지고 있으며 해의 왕국에 들어갈 것이라고 당신에게 말해줄 것이다.

변형된 접근

전통적인 복음전도의 질문을 변형시킴으로 몰몬들과 영생의 주제에 대한 성경적 토론으로 들어가게 하는 것은 가능하다.

질문1: 당신은 당신이 영원한 생명을 가졌고 그의 해의 왕국에서 하늘의 아버지와 언젠가 함께 살 것을 확신합니까?

몰몬들은 다음과 같이 대답할 것이다. "아무도 영광의 정도(3가지 하늘)를 확신할 수 없다. 대심판 때까지 그들이 얻을 것이다.

질문2: 만일 하늘의 아버지가 당신에게 "왜 내가 당신을 해의 왕국으로 들어가게 해야 하느냐?" 고 물으신다면 당신은 무엇이라고 답하겠습니까?

만일 어떤 몰몬교인이 해의 왕국에 들어갈 것이라고 생각한다면, 그는 이렇게 대답할 것이다. "나는 하늘의 아버지에게 내가 그의 모든 계명과 복음의 의식을 지켰기 때문에 나를 해의 왕국에 들어가게 해주셔야 합니다." 이 경우 이 책 〈41과 불가능한 복음〉에 나오는 전도접근법을 사용하라.

대다수의 몰몬 신자들은 몰몬교의 신학에 따라 영생의 확신을 가진다는 것이 불가능하다는 것을 바르게 이해하고 있다. 몰몬 교리가 당신이 선한 일을 행함으로 영생을 얻는 다는 것을 가르치는 데 반해서 성경은, 영원한 생명은 하나의 선물이며 이 선물은 얻는 것이 아닌 받는 것이라는 것을 가르친다.

성경은 또한 우리가 영원한 생명을 (현재) 가졌다는 것을 확신할 수 있다고 가르친다. 다음의 구절들은 몰몬들에게 성경적 복음을 보여주기 위해 사용될 수 있다.

영생에 대한 하나님 아버지의 증거

요한일서 5:9-13 "만일 우리가 사람들의 증언을 받을진대 하나님의 증거는 더욱 크도다 하나님의 증거는 이것이니 그의 아들에 대하여 증언하신 것이니라 하나님의 아들을 믿는 자는 자기 안에 증거가 있고 하나님을 믿지 아니하는 자는 하나님을 거짓말하는 자로 만드나니 이는 하나님께서 그 아들에 대하여 증언하신 증거를 믿지 아니하였음이라 또 증거는 이것이니 하나님이 우리에게 영생을 주신 것과 (현재) 이 생명이 그의 아들 안에 있는 그것이니라 아들이 있는 자에게는 생명이 있고 (현재) 하나님의 아들이 없는 자에게는 생명이 없느니라 내가 하나님의 아들의 이름을 믿는 너희에게 이것을 쓰는 것은 너희로 하여금 너희에게 영생이 있음을 (현재) 알게 하려 함이라."

영생에 대한 예수 그리스도의 증거

요한복음 3:14-18, 36 "모세가 광야에서 뱀을 든 것 같이 인자도 들려야 하리니 이는 그를 믿는 자마다 영생을 얻게 하려 하심이니라 (현재) 하나님이 세상을 이처럼 사랑하사 독생자를 주셨으니 이는 그를 믿는 자마다 멸망하지 않고 영생을 얻게 하려 하심이라 (현재) 하나님이 그 아들을 세상에 보내신 것은 세상을 심판하려 하심이 아니요 그로 말미암아 세상이 구원을 받게 하려 하심이라 그를 믿는 자는 심판을 받지 아니하는 것이요 (현재) 믿지 아니하는 자는 하나님의 독생자의 이름을 믿지 아니하므로 벌써 심판을 받은 것이니라 아들을 믿는 자에게는 영생이 있고 (현재) 아들에게 순종하지 아니하는 자는 영생을 보지 못하고 도리어 하나님의 진노가 그 위에 머물러 있느니라."

유일한 성경적 요구사항

사람은 성경의 예수님을 믿어야 한다.

요한복음 6:27-29 "썩을 양식을 위하여 일하지 말고 영생하도록 있는 양식을 위하여 하라 이 양식은 인자가 너희에게 주리니 인자는 아버지 하나님께서 인치신 자니라 그들이 묻되 우리가 어떻게 하여야 하나님의 일을 하오리이까 예수께서 대답하여 이르시되 "하나님께서 보내신 이를 믿는 것이 하나님의 일이니라 하시니."

영생은 선물이다

영원한 생명은 예수 그리스도를 믿는 모든 자에게 값없이 주어지는 것이지, 값싸게 얻어진 것이 아니다. 예수님이 우리의 자리에서 죽으셨고 우리를 위해 죄의 대가를 지불하심으로 인류를 위해 값없는 선물을 주신 것이다.

로마서 6:23 "죄의 삯은 사망이요 하나님의 은사는 그리스도 예수 우리 주 안에 있는 영생이니라."

하나님의 의를 놓침

로마서 10:1-4 " 형제들아 내 마음에 원하는 바와 하나님께 구하는 바는 이스라엘을 위함이니 곧 그들로 구원을 받게 함이라 내가 증언하노니 그들이 하나님께 열심이 있으나 올바른 지식을 따른 것이 아니니라 하나님의 의를 모르고 자기 의를 세우려고 힘써 하나님의 의에 복종하지 아니 하였느니라 그리스도는 모든 믿는 자에게 의를 이루기 위하여 율법의 마침이 되시니라."

믿음으로 의롭게 되어짐

우리가 예수를 믿고 그를 주님과 구세주로 영접할 때에 우리가 하나님과 바르게 서게(의롭게)된다.

로마서 10:9-10 "네가 만일 네 입으로 예수를 주로 시인하며 또 하나님께서 그를 죽은 자 가운데서 살리신 것을 네 마음에 믿으면 구원을 받으리라 사람이 마음으로 믿어 의에 이르고 입으로 시인하여 구원에 이르느니라."

구원: 믿음을 통해 은혜로

에베소서 2:8-9 "너희는 그 은혜에 의하여 믿음으로 말미암아 구원을 받았으니 이것은 너희에게서 난 것이 아니요 하나님의 선물이라 행위에서 난 것이 아니니 이는 누구든지 자랑하지 못하게 함이라."

고린도후서 9:15 "말할 수 없는 그의 은사로 말미암아 하나님께 감사하노라."

영생의 도표(Eternal Life Diagram)

영원한 생명, 대가 없는 선물에 대한 하나님 말씀의 명료함에도 불구하고 이 주제는 자주 몰몬에게 혼돈을 가져온다. 몰몬의 마음에는, 그들은 우리가 믿는 것과 같은 것을 믿으며, 그들은 오히려 대다수의 그리스도인들보다 더욱 열심을 가지고 구원에 접근한다고 생각한다.

다음과 같은 말을 몰몬에게서 듣는 것은 이상한 일이 아니다. "보세요, 당신이 예수를 믿는 믿음이 중요하고 우리도 예수를 믿는 믿음이 중요합니다. 당신들도 회개를 믿고 우리도 회개를 믿습니다. 당신들도 선행을 중요시하고 우리도 선행을 중요시합니다. 나는 어째서 당신들이 우리가 당신들이 하는 것보다도 더 계명들을 지키는 것에 큰 강조를 둠에도 불구하고 우리가 그렇게 잘못되었다고 생각하는지 이유를 알 수가 없습니다."

이것은 '영생의 도표' 를 보면 도움이 될 것이다. '선물로 주시는 성경적 영생' 과 'LDS의 영생법' 을 비교해볼 때 거기에는 진정 비슷한 것이 없다. 그들은 완전히 서로 다른 복음들이다. '선물로 주시는 성경적 영생' 은 예수 그리스도의 복음이다. 그리고 'LDS의 영생법' 은 루시퍼의 복음이다. 영생 도표는 어느 몰몬들이든지 보고 결코 쉽게 잊지 못할 씨를 깊게 심을 그래픽 시각자료이다.

http://www.trigrace.org/Resources.html에 가서 영생 도표(Eternal Life Diagram)를 확인하고 이 대화형 전도자료를 몰몬들에게 어떻게 사용하는지를 보여주는 비디오를 시청하라.

복습을 위한 질문들

1. 몰몬들 전도할 때에 도움이 되는 약간 변형된 질문들(전도폭발 참고)을 써보라.

2. 성경적 영생과 몰몬들의 영생의 차이점을 설명해보라.

3. 왜 로마서 10:1-4 그리고 9, 10이 몰몬들과 나눌 위대한 구절인지 설명하라.

36과 거듭남(중생)

STOP 몰몬 용어집에서 '침례'에 대한 LDS 정의를 읽으라.

전도의 기회

"당신은 거듭났습니까?"라는 단순한 질문은 종종 몰몬들과 복음을 나누는 데 놀랄만한 기회를 가져다 줄 것이다.

어떤 몰몬들은 중생(重生)이라는 용어에 익숙하지 않다. 이럴 경우 예수님이 말씀하신 요한복음 3:3을 보여주라. "진실로 진실로 네게 이르노니 사람이 거듭나지 아니하면 하나님의 나라를 볼 수 없느니라." 그들에게 중생한다는 것이 무엇을 의미하는지 알기를 원하느냐고 물으라. 그리고 복음을 나누기 위하여 요한복음 3장을 사용하라. 요한복음 3:14-18, 36에서 발견되는 영생에 대한 예수님의 증언을 반드시 포함시키도록 하라.

만일 어떤 몰몬이 "나는 몰몬 교회에서 침례를 받을 때 거듭났다"고 대답한다면, 예수님이 거듭나야 한다고 말씀하실 때 그것은 물침례를 의미한 것이 아니라는 것을 보여주기 위하여 다음의 토론 주제들을 사용하라.

물침례가 아님

요한복음 3:1-7 "바리새인 중에 니고데모라 하는 사람이 있으니 유대인의 지도자라 그가 밤에 예수께 와서 이르되 랍비여 우리가 당신은 하나님께로부터 오신 선생인 줄 아나이다 하나님이 함께 하시지 아니하시면 당신이 행하시는 이 표적을 아무도 할 수 없음이니이다 예수께서 대답하여 이르시되 진실로 진실로 네게 이르노니 사람이 거듭나지 아니하면 하나님의 나라를 볼 수 없느니라 니고데모가 이르되 사람이 늙으면 어떻게 날 수 있사옵나이까 두 번째 모태에 들어갔다가 날 수 있사옵나이까 예수께서 대답하시되 진실로 진실로 네게 이르노니 사람이 물과 성령으로 나지 아니하면 하나님의 나라에 들어갈 수 없느니라 육으로 난 것은 육이요 영으로 난 것은 영이니 내가 네게 거듭나야 하겠다 하는 말을 놀랍게 여기지 말라."

'물과 성령으로 난다' 는 그 구절을 몰몬들은 거듭나기 위해서 받는 침수침례라고 해석한다. 그러나 그것이 바로 예수님이 가르치신 바인가? 이 절에서 예수님은 거듭나는 것과 두 번 태어나는 것에 대해 말씀하신 것이다. 모든 인간은 신체적으로 태어나는 첫 번째 출생을 경험한다. 그러나 만일 당신이 하나님의 나라 보기를 희망한다면 당신은 또한 두 번째 출생, 영적 출생을 경험해야 한다. 당신은 반드시 거듭나야 한다.

5절에서, 첫 번째 출생은 물로 태어나는 것으로, 두 번째 출생은 영으로 태어나는 것으로 묘사가 되었다. 예수님은 이 두 출생을 6절에서 "육으로 난 것은 육이요 영으로 난 것은 영이니"라고 하셨다. 첫 번째(육의) 출생은 어머니의 양수가 터지면서 아이가 뱃속에서 나올 때 일어난다. 이것은 신체적 출생이요 물로의 출생이다. 두 번째(영의) 출생은 한 사람이 성령으로 거듭나 하나님의 영원한 가족이 될 때 일어난다. 이것이 거듭남의 의미이다.

6절에서 예수님의 이 두 출생에 대한 설명은 침례와 중생(거듭남)은 동의어가 아니라는 사실을 분명하게 만든다. 요한복음 3:14-18, 그리고 36절에 있는 예수님의 가르침을 따를 때에 사람은 거듭난다.

젊은 앨마(Alma, the younger)의 대화

몰몬경에서 젊은 앨마의 대화는 중생에 대한 성경적 해석을 지지한다.

*중요한 노트: 이 구절에서 젊은 앨마가 개종하였고 중생하였지만 어디에서도 그가 침례를 받았다는 대화가 없다는 것은 흥미롭다. 물은 전체 구절들 속에 결코 언급이 되지 않는다. 당신 자신을 위하여 모사이야서 27장을 읽고 살펴보라.

모사이야서 27:24-26 "그가 말하기를, 이는 내가 내 죄를 회개하고 주께 구속함을 받았음이라. 보소서 내가 영으로 났나이다. 또 주께서 내게 이르시되, 모든 인류, 참으로 남자와 여자, 모든 나라와 족속과 방언과 백성이 반드시 거듭나야 함을 기이히 여기지 말라. 곧 하나님에게서 나서 그 속되고 타락된 상태에서 의로움의 상태로 변화되어, 하나님께 구속함을 받아 그의 아들과 딸이 되어야 하나니, 또 이같이 하여 그들은 새로운 피조물이 되느니라. 그러나 그들이 이를 행하지 않는 한, 그들은 결단코 하나님의 나라를 유업으로 얻지 못하리라 하셨나이다.

침례와 성령

성령을 받는 것은 물침례와 동의어가 아니다. 성경에는 적어도 사람들이 물세례와 상관이 없이 또는 물침례 전에 성령으로 충만했다는 두 가지 예들이 있다.

> 사도행전 2:1-4 "오순절 날이 이미 이르매 그들이 다같이 한 곳에 모였더니 홀연히 하늘로부터 급하고 강한 바람 같은 소리가 있어 그들이 앉은 온 집에 가득하며 마치 불의 혀처럼 갈라지는 것들이 그들에게 보여 각 사람 위에 하나씩 임하여 있더니 그들이 다 성령의 충만함을 받고 성령이 말하게 하심을 따라 다른 언어들로 말하기를 시작하니라."

> 사도행전 10:44-48 "베드로가 이 말을 할 때에 성령이 말씀 듣는 모든 사람에게 내려오시니 베드로와 함께 온 할례 받은 신자들이 이방인들에게도 성령 부어 주심으로 말미암아 놀라니 이는 방언을 말하며 하나님 높임을 들음이러라 이에 베드로가 이르되 이 사람들이 우리와 같이 성령을 받았으니 누가 능히 물로 침례 베풂을 금하리요 하고 명하여 예수 그리스도의 이름으로 침례를 베풀라 하니라 그들이 베드로에게 며칠 더 머물기를 청하니라."

여기 당신의 몰몬 친구들에게 물어야 할 질문이 있다. "내가 거듭났을 때를 이야기해도 될까요?"

복습을 위한 질문들

1. 거듭난다는 것이 무엇을 의미하는지 당신 자신의 말로 설명해보라(성경을 사용하여 당신의 답을 입증하라).

2. 왜 몰몬들의 거듭남의 해석이 정확하지 않는가?

구원에 대해 생각함 10

37과 성경적 예수 알기

STOP 몰몬 용어집에서 '하나님'(God head) '예수 그리스도' '마귀'에 대한 LDS 정의를 읽으라.

당신이 한 몰몬에게 구원과 영생은 예수를 믿는 자에게 거저 주시는 선물이라는 것을 증명하는 몇 개의 성경구절을 보여주고 나면 그들은 아마 "나는 예수를 믿으니 별문제가 없지 않느냐?" 고 응답할 것이다.

몰몬의 예수와 기독교의 예수가 같은 역사적 인물이라는 논쟁에도 불구하고 그 유사성은 거기서 끝난다. 몰몬의 예수는 본성이 인간이다. 이에 반해 성경적 예수는 본성이 하나님이시다. 우리는 몰몬들에게, 우리는 다른 예수를 섬기고 있다고 주장할 수 있는가? 당신은 몰몬의 예수와 성경적 예수를 비교함으로 판단자가 되기를 바란다(표 10-1).

몰몬 교회는 하나님의 영원한 성품을 부정한다. 표 10-1에 열거된 LDS 예수에 대한 하나하나의 거짓 진술들은 또한 하늘에 계신 하나님과 모든 다른 몰몬주의의 신들에게도 적용이 될 수 있다. 몰몬 교리는 영원 전부터 영원까지 존재하시는 하나님의 어떤 가능성을 제외시켜버린다(시편 90:2). LDS 예수는 성경적 예수와 매우 다르다.

성경적 경고들

성경는 다른 예수를 믿는 것에 대해 경고한다.

> 고린도후서 11:3-4 "뱀이 그 간계로 하와를 미혹한 것 같이 너희 마음이 그리스도를 향하는 진실함과 깨끗함에서 떠나 부패할까 두려워하노라 만일 누가 가서 우리가 전파하지 아니한 다른 예수를 전파하거나 혹은 너희가 받지 아니한 다른 영을 받게 하거나 혹은 너희가 받지 아니한 다른 복음을 받게 할 때에는 너희가 잘 용납하는구나."

위에서 바울이 말한 경고들 하나하나는 몰몬교에 적용이 된다. 몰몬 교회는 다른 예수를 설교하고 다른 영을 홍보하고 다른 복음을 가르친다. 뱀이 교묘하게 하와를 미혹한 것처럼 오늘날 많은 사람들이 몰몬이즘의 속임수에 의해 타락으로 인도되고 있다.

이것은 얼마나 중요한 것인가?

요한복음 8:24에서 예수님은 "너희가 만일 내가 그인 줄 믿지 아니하면 너희 죄 가운데서 죽으리라"고 하셨다. 다른 예수(거짓 예수)를 믿고는 구원을 받을 수 없다.

> 요한복음 8:24 "그러므로 내가 너희에게 말하기를 너희가 너희 죄 가운데서 죽으리라 하였노라 너희가 만일 내가 그인 줄 믿지 아니하면 너희 죄 가운데서 죽으리라"(요한복음 8:28, 58도 보라).

누가 예수의 존재를 증거했나?

요한복음 8장에서 예수님은 자신이 스스로 존재하는 분(the I am)이며 주님(구약성경의 여호와 하나님)이라고 주장한다. 선지자 이사야에 의해서 기록된 주님의 영감된 언급들을 생각해보라.

> 이사야 43:10-12 "나 여호와가 말하노라 너희는 나의 증인, 나의 종으로 택함을 입었나니 이는 너희가 나를 알고 믿으며 내가 그인 줄 깨닫게 하려 함이라 나의 전에 지음을 받은 신이 없었느니라 나의 후에도 없으리라 나 곧 나는 여호와라 나 외에 구원자가 없느니라 내가 알려 주었으며 구원하였으며 보였고 너희 중에 다른 신이 없었나니 그러므로 너희는 나의 증인이요 나는 하나님이니라 여호와의 말씀이니라."

> 이사야 44:6, 8 "이스라엘의 왕인 여호와, 이스라엘의 구원자인 만군의 여호와가 이같이 말하노라 나는 처음이요 나는 마지막이라 나 외에 다른 신이 없느니라…너희는 두려워하지 말며 겁내지 말라 내가 예로부터 너희에게 듣게 하지 아니하였느냐 알리지 아니하였느냐 너희는 나의 증인이라 나 외에 신이 있겠느냐 과연 반석은 없나니 다른 신이 있음을 내가 알지 못하노라."

> 이사야 45:5 "나는 여호와라 나 외에 다른 이가 없나니 나 밖에 신이 없느니라" (이사야 43:10; 45:18; 21-22도 보라).

LDS 예수는 성경의 예수가 아니다. LDS 예수는 유일한 참되고 살아있는 하나님이 아니다. 당신이 예수님이 주장한 그 예수를 믿지 않는다면 당신은 당신의 죄 가운데서 죽을 것이다.

예수님이 당신을 알아보는가?

만일 당신이 성경의 예수를 알지 못한다면 예수님이 당신을 알지 못한다는 것이 따라오게 된다. 성경의 가장 무서운 언급들 중의 하나는 마태복음 7:21-23을 보라.

> 마태복음 7:21-23 "나더러 주여 주여 하는 자마다 다 천국에 들어갈 것이 아니요 다만 하늘에 계신 내 아버지의 뜻대로 행하는 자라야 들어가리라 그 날에 많은 사람이 나더러 이르되 주여 주여 우리가 주의 이름으로 선지자 노릇 하며 주의 이름으로 귀신을 쫓아 내며 주의 이름으로 많은 권능을 행하지 아니하였나이까 하리니 그 때에 내가 그들에게 밝히 말하되 내가 너희를 도무지 알지 못하니 불법을 행하는 자들아 내게서 떠나가라 하리라."

LDS 예수	성경적 예수
그는 많은 신들 중에 하나의 신이다. (예수는 신들의 오랜 승계 가운데에 있는 단지 한 신이다)	예수는 단 한 분이신 유일하신 참 하나님이다. (이사야 43:10; 44:6-8; 유다서 1:24-25)
그는 영원한 하나님으로 존재하지 않았다. (예수는 선재 속에서 하나님의 처음 태어난 영적 자녀였다)	예수는 영원히 하나님으로 존재해왔다. (요한복음 1:1-2; 미가 5:2; 시편 90:1-2)
그는 루시퍼의 영적 형제이다. (예수는 사탄의 영적 형제이다)	예수는 루시퍼의 창조자이다. (요한복음 1:3; 골로새서 1:16-17; 에스겔 28:12-16)
그는 동정녀로 탄생하지 않았다. (승격된 인간인 하늘의 하나님에 의해 자연적으로 태어났다)	예수는 동정녀에서 출생했다. —기적적으로 (이사야 7:14; 미태복음 1:18—23)
그는 오직 이 지구만 창조하였다. —다른 존재들의 도움으로 (많은 하나님들의 고상한 자식들이 예수를 도왔다)	예수 홀로, 존재하는 모든 것을 창조하였다. (요한복음 1:3; 골로새서 1:16-17; 이사야 44:24)
그는 실제로 전능한 하나님이 아니다. (예수는 그 전에 있던 하나님들만큼 강력하지 않다)	예수는 전능한 하나님이다. (요한계시록 1:7-8; 4:8, 11)
그는 무소부재할 수 없다. (그는 육체를 가지고 있기 때문에 무소부재할 수 없다)	예수는 무소부재하다. (요한복음 3:13; 마태복음 18:20; 28:20, 히브리서 13:5;예레미야 23:23)

〈표 10-1〉

당신이 성경의 예수를 알고 성경의 예수도 당신을 아는 것은 매우 중요하다.

복습을 위한 질문들

1. 당신의 생각으로, 몰몬들이 믿는 거짓된 예수로 구원을 받을 수 있는가?

2. 표 10-1로부터 몰몬 예수와 성경적 예수의 가장 중요한 다른 점으로 생각하는 것들의 목록을 적어 보라.

3. 마태복음 7:21-23에서 "불법을 행하는 자여 나를 떠나라"는 예수님의 말씀을 들은 사람들이 행한 '끔직한' (terrible) 일은 무엇이었는가?

4. 마태복음 7장은 사람이 선행에 의해 구원받는 것이 아니라는 것을 증거하는가, 반대하는가? 설명하라.

38과 우리 모두는 하나님의 자녀인가?

몰몬 용어집에서 '하늘의 아버지' '인류-인간' '영혼의 선재'에 대한 LDS 정의를 읽으라.

하나님은 모든 피조물의 아버지이시다

하나님이 모든 피조물의 아버지이신 것은 마치 우리가 조지 워싱턴을 건국의 아버지로, 헨리 포드를 자동차(Model T)의 아버지로 인식하는 것과 같은 것이다. 조지가 문자적으로 미국을 낳은 게 아니고, 포드가 Model T를 문자적으로 낳은 게 아닌 것처럼 하나님도 상징적으로 모든 피조물의 아버지이시다. 그러나 문자 그대로의 아버지는 아니다.

성경

말라기 2:10 "우리는 한 아버지를 가지지 아니하였느냐 한 하나님께서 지으신 바가 아니냐."

몰몬경

니파이전서 17:36 "보소서, 주께서는 지구를 창조하사 거할 곳이 되게 하시고, 그의 자녀들을 창조하사 그것을 차지하게 하셨나이다."

하나님은 모든 사람을 그의 자녀로 인정하지는 않으신다

하나님은 모든 인류를 그의 자녀들로 간주하지 않으신다. 왜냐하면 하나님은 반역의 아비인 마귀의 자녀들로서 반역하는 사람들을 보시기 때문이다. 그리스도인뿐 아니라 몰몬들도 마치 사탄이 실제로 인류를 낳았다고 하는 다음의 진술들을 문자적으로 취하지 않는다. 이런 자들은 선택에 의해 된 상징적인 악의 자녀들이다.

요한복음 8:44 "너희는 너희 아비 마귀에게서 났으니 너희 아비의 욕심대로 너희도 행하고자 하느니라 그는 처음부터 살인한 자요 진리가 그 속에 없으므로 진리에 서지 못하고 거짓을 말할 때마다 제 것으로 말하나니 이는 그가 거짓말쟁이요 거짓의 아비가 되었음이라."

히브리서 12:7-8 "너희가 참음은 징계를 받기 위함이라 하나님이 아들과 같이 너희를 대우하시나니 어찌 아버지가 징계하지 않는 아들이 있으리요 징계는 다 받는 것이거늘 너희에게 없으면 사생자요 친아들이 아니니라."

하나님의 자녀 되기

당신이 성경을 공부해보면, 당신은 하나님의 자녀로 인정되어지는 것은 주어지는 특권이라는 것을 깨달을 것이다. 그럼에도 불구하고 몰몬교는 모든 사람들은 문자적으로 신의 유전적 후손들이라고 말한다. 그러므로 우리가 몰몬들에게 묻는 명백한 질문은 다음과 같은 것이 될 것이다. "만일 당신이 우리가 이미 하나님의 자녀라고 믿는다면, 왜 우리가 하나님의 자녀가 되어야 한다고 말하나요?"

성경

요한복음 1:12 "영접하는 자 곧 그 이름을 믿는 자들에게는 하나님의 자녀가 되는 권세를 주셨으니."

요한일서 3:1 "보라 아버지께서 어떠한 사랑을 우리에게 베푸사 하나님의 자녀라 일컬음을 받게 하셨는가, 우리가 그러하도다 그러므로 세상이 우리를 알지 못함은 그를 알지 못함이라."

몰몬경

모로나이 7:26, 48 "또 그가 오신 후에도 사람들은 그의 이름을 믿는 신앙으로 구원을 받았고, 신앙으로 저희가 하나님의 아들들이 되나니, 믿는 자는 하나님에 의해 그의 영원한 가족으로 입양되어진다. 그런즉 내 사랑하는 형제들아, 마음의 힘을 다해 아버지께 기도하여, 그의 아들 예수 그리스도를 참되게 따르는 자 모두에게 내려주신 이 사랑으로 충만하게 되며, 너희가 하나님의 아들이 되며, 그가 나타나실 때에 그가 계신 그대로 우리가 그를 볼 것인즉, 우리가 그와 같이 되게 하며, 우리로 이 소망을 갖게 하며, 그가 순결하신 것같이 우리가 순결하게 되게 할지어다. 아멘" (제3니파이 9:17; 모사이야 27:25도 보라).

믿는 자는 하나님에 의해서 그의 영원한 가족으로 입양되어졌다

성경은 모든 믿는 자는 입양되었다고 진술한다. 다시 같은 질문을 해올 것이다. "만일 우리가 문자적으로 하나님의 자녀라면 왜 하나님은 믿는 자를 입양하시는가?" 부모는 그 자신들의 자녀들을 입양할 필요가 없다.

> 로마서 8:9, 14-16 "만일 너희 속에 하나님의 영이 거하시면 너희가 육신에 있지 아니하고 영에 있나니 누구든지 그리스도의 영이 없으면 그리스도의 사람이 아니라…무릇 하나님의 영으로 인도함을 받는 사람은 곧 하나님의 아들이라 너희는 다시 무서워하는 종의 영을 받지 아니하고 양자의 영을 받았으므로 우리가 아빠 아버지라고 부르짖느니라 성령이 친히 우리의 영과 더불어 우리가 하나님의 자녀인 것을 증언하시나니" (갈라디아서 4:4-5; 에베소서 1:2-5도 보라).

복습을 위한 질문들

1. 모든 사람이 하나님의 자녀라는 것은 상징적인가, 문자적인가?

2. 하나님은 모든 인류를 그의 자녀로 여기시는가?

3. 어떻게 사람이 하나님의 자녀가 되는가?

39과 우리가 그와 같을 것이라는 것이 신들이 된다는 것인가?

STOP 몰몬 용어집에서 '인류 – 인간' 에 대한 LDS 정의를 읽으라.

몰몬 사람들은 그들이 어느 날 하늘에 계신 그들의 아버지와 같은 신들이 될 것이라는 것을 증명하기 위한 시도로써 '우리가 그와 같이 될 것' 이라는 성경구절을 자주 사용한다. 몰몬은 말한다. "우리 모두는 하나님의 자녀들이다. 당신은 당신의 자녀들이 당신처럼 성장할 것을 기대하지 못하는가?" 이런 생각들을 뒷받침하기 위해서 그들은 질문할 수 있다.

- 새끼 고양이가 자라면 무엇이 되는가?(답: 고양이)
- 강아지가 자라면 무엇이 되는가?(답: 개)
- 그러므로 하나님의 자녀가 자라면 무엇이 되는가?(답: 하나님들)

이 논쟁이 논리적인 것처럼 들리지만, 그것은 성경이나 몰몬경조차도 동의하지 않는 인간적인 생각들이다.

우리가 그와 같을 것이다

요한일서 3:1-3 "보라 아버지께서 어떠한 사랑을 우리에게 베푸사 하나님의 자녀라 일컬음을 받게 하셨는가, 우리가 그러하도다 그러므로 세상이 우리를 알지 못함은 그를 알지 못함이라 사랑하는 자들아 우리가 지금은 하나님의 자녀라 장래에 어떻게 될지는 아직 나타나지 아니하였으나 그가 나타나시면 우리가 그와 같을 줄을 아는 것은 그의 참모습 그대로 볼 것이기 때문이니 주를 향하여 이 소망을 가진 자마다 그의 깨끗하심과 같이 자기를 깨끗하게 하느니라."

첫째, 1절에서 특히 주의해야 할 것은 인류에게 하나님의 자녀로 불림을 받게 하신 하나님께 대한 존경이다. 우리는 자연적으로 하나님의 자녀가 된 것이 아니다. 우리가 예수 그리스도를 우리의 구세주로 영접하였을 때 하나님의 자녀가 되었다(요한복음 1:12; 모로나이서 7:26, 48).

둘째, 2-3절에서 특히 주의해야 할 것은 그 구절들이 우리가 우리의 하늘 아버지와 똑같이 하나님이 될 것이라고 말하지 않는다는 것이다. 본문의 문맥을 따라가 보면, 그와 같이 된다는 것은 우리가 어느 날 죄 없이 완전하게 되어 하나님의 존전에 설 수 있을 것이며 그의 완전한 거룩함을 바라보게 될 것이라는 사실을 이야기하는 것이다. 이 세상의 삶을 산 후 믿는 자들은 하나님의 완전하심과 같이 완전해질 것이다. 흥미롭게도, 몰몬경은 이런 해석을 완전하게 지지한다. 몰몬경으로부터 인용된 다음의 문단을 생각해보라.

> 모로나이서 7:48 "그런즉 내 사랑하는 형제들아, 마음의 힘을 다해 아버지께 기도하여, 그의 아들 예수 그리스도를 참되게 따르는 자 모두에게 내려주신 이 사랑으로 충만하게 되며, 너희가 하나님의 아들이 되며, 그가 나타나실 때에 그가 계신 그대로 우리가 그를 볼 것인즉, 우리가 그와 같이 되게 하며, 우리로 이 소망을 갖게 하며, 그가 순결하신 것같이 우리가 순결하게 되게 할지어다. 아멘."

다른 하나님이 없다

결코 다른 하나님들이 없을 것이다.

> 이사야 43:10 "나 여호와가 말하노라 너희는 나의 증인, 나의 종으로 택함을 입었나니 이는 너희가 나를 알고 믿으며 내가 그인 줄 깨닫게 하려 함이라 나의 전에 지음을 받은 신이 없었느니라 나의 후에도 없으리라."

복습을 위한 질문들

1. 당신의 말로 사도 요한의 "우리가 그와 같을 것이라"는 말의 의미를 설명해보라.

2. 성경에 의하면 왜 "우리가 그와 같을 것이라"는 요한의 진술이 우리가 하나님 아버지와 같은 하나님들이 될 수 없는 것인가?

40과 하나님은 공평하신가?

몰몬 용어집에서 '죽은 자를 위한 침례' '영적 은사'(엔다우멘트, endowments) '영의 세상' 에 대한 LDS 정의를 읽으라.

질문

"복음을 들어볼 기회를 결코 가진 적이 없는 사람을 지옥으로 보내신다면 하나님이 어찌 공정하다고 할 수 있습니까?" 하는 질문을 종종 몰몬들은 한다. 이 질문은 하나님의 공의에 관한 것이다. 이에 대한 몰몬교의 입장은 "우리 하늘에 계신 아버지가 결코 그럴 수 없다" 는 것이다.

LDS 해답

몰몬 교리는 이 도덕적인 난제를 두 가지로 해결하려고 노력한다. 하나는 그리스도의 일반 속죄로 인해 사실상 모든 인류가 세 가지 몰몬 천국들 중의 하나에서 영원을 지낼 것이며 그중 가장 나쁜 곳이더라도 지구보다는 나을 것이다. 어떤 종류의 신이 복음을 들을 기회를 갖지 못한 사람들을 지옥으로 보낼 것인가?

둘째는 이 인간세상에서 몰몬 교리를 받아들일 기회가 없었으며 '영의 감옥' 에 있는 사람들은 모두 잃어버려진 것이 아니니다. 아직 '죽은 자를 위한 행위' 의 몰몬 실행을 통해 승격의 희망이 있다. 몰몬교인들은 그들의 가족역사센터에서(족보학) 세상을 떠난 비몰몬 친척들의 이름을 찾아낼 것을 요구받는다. 이런 작고한 영혼들을 위해 매년 수백만의 대리침례가 행해진다. 만일 영의 감옥에 잡혀있는 이 죽은 사람들이 이 땅에서 그들을 위해 행해지는 대리침례를 받아들인다면 그들은 승격되고 하나님 되는 그들의 일이 시작될 수 있다.

LDS 종교는 영원한 형벌의 개념을 싫어한다. 몰몬들은 가끔 이렇게 이야기할 것이다. "우리 하나님은 당신들이 믿는 하나님보다 훨씬 더 자비롭다. 하늘의 하나님은 그의 모든 자녀들을 사랑하시며 결코 그들을 영원한 지옥으로 보내지 않으실 것이다."

그러나 이것이 사실인가? 몰몬 교리에 따르면 3분의 1의 하나님의 영적 자녀들이 '지옥의 아들들' 로 정죄되고 이 지구가 창조되기 이전에 심판이 정해졌다는 사실을 대다수의 몰몬들은 결코 생각하지 않는다는 것이다. 몰몬 신학에 의하면 선재 가운데서 루시퍼가 예수를 이 세상의 구세주로 만들려는 하나님의 선택에 대해 반역하였을 때 루시퍼를 따른 모든 하나님의 영적 자녀들은 내 쫓겼고 다시는 회개의 기회를 얻지 못하였다.

성경적 해답

기독교의 하나님이 불공정한가? 하나님은 공정하게 되기 위해 우리의 도움이 필요하신가? 성경적 대답은 하나님은 공평하시며 공평하기 위해 우리의 도움이 필요하지 않으시다는 것이다. 만일 당신이 성경이 하나님과 그의 사람들을 대하시는 것을 믿음으로 받아들인다면 모든 인류는 사실상 구원받을 기회를 가지고 있는 것이다.

- **하나님은 인간의 반역에 책임이 없으시다.**

로마서 1:18-23 "하나님의 진노가 불의로 진리를 막는 사람들의 모든 경건하지 않음과 불의에 대하여 하늘로부터 나타나나니 이는 하나님을 알 만한 것이 그들 속에 보임이라 하나님께서 이를 그들에게 보이셨느니라 창세로부터 그의 보이지 아니하는 것들 곧 그의 영원하신 능력과 신성이 그가 만드신 만물에 분명히 보여 알려졌나니 그러므로 그들이 핑계하지 못할지니라 하나님을 알되 하나님을 영화롭게도 아니하며 감사하지도 아니하고 오히려 그 생각이 허망하여지며 미련한 마음이 어두워졌나니 스스로 지혜 있다 하나 어리석게 되어 썩어지지 아니하는 하나님의 영광을 썩어질 사람과 새와 짐승과 기어다니는 동물 모양의 우상으로 바꾸었느니라."

- **하나님은 모든 사람 안에 그를 믿는 것을 택할 수 있는 믿음을 두셨다.**

로마서 12:3 "내게 주신 은혜로 말미암아 너희 각 사람에게 말하노니 마땅히 생각할 그 이상의 생각을 품지 말고 오직 하나님께서 각 사람에게 나누어 주신 믿음의 분량대로 지혜롭게 생각하라."

- **하나님의 뜻은 모든 사람이 구원을 받는 것이다.**

베드로후서 3:9 "주의 약속은 어떤 이들이 더디다고 생각하는 것 같이 더딘 것이 아니라 오직 주께서는 너희를 대하여 오래 참으사 아무도 멸망하지 아니하고 다 회개하기에 이르기를 원하시느니라."

- **예수 그리스도는 모든 사람을 그 자신에게 끌어 올리신다.**

요한복음 12:32 "내가 땅에서 들리면 모든 사람을 내게로 이끌겠노라."

- **예수님은 모든 사람의 마음에 들어가기 위해서 문에 서 계신다.**

요한계시록 3:20 "볼지어다 내가 문 밖에 서서 두드리노니 누구든지 내 음성을 듣고 문을 열면 내가 그에게로 들어가 그와 더불어 먹고 그는 나와 더불어 먹으리라."

- **하나님은 그를 찾는 모든 사람이 그를 발견할 것이라고 약속하셨다.**

마태복음 7:7 "구하라 그리하면 너희에게 주실 것이요 찾으라 그리하면 찾아낼 것이요 문을 두드리라 그리하면 너희에게 열릴 것이니."

잠언 8:17 "나를 사랑하는 자들이 나의 사랑을 입으며 나를 간절히 찾는 자가 나를 만날 것이니라."

예레미야 29:12-14 "너희가 내게 부르짖으며 내게 와서 기도하면 내가 너희들의 기도를 들을 것이요 너희가 온 마음으로 나를 구하면 나를 찾을 것이요 나를 만나리라 이것은 여호와의 말씀이니라."

신명기 4:29 "그러나 네가 거기서 네 하나님 여호와를 찾게 되리니 만일 마음을 다하고 뜻을 다하여 그를 찾으면 만나리라."

'누구든지' 가 당신에게 의미하는 것

로마서 10:13 "누구든지 주의 이름을 부르는 자는 구원을 받으리라."

조셉 스미스가 참 복음을 회복한 것으로 추정되는 1830년 전에, 수억의 사람들이 몰몬교를 모르는 중에 살다가 죽었다. 그들은 몰몬 교회의 행위와 규정들을 알고 따를 기회를 가지지 못했다. 죽은 자를 위한 침례가 이론적으로 좋게 들리지만 몰몬교인들은 지금까지 살았던 모든 사람들에게 침례를 준다는 그들의 목표에 점점 멀어진다. 몰몬들은 태초 이래도 기록된 모든 죽음뿐 아니라 기록되지 못한 수많은 사람들의 죽음을 발견해야 하는 임무를 가진다. 이런 문제점들에 더하여 몰몬들은 현세계의 사망률조차도 따라가지 못한다. 그 임무는 모든 면에서 불가능하다. 아마 이것이 사도 바울이 말한 "신화와 끝없는 족보에 몰두하지 말라"(디모데전서 1:4)는 이유일 것이다.

반면에, 성경적 기독교는 그리스도시대 이래로 가르쳐져왔고 오늘날에도 세계의 모든 곳에서 선포되고 있다. 하나님의 구원의 계획은 결코 바뀐 적이 없고 언제나 모든 인류에게 열려있다. 왜냐하면 **하나님은 공정하시기 때문이다.** 그 사실을 바탕으로 당신은 이런 초청을 당신의 몰몬 친구들과 사랑스럽게 나눌 수 있다.

살았던 사람들과 죽었던 자들은 그들의 기회를 가졌었다. 바로 지금 하나님은 당신에게 성경의 복음을 받아들일 기회를 주고 계신다. 영접할 것인가, 거절할 것인가? 오늘 이후로 당신은 "나는 결코 기회를 가진 적이 없다"고 말할 수 없다.

간결한 성경적 복음

- 인간의 보편적인 문제(로마서 3:10-12, 23).
- 하나님의 은혜(로마서 5:8; 6:23).
- 하나님의 길(로마서 10:1-4, 9-10, 13; 요한복음 6:28-29).
- 하나님의 영생의 선물(요한복음 3:14-18, 36; 요한일서 5:9-13).
- 하나님의 길은 유일한 길이다(요한복음 14:6; 사도행전 4:12).
- 아무것도 더해질 것이 없다(에베소서 2:8-9; 로마서 3:27-28; 갈라디아서 2:16, 21).
- 선행이 구원을 얻게 하지 못한다. 선행은 구원을 따라간다(디도서 3:8; 요한복음 15:1-5, 8; 야고보서 2:17-20).

복습을 위한 질문들

1. 왜 몰몬이 말하는 바대로, LDS 하늘의 아버지는 그의 자녀들을 지옥으로 보내는 선고를 절대 하지 않는, 정말 사랑스럽고 친절한 분이라고 말하는 것이 틀린 것인가?

2. 하나님이 모든 사람에게 공정할 것이라는 것을 믿는 것이 왜 믿음의 문제가 되는가?

3. 당신은 왜 우리가 아무도 하나님의 심판대 앞에 설 사람이 없고, "당신이 결코 내게 기회를 준 적이 없다" 고 말할 수 없다는 것을 자신 있게 말할 수 있는가?

4. 당신 자신의 말로, 각각의 요점을 지지하는 성경구절들을 사용하여 구원의 계획을 자세히 써보라.

복음 주제들 11

41과 불가능한 복음

STOP 몰몬 용어집에서 '용서' '은혜' 그리고 '회개' 에 대한 LDS 정의를 읽으라.

몰몬경전의 가르침에 따른다면 구원의 계획은 '불가능한 복음' 으로 설명될 수도 있다. 당신은 '불가능' 은 몰몬주의의 '회복된 복음' 을 지칭하는 가장 완벽한 단어라는 것을 볼 것이다. **이것은 몰몬들을 대상으로 쓰는 것 중에서 가장 효과 있는 전도 접근 방법 중에 하나다.** 또한 이것은 매우 복잡한 접근 방법이기에 이것을 숙달하기 위해서는 당신의 시간과 노력이 필요하다. 용기를 잃지 말자. 왜냐하면 몰몬들을 주님께 인도하는 것을 심각하게 고려하는 사람에게는 충분한 값어치가 있기 때문이다.

http://www.trigrace.org/Resources.html에서 '용서의 기적 인용 안내'(Reference Guide__Miracle of Forgiveness)를 내려받고 어떻게 이 교재를 사용하는지 설명하는 비디오를 보라. 그리고 이것을 LDS 교인에게 몰몬 교리의 '불가능한 복음'에 대해 도전할 때 사용하라.

불가능한 복음을 말할 때 가장 좋은 방법은 질문을 하고 몰몬들에게 그가 스스로 경전의 글을 정의하게 하는 것이다. 이러한 방법은 시간이 걸린다. 그러니 성급하지 말자. 그가 각 구절의 의미하는 바를 완전히 이해한다고 생각할 때까지 유도 질문을 계속하라.

몰몬교인들이 당신이 유도하려는 방향을 눈치 챘을 때, 그들은 거의 언제나 주제를 바꾸려 할 것이다. 그들이 당신을 샛길로 빠지지 못하게 하라! 그들이 몰몬 복음의 중압감을 느끼기 시작할 때 그들은 종종 불안해한다. 그때 늦추지 말라. 계속 집요하게 나가라. 몰몬들은 예수 그리스도의 진정한 **복음**(Good News)을 듣고 받아들이기 이전에 몰몬 복음이 **나쁜 소식**(Bad News)이라는 것을 먼저 깨달아야 한다.

이 '불가능한 복음'의 과는 전체적인 윤곽을 제시하고, 토론을 시작할 때 몰몬경전들을 사용하고, 몰몬 친구들에게 물어볼 질문들로 구성되어 있다. 몰몬의 예상되는 반대의견과 그에 대한 올바른 대답을 나열했다.

'불가능한 복음' 증거 방법은 다음과 같은 기본요지를 따른다.

1. 죄 없는 완전함이 요구된다(모로나이서 10:32; 니파이후서 25:23; 앨마서 11:37).
2. 당신은 할 수 있다! 당신은 더이상 죄를 짓지 않을 수 있다(니파이전서 3:7).
3. 참된 회개는 더이상 죄를 짓지 않는다는 것이다(교리와 성약 58:42-43; 1:31-33; 82:7).
4. 당신은 이 세상에 죄 짓는 것을 중지해야 한다(앨마서 34:30-35).

*참고: 토론마다 위에 모든 구절들을 사용할 필요는 없다. 때로는 토론 중에 이 구절들을 당신이 원하는 순서대로 사용해도 좋다.

I. 모로나이서 10:32 "참으로 그리스도에게로 나아와, 그의 안에서 온전하게 되고, 모든 경건하지 아니한 것을 거부하라. 너희가 만일 모든 경건하지 아니한 것을 거부하고, 너희의 능력과 생각과 힘을 다하여 하나님을 사랑할 것 같으면, 그러면 그의 은혜가 너희에게 족하니, 그의 은혜로 너희가 그리스도 안에서 온전하게 될지라." ('만일/그러면' 이란 단어를 지적하고 질문으로 넘어가자.)

A. 질문

1. 이 구절에서 말하는 구세주의 구원의 은혜의 조건은 무엇인가?
2. 언제 구세주의 구원의 은혜가 임하는가?
3. 만약 당신에게 있는 모든 거룩하지 못한 것들을 거부한다면 당신은 어떠한 삶을 사는 것인가?
(답: 완전함, 영생의 모든 것이 '만약' 이라는 단어에 걸려 있다는 것을 지적하라.)

B. 몰몬의 반박: 당신은 내가 완전해져야 한다는 것인가?

대답: 내가 당신이 완전해져야 한다고 말하는 것은 아니다. 이 구절들이 당신이 완전해져야 한다고 말하고 있는 것이다.

몰몬의 반박: 당신은 단지 한 구절로 나를 죄의식에 사로잡히게 하려는군요.

대답: 그러면 니파이후서 25:23을 더 보자.

II. 니파이후서 25:23 "이는 우리가 우리의 자손과 또한 우리의 형제들을 설득하여, 그리스도를 믿게 하고 하나님과 화목하게 하려 부지런히 수고하여 기록함이니, 이는 우리가 할 수 있는 모든 것 후에 우리가 구원받는 것이 은혜에 의한 것임을 우리가 앎이라."

A. 질문

1. 언제 구세주의 구원의 은혜가 임하는가?
2. 당신이 할 수 있는 모든 것이 무엇인가?(모로나이서 10:32을 상기시켜라 "…모든 경건하지 아니한 것을 거부하라…").

B. 몰몬의 반박: 당신은 여기에 마치 어떤 순서가 있는 것처럼 말한다. 나는 지금 노력중이다. 그리고 하나님은 얼마나 내가 열심히 노력하고 있는지 아신다.

대답: 만약 당신이 당신의 아이들에게 "채소를 다 먹어야 후식을 주겠다" 고 하면, 언제 애들이 후식을 먹는가? 이 구절은 당신이 할 수 있는 모든 것을 한 후에 은혜로 구원을 받는다고 말한다. 그렇다면 언제 은혜를 받는가?

몰몬의 반박: '우리가 할 수 있는 모든 것 후에' 라는 것은 단지 우리는 우리의 최선을 다하고 나머지는 주님이 하신다는 의미다. 우리는 우리의 최선을 다하면 될 뿐이다.

III. 앨마서 11:37 "또한 내가 거듭 네게 이르노니 그는 그들을 그 죄 중에 구원하실 수 없으시니라. 이는 내가 그의 말씀을 부인할 수 없음이요, 그가 말씀하시되 부정한 것은 해의 왕국을 유업으로 받을 수 없다 하셨음이라. 그런즉 너희가 해의 왕국을 유업으로 받지 않고서, 어찌 구원을 얻을 수 있느냐? 그러므로 너희는 너희 죄 중에 구원받을 수 없느니라."

A. 질문

1. '너희 죄 중에' 라는 것은 무엇을 의미하는가?
2. '중에' 의 반대는 무엇인가? (답: 밖에)
3. 만약 예수님이 '죄 중에' 있는 당신을 구원하지 않는다면, 구원받기 위해서 당신은 어떠한 상태에 있어야 하는가?

B. 몰몬의 반박: 하나님은 내가 최선을 다하고 있다는 것을 아신다. 그리고 나는 하나님과 괜찮은 관계를 갖고 있다!

대 답: 어떠한 죄가 하나님이 괜찮다 하시는가. 죄 속에서 구원받을 수 있는가?

IV. 니파이전서 3:7 "이에 이렇게 되었나니 나 니파이가 나의 부친에게 이르되, 내가 가서 주께서 명하신 일들을 행하겠나이다. 이는 주께서 사람의 자녀들이 그가 명하시는 것을 이룰 수 있도록, 그들을 위해 길을 예비하실 것이 아니고는 아무 명령도 주지 아니하심을 내가 앎이니이다 하였더라" (대다수의 몰몬 교인들은 이 구절을 기억하고 있다. 이 구절을 당신에게 인용해줄 수 있는지 물어보라).

A. 질문

1. 이 구절에 의하면 하나님은 당신이 지키지 못할 명령을 주시는가? (답: 아니요).
2. 그렇다면 최선을 다한다는 것은 무엇인가?

B. 몰몬의 반박: 도대체 말이 안 통한다.

대 답: 그렇다면 이 구절은 진실인가?

몰몬의 반박: 그렇다. 이 구절은 진실이다! 우리가 진정으로 열심히 노력한다면 이 명령을 지킬 수 있다.

대 답: 당신은 하나님의 모든 명령을 지키는가?

몰몬의 반박: 내가 올바른 길로 가고 있는 한 나는 괜찮을 거다.

V. 교리와 성약 58:42-43 "보라, 자기 죄를 회개한 자, 그는 용서받으며, 나 주가 다시는 그 죄를 기억하지 아니하느니라. 사람이 자기 죄를 회개하는지는 이로써 너희가 알 수 있나니—보라, 그는 자기 죄를 고백하며, 그것들을 버리리라."

A. 질문

1. 이 구절에 따르면, 언제 용서받는가?
2. 당신은 사람이 진실로 회개하는지 어떻게 알 수 있는가?

인용—죄를 버림: 죄를 버리는 것은 영구성이 있어야 한다. 진실한 회개는 같은 죄를 반복해서 짓는 것을 허용하지 않는다"(LDS 팸플릿, '회개는 용서를 가져온다.' 1984).

(몰몬주의에 의하면 실지로 '또 다시 회개함' 이라는 개념이 없다는 것을 지적하라. 당신은 회개 하든지—죄를 안 짓든지—회개를 안 하든지—계속 죄를 짓든지—둘 중에 하나이다. 당신은 매일 회개할 수 없다! 그리고 완전히 버리는 것과 잠시 중단하는 것의 차이점을 지적하라. 결혼식 때 쓰이는 결혼서약을 예로 들자: 결혼은 다른 모든 사람들을 버리는 것이다. 만약 당신의 배우자가 가끔 옛 여자 친구나 남자 친구하고 만나 하룻밤을 잔다면 당신은 괜찮겠는가?)

B. **몰몬의 반박**: 하나님은 내가 얼마나 열심히 노력 하는지 아신다.
대　　답: 노력하는 것만으로는 충분하지 않다. (다음 인용을 보라.)

인용—죄를 버림(교리와 성약 58:43은 이 장의 핵심 구절이다)—회개에 대한 한 가지 중요한 시험이 있다. 그것은 죄를 버리는 것이다. 바람으로는 충분하지 않다. 다시 말하면, 누구든지 잘못된 길을 버리고 새로운 길에서 시작하기 전에는 진정한 회개가 아니다…구원의 능력은 단순히 삶을 바꾸기 원하는 사람들에게 임하지는 않는다. 노력하는 것으로는 충분하지도 않고 단순히 죄를 버리려 노력하는 것도 완전한 회개가 아니다…한 이야기를 예로 들자.

한 육군 장교가 사병을 불러 다른 장교에게 메시지를 전달하라고 명령했다. 사병은 경례를 하고 "노력하겠습니다! 장교님! 노력하겠습니다!"라고 대답한다. 이에 장교는 사병에게 "노력하라는 것이 아니다. 이 메시지를 전달하라는 것이다"라고 말한다. 사병은 조금 무안해져서 이번에는 이렇게 대답한다. "최선을 다하겠습니다. 장교님." 이런 대답에 짜증이 난 장교가 이번엔 힘을 주어 말한다. "노력하라는 것이 아니다. 최선을 다 하라는 것도 아니다. 이 메시지를 전달하라는 것이다." 그러자 젊은 사병은 자세를 꼿꼿이 하고 다시 멋지게 대답한다. "명령대로 하겠습니다. 그렇지 않으면 제 목숨을 끊겠습니다." 이런 대답에 화가 난 장교가 "네가 죽기를 원하는 것이 아니다. 네가 단순히 최선을 다하라는 것도 아니다. 네가 노력하라는 것도 아니다. 봐라 내 명령은 힘든 것이 아니다. 이 메시지는 중요한 것이다, 거리는 멀지 않다, 너는 멀쩡한 사지를 갖고 있다, 너는 내가 명령한 것을 수행할 수 있다." 어린 아이들에게는 노력하는 것이 정상이다. 아이들이 똑바로 서려면 넘어지고 서기를 수없이 반복해야 한다. 하지만 이런 과정을 거친 성인들은 무엇을 할 것인가를 결정해야 하고 그대로 실행해야 한다. '노력' 한다는 것은 약하다. '최선을 다한다' 라는 것은 강하지 않다. 우리는 언제나 우리가 할 수 있는 것보다 더 잘해야 한다(「용서의 기적」, Spencer W. Kimball, Ch 12, pp 163-165).

인용—어떠한 회개가 용서함을 받는가? 앨마서 13:11-12 는 우리 모두가 구해야 할 승영 그리고 용서함을 받는 회개에 기본이 되는 자세를 가르치고 있다. 전에 죄지었던 자들은 단순히 죄와 다시 연합하지 않을 뿐만 아니라 마음 깊숙이 죄를 미워하는 '돌아서지 않는 점' 에 도달해야 한다. 죄가 당신에게 가장 혐오스러운 것이 되고 당신의 삶에서 죄를 범하려는 욕망이나 충동이 없어져야 한다"(「용서의 기적」, Spencer W. Kimball, Ch 12, pp 354-355).

A 질문

1. 어떠한 회개가 용서함을 받는가? (필요하면 인용을 다시 읽어 보라).
2. 스펜서 킴볼 회장에 의하면, 원함으로 충분한가? (답: 아니다)
3. 노력함으로 충분한가? (답: 아니다.)
4. 용서받기 위해서는 무엇을 해야 하는가? (전혀 죄를 짓지 말아야 한다.)

B. 몰몬 응답: 선지자가 쓴 모든 글이 다 성령을 받아 쓴 것은 아니다. 선자자도 단지 사람일 뿐이다. 내 생각에는 킴볼 회장이 최선을 다해서 우리에게 진심으로 회개하고 우리의 삶을 개선하는 것이 얼마나 중요한 것이라는 것을 알려주려 한 것이다.

대　　답: 그렇다면 당신은 스펜서 킴볼을 진정한 하나님의 선지자로 인정하지 않는가?

몰몬 응답: 나는 스펜서 킴볼을 선지자로 인정한다! 그러나 그가 쓴 모든 글이 성령의 감동을 받아 쓴 것은 아니라고 생각한다. 우리가 더욱 노력하도록 격려하려고 이렇게 썼다고 생각한다.

VI. 교리와 성약 1:31-33 "무릇 나 주는 죄를 털끝만큼도 묵과할 수 없느니라. 그러할지라도 회개하고 주의 계명을 준행하는 자는 용서받으리라. 그리고 회개하지 아니하는 자는 그가 받았던 빛마저도 그에게서 거두어지리니, 무릇 나의 영이 항상 사람과 함께 애쓰시지는 아니할 것임이니라. 만군의 주가 이르노라."

A. 질문

1. "무릇 나 주는 죄를 털끝만큼도 묵과할 수 없느니라" 는 무엇을 의미하는가?
2. 하나님은 어떠한 죄들을 묵과하시는가?

B. 몰몬의 반박: 그래서 하나님은 우리에게 회개하라고 명령하신다. 나는 매일 회개한다.

대　　답: 그들에게 회개의 다섯 단계를 알고 있는지 물어보라. (아래 있는 킴볼 인용을 보라. 모든 독실한 몰몬교인들은 이 목록을 몇 번은 들었을 것이다. 만약 그들이 모두 기억하지 못한다면 다시 상기시켜 주어라.)

진실한 회개를 이루는 5 단계(몰몬 선지자, 스펜서 W. 킴볼, Spencer W. Kimball) "…주님으로부터 그리고 주님의 교회로부터 용서받으려면 지켜야 할 것들: 1) 죄의 중대함을 깨닫고 겸손과 통회하는 마음으로 기도하라. **2) 같은 죄를 반복하여 짓지 말라.** 3) 감독이나 다른 교회 책임자에게 죄를 고백하라. 4) 죄로 인해 잘못된 것들을 최대한 회복하라. **5) 주의 모든 명령을 좇아 살아라.** (몰몬 팜플랫〈회개가 용서를 가져 온다〉 1984 by Corporation of the President of the Church of Jesus Christ of Latter—Day Saints. President Spencer W. Kimball, last page).

몰몬의 반응: 나는 항상 이것을 한다. 나는 매일 회개한다.

VII. 교리와 성약 82:7 "그리고 이제 진실로 내가 너희에게 이르노니, 나 주는 너희에게 아무 죄도 지우지 아니하리니, 너희 길을 가고 다시는 죄를 범하지 말라. 그러나 죄를 범하는 그 영혼에게는 이전의 죄도 돌아오리라. 주 너희 하나님이 이르노라."

A. 질문

1. 당신이 회개한 후에 같은 죄를 다시 범한다면 어떻게 되는가?
2. 완전히 죄를 범하지 않는 것이 얼마나 중요한가?
3. 언제 당신은 완전히 죄를 범하지 않게 되는가?

인용— "…죄를 범하고 용서받고 또 죄를 범하고 용서를 받을 수 있다고 믿는 사람들은 그들의 생각을 바로 잡아야 한다. 전에 용서받았던 죄가 새 죄에 더해져서 크고 무거운 짐이 된다. 그러므로 어떠한 사람이 그의 삶을 바꾸려고 작정했다면, 다시는 돌아갈 수 없다"(「용서의 기적」, Spencer W. Kimball, pp 169-170).

B 몰몬 응답: 나는 영의 세계에서 회개할 수 있다. 이 세상에서 다 하지 않아도 된다.

다음 마지막 요점이 토론의 절정이다.

VIII. 앨마서 34:30-35 "이제 나의 형제들아, 나는 너희가 그처럼 많은 증거를 받았고, 거룩한 경전이 이러한 것을 증거함을 보았은즉, 너희가 나아와 회개에 이르는 열매 맺기를 바라노라. 참으로 너희가 나아와 더이상 너희 마음을 완악하게 하지 말기를 바라노니, 이는 보라 지금이 너희의 구원의 때와 날임이라. 그러므로 너희가 회개하고 너희 마음을 완악하게 하지 아니하면, 즉시로 위대한 구속의 계획이 너희에게 이루어지리라. 이는 보라, 이 생은 사람들이 하나님 만나기를 준비할 시간이라. 참으로 보라 이 생의 날은 사람들이 자기의 일을 수행할 날이니라. 또 이제 내가 앞서 너희에게 이른 것 같이, 너희가 그처럼 많은 증거를 가졌은즉, 그러므로 내가 너희에게 구하노니 너희는 너희의 회개의 날을 끝까지 미루지 말라. 이는 영원을 준비하도록 우리에게 주어진 생의 이 날 후에는, 보라, 우리가 이 생에 있는 동안 우리의 시간을 활용하지 아니하면, 그 후에는 아무 일도 수행할 수 없는 어둠의 밤이 옴이니라. 너희가 저 참담한 위기에 이르게 되었을 때는 말하기를, 내가 회개하겠노라, 내가 내 하나님께로 돌아가겠노라 할 수 없느니라. 참으로 너희는 이렇게 말할 수 없나니, 이는 너희가 이 생을 떠날 때에 너희 몸을 소유하는 그 동일한 영, 그 동일한 영이 저 영원한 세상에서 너희 몸을 소유할 능력을 가질 것임이니라. 이는 보라, 만일 너희가 죽기까지 너희의 회개의 날을 미루었다면 너희는 악마의 영에 복종하게 되었고, 그는 너희를 자기의 것으로 인 치나니, 그러므로 주의 영은 너희에게서 물러나,

너희 안에 있을 곳이 없으며, 악마가 너희를 다스릴 모든 권능을 가짐이라. 이것이 악인의 마지막 상태니라.

A. 질문

1. 이 구절들이 무엇을 늦추지 말라고 경고하고 있는가?
2. 당신의 회개의 날을 얼마 동안이나 지체해왔는가?
3. 32절에 보면, 언제 회개하라 하였는가?
4. 33절에 보면, 언제가 회개하기 늦은 때인가?
5. 그렇다면 언제 당신은 모든 죄를 회개할 것인가?
6. 35절에 보면, 회개하지 않으며 당신은 더이상 가족들과 인침이 없다. 그렇다면 누구와 인침을 받았는가?
7. 이 문장의 뜻이 무엇인가? "그러므로 주의 영은 너희에게서 물러나, 너희 안에 있을 곳이 없으며, 악마가 너희를 다스릴 모든 권능을 가짐이라. 이것이 악인의 마지막 상태니라."
8. 이것은 얼마나 오래 지속되는가?
9. 당신은 하나님 앞에서 당신의 위치가 괜찮은가?

이렇게 요약하라.

- 당신의 영생은 '만약' 이라는 한 단어에 걸려 있다.
- 그리스도의 구원의 은혜는 당신이 모든 할 수 있는 것들을 한 후에야 가능하다(만약 당신 자신의 '모든 부정한 것을 거부하고').
- 완전히 회개하고 죄를 버리지 않는 한, 당신은 아직 죄 '안' 에 있다.
- 당신은 죄가 있으면 구원받을 수 없다.
- 당신이 제대로 하지 못하는 것은 다른 어떤 사람의 잘못도 아닌 당신만의 잘못이다.

몰몬 응답: 당신은 나를 판단하고 있다.

대　　답: 아니다. 너의 양심과, 너의 경전과 너의 현재 선지자들이 너를 판단하는 것이다.

몰몬 응답: 당신은 어떠한가? 당신은 이 모든 것을 다 행했는가? 당신은 완전한가?

대　　답: 나는 주님 앞에서 의롭게 되기 위해서 이 모든 것을 행해야 된다고 생각하지 않는다. 이것은 당신 교회의 복음이다, 하지만 성경의 복음은 아니다. 복음이라는 말은 '좋은 소식' 을 뜻한다. '회복된 몰몬 복음' 은 좋은 소식이 아니다.

몰몬 응답: 그렇다면, 당신은 무엇을 믿는가? 무엇이 당신이 믿는 복음인가?

참 복음을 나눔

적당한 때가 되었을 때 몰몬 친구들과 복음을 나누자. 예수 그리스도의 참 복음을 나누기 전에 그들의 죄와 몰몬주의가 요구하는 것을 할 수 없다는 것을 스스로 인정해야 한다. "그것은 결코 이루어지지 않을 거야" 또는 "나는 절대로 그렇게 할 수는 없어"라고 진심으로 인정할 정도가 되어야 한다.

종종 복음이 너무 조급하게 나누어지는 경우가 있다. 만약 친구가 아직도 자부심과 거만함이 있다면, 성경의 복음을 들을 준비가 되지 않은 것이다. 만약 그들이 자기 방어를 하려 한다면 그들은 아직 준비되지 않은 것이다. 아직도 자부심이 있는 친구들에게는 앨마서에 있는 다음 구절들을 인용하라. 그리고 이렇게 말하라. "내 생각에 당신의 자부심이 너무 강해 성경의 복음을 들을 준비가 되어 있지 않다."

> 앨마서 5:27-28 "너희는 하나님 앞에 책망 받을 것 없이 스스로를 지켜 행하였느냐? 만일 너희가 이 시간에 부르심을 받아 죽게 된다면, 너희는 너희 속으로 너희가 충분히 겸손했노라고 말할 수 있겠느냐? 너희의 옷이 장차 자기 백성을 그 죄로부터 구속하시려고 오실 그리스도의 피를 통하여 깨끗하게 되어 희게 되었노라고 말할 수 있겠느냐? 보라, 너희는 교만을 벗어 버렸느냐? 내가 너희에게 이르노니, 만일 너희가 그렇지 못하다면 너희는 하나님을 만날 준비가 되지 아니하였느니라. 보라, 너희는 속히 준비해야만 하나니, 이는 해의 왕국이 곧 가까이 옴이요, 그러한 자에게는 영생이 없음이니라."

이것을 읽은 후 돌아서 나와라. 어떤 때는 당신이 증거한 사람이 태도와 자세를 바꿔어 진심으로 당신의 믿는 바에 대해 듣기를 요구하기도 한다. 그들의 마음가짐을 보면 복음을 들을 준비가 됐는지 아닌지 알 수 있다.

LDS 복음과 성경 복음과의 대조

몰몬 복음에서는 예수님은 필요조건 중에 하나일 뿐이다. 성경에서는 예수님은 죄인들의 유일한 소망이고 예수님만으로 충분하다.

(불가능한 복음 요약은 Evidence Ministries, Keith Walker, Director 의 허락하에 인용됨.)

복습을 위한 질문들

1. 몰몬 사람들과 '불가능한 복음' 을 나누는 이유는 무엇인가?

2. (정/ 오) 몰몬경전에 의하면 '다시 회개' 한다는 말이 없다.

3. 왜 그런지 설명하라.

4. 몰몬 교리에 따르면 당신이 영생을 얻을 자격이 있어 성부 하나님이 계신 해의 왕국에 들어가기 전에 무엇을 해야만 하는가?

42과 용서의 기적

몰몬 용어집에서 '용서' 그리고 '회개' 에 대한 LDS 정의를 읽으라.

*저자 노트: 몇 년 동안 몰몬 선지자 킴볼이 쓴「용서의 기적」이라는 책은 죄의 삶을 살아 몰몬 교회에서 징계를 받은 모든 몰몬교인들이 읽어야 하는 필수 도서로 존재해왔다. 당신이 앞으로 인용되는 구절들을 읽을 때 당신은 놀라게 될 것이다. 이 책을 사서 다음 구절들을 표시해놓고 몰몬교인들에게 증거할 때 사용하기를 권한다. 이 책은 '불가능한 복음' 을 증거할 때 근거 자료가 된다. 다르게 표시하지 않는 한, 42과에 있는 모든 인용은 몰몬 선지자 킴볼이 쓴「용서의 기적」에서 발췌됐다.

회개의 삶은 완전함을 추구한다

우리는 한없이 여러 가지를 찾아볼 수 있지만, 회개하는 삶, 항상 완전함에 이루려는 삶은 믿음뿐만 아니라 행위도 필요하다는 것 정도는 충분히 말할 수 있다. 복음은 무언가를 하는 행위의 프로그램이다…불멸은 구세주의 희생으로 얻어 졌다. 영생은 사람의 앞에 놓여있는 일의 결과에 달려있다.

영생으로 가는 과정은 곧 완전함을 이루는 것이다. 모든 계명대로 살면 죄에서 완전한 용서를 보장받고 주님이 주신 공식을 적용하므로 얻는 완전함을 통한 승영을 확실하게 한다. 산상수훈에서 주님은 모든 사람에게 다음과 같은 명령을 하셨다. "그러므로 하늘에 계신 너희 아버지의 온전하심과 같이 너희도 온전하라"(마태복음 5:48). 완전해진다는 것은 죄를 극복하는 것이다. 이것은 주님이 주신 명령이다. 주님은 공의롭고 지혜롭고 인자하시다. 주님은 주의 자녀들에게 득이 되지 않는 것이나 불가능한 것을 요구하지 않으신다. 그러므로 완전해지는 것은 가능한 목표다.

"…완전해진다는 것은 실제로 극복함에서 온다…예수님도 극복함으로 완전해지셨다. 극복해야만 우리는 완전해지고 신이 될 수 있는 것이다. 내가 전에도 말했듯이 지금, 살아있을 때가 완전해져야 할 때이다"(pp 208-210).

무엇이 회개인가?

몰몬교의 회개란 절대로 죄를 짓지 않는 것이다.

교리와 성약 1:31-33 "무릇 나주는 죄를 털끝만큼도 묵과할 수 없느니라. 그러할지라도 회개하고 주의 계명을 준행하는 자는 용서받으리라. 그리고 회개하지 아니하는 자는 그가 받았던 빛마저도 그에게서 거두어지리니, 무릇 나의 영이 항상 사람과 함께 애쓰시지는 아니할 것임이니라."

" '사람이 자기 죄를 회개하는지는 이로써 너희가 알 수 있나니—보라, 그는 자기 죄를 고백하며, 그것들을 버리리라' (교리와 성약 58:43). 한 가지 회개에 대한 중요한 시험이 있다. 이것은 죄를 저버리는 것이다" (p 163).

"교리와 성약 82:7 '…너희 길을 가고 다시는 죄를 범하지 말라. 그러나 죄를 범하는 그 영혼에게는 이전의 죄도 돌아오리라. 주 너희 하나님이 이르노라.' …죄를 범하고 용서받고 또 죄를 범하고 용서를 받을 수 있다고 믿는 사람들은 그들의 생각을 바로 잡아야 한다. 전에 용서받았던 죄가 새 죄에 더해 저서 크고 무거운 짐이 된다. 그러므로 한 사람이 그의 삶을 바꾸려고 작정했다면, 다시는 돌아갈 수 없다…" (pp 169-170).

"앨마서 13:11-12 …우리 모두가 구해야 할 거룩함 그리고 용서함을 받는 회개에 기본이 되는 자세를 가르치고 있다. 전에 죄지었던 자들은 단순히 죄와 다시 연합하지 않을 뿐만 아니라 마음 깊숙이 죄를 미워하는 '돌아서지 않는 점' 에 도달해야 한다. 죄가 당신에게 가장 혐오스러운 것이 되고 당신의 삶에서 죄를 범하려는 욕망이나 충동이 없어져야 한다" (pp 354 -355).

"진정한 회개가 있을 때까지 진정한 용서란 없다…죄에서 끊어진다는 것은 영원해야 한다…불완전한 회개는 결코 완전한 용서를 받을 수 없다…용서는 영생을 얻는 절대적인 필수조건이다…" (p 154, 176, 212, 261).

몰몬 '복음'

몰몬의 복음은 예수님의 구원의 역사와 인간의 역사다.

니파이후서 25:23 "…이는 우리가 할 수 있는 모든 것 후에 우리가 구원받는 것이 은혜에 의한 것임을 우리가 앎이라."

제3니파이 27:19 "또 부정한 것은 아무것도 그의 나라에 들어갈 수 없나니, 그러므로 자기의 신앙과 자기의 모든 죄를 회개함과 끝까지 충실함으로 인하여 나의 피로 그 옷을 빤 자가 아니면, 아무것도 그의 안식에 들어가지 못하느니라."

"…아무리 주님의 구원의 은혜가 능력이 있다 하더라도 이 복음을 따르지 않는다면 아무도 승영에 이를 수 없다" (p 207).

"하늘에 계신 아버지께서 완전한 회개와 모든 조건들이 이루어졌다는 것을 전제로 용서를 약속하신 것이지 단순히 구한다고 주시는 것은 아니다. 노력이 필요하다—많은 노력—전심을 다해 순종하라…너희가 용서를 받았는지 아닌지 언제 받았는지는 너희에게 달려있다. 주님이 용서하시는 확증하시는 복된 날까지는 몇 주일이, 몇 년이 또는 몇 세기가 걸릴 수도 있다 (pp 324-325).

영생—완전한 자만을 위한

영생은 완전한 자들에게만 주어진다.

"승영…순전하고, 자격이 있고 완전한 자에게만 주어진다. 사람은 원래 죄인이요 나약하기 때문에 승영의 삶을 얻기 전 깨끗해져야 한다. 그러한 죄 사함은 회개를 통한 용서로써 이루어진다…" (p 261).

"…주를 영접한다는 것은 주를 사랑하고 모든 계명을 지키는 것이다. 아버지를 영접한다는 것은 각자의 완전함을 이루기 위해 한 가지도 이행하지 못한 것이 없다는 것이다. 이런 모든 것들이 승영과 영생으로 연결이 된다…만약 우리가 말씀대로 다 산다면 우리는 무한한 축복을 보장받을 것이다!" (p 124).

용서—모든 계명을 지킬 때 주어진다

용서는 모든 계명을 지킬 때 주어진다.

모사이야서 15:26 "그러나 보라, 그리고 두려워하며 하나님 앞에 떨지어다. 이는 너희가 떨어야 마땅함이니, 주께서는 그를 거역하고 자기 죄 가운데서 죽는 그러한 자들을 아무도 구속하지 아니하심이라. 참으로 곧 세상이 시작된 이래로 자기 죄 가운데 멸망한 자, 하나님을 고의로 거역한 자, 하나님의 계명을 알면서도 그를 지키려 하지 아니한 모든 자니, 이들이 첫째 부활에 참여하지 못하는 자들이니라" (제3니파이 6:18; 12:28-30; 힐라맨서 5:10-11; 14:13).

범죄 (계명을 어김)

" '그러므로 사람이 선을 행할 줄 알고도 행하지 아니하면 죄니라' (야고보서 4:17)고 사도 야고보가 경고하고 있다. 선행을 행해야 한다는 것을 후기성도들보다 누가 더 잘 알고 있는가? '그러나 율법이 주어지고, 참으로 우리처럼 하나님의 모든 계명을 가지고, 이를 범하며 자기의 시험의 날들을 허비하는 자에게는 화 있나니, 이는 그의 처지가 참담함이라' " (니파이후서 9:27, pp 91-92).

"어떤 이는 이 4장에서 언급된 죄는 사소한 것이라고 한다. 하지만 자기의 고집을 회개하지 않는다면 영생에는 멀어질 것이다…많은 사람들이 성전에 가서 하나님의 모든 계명대로 살겠습니다, 하고 다시 언약을 하지만…많은 이들이 아직도 언약을 잊어버리고 계명을 어긴다.…하나님은 죄를 미워하신다.…하나님은 죄인들을 사랑하시지만 죄는 털끝만큼도 묵과하실 수 없다" (교리와 성약 1:31, p 39, 57, 59, 참고: 'sins of omission' pp 25, 46, 50-58, 62, 65, 66).

태만의 죄(계명을 회피함)

"태만의 죄에 대해서는 많은 다양한 핑계가 있다. 하지만 모두 다 상관없는 것들이다.…그렇다. 태만의 죄도 같은 점을 가진 범죄이다.…그중 한 가지는 죄인을 정죄할 가능성이다." (p 99, 101, 참고: 'sins of omission' pp 5, 94-99).

생각의 죄 (마음으로 죄를 범함)

"탐욕을 불러일으키는 생각은 시작부터 악한 것이다. 바라고, 원하고, 갈망하고—그것이 탐욕이다. 이런 연쇄반응 일으키는 생각이 잉태된 순간 이미 죄를 진 것이다(pp 113-114, 참고: 'thought sins' pp 103, 108-114, 263, 282-283, 299, 333).

모든 사람들은 완전함을 이루어야 한다

주의 계명에 따라 모든 사람은 완전함을 이루어야 한다.

"사람들의 합당한 바람의 핵심인 승영은 정결하고, 의롭고 완전한 이에게만 오는 것이다" (pp 261, 26-27).

"완전하게 된다는 것은 죄에 대해 승리한다는 것을 의미한다. 주님은 의롭고, 지혜롭고 자비하시다. 주님은 주의 자녀들에게 유익하지 않고 할 수 없는 것은 결코 요구하지 않으신다" (pp 208-209).

완전함-달성할 수 있는 목표

완전함은 모든 사람들이 달성할 수 있는 목표이다.

니파이전서 3:7 "이에 이렇게 되었나니 나 니파이가 나의 부친에게 이르되, 내가 가서 주께서 명하신 일들을 행하겠나이다. 이는 주께서 사람의 자녀들이 그가 명하시는 것을 이룰 수 있도록, 그들을 위해 길을 예비하실 것이 아니고는 아무 명령도 주지 아니하심을 내가 앎이니이다 하였더라" (앨마서 13:12도 보라).

"다행이도 우리에게는 그 두려운 심판의 날이 오기 전 우리의 빚을 갚을 시간이 있다. 지금 이 생에서 회개하고 그리고 의로운 삶을 산다면 주 앞에 정결하고 거룩한 모습으로 나아갈 수 있다" (p 321).

"해본다는 것은 약하다. 최선을 다한다는 것은 강하지 않다. 우리는 언제나 우리가 할 수 있는 것보다 더 잘해야 한다. 이것은 삶의 모든 여정의 진실이다 (pp 164-165, 358).

"완전함은 그러므로 이룰 수 있는 목표이다" (p 209).

모든 죄를 극복함-지금

우리는 지금, 현세에, 살아있을 때에 죄를 극복해야만 한다.

앨마서 34:32 "이는 보라, 이 생은 사람들이 하나님 만나기를 준비할 시간이라. 참으로 보라 이 생의 날은 사람들이 자기의 일을 수행할 날이니라" (니파이후서 9:27; 힐라멘서 13:38; 모사이야서 15:26; 몰몬서 9:14도 보라).

"예언적 경고가 우리에게 주는 책임은 행할 때가 지금 이 생에서란 것이다. 율법대로 행하지 않고 미룰 때, 정죄 받지 않을 수 없다… (앨마서 34:21-34) …이와 유사한 말씀들이 있는 경전을 제쳐놓는다하더라도 이것에 대해 읽고, 묵상 중에 기도할 때 지금 당장 회개해야 할 필요성에 대해 놀라운 확신을 갖게 될 것이다" (p 10).

"살아생전에 복음을 듣지 못한 사람들을 위하여 자비의 주님께서 특별한 사후 규정을 만들어 놓으신 것은 사실이다. 하지만 후기성도들에게 때는 지금이다" (pp 11-12).

"물론 복음을 전혀 들어본 적도 없고, 복음을 받아들일 기회도 없었던 사람들에게는 현세에서나 내세에 그러한 특권이 주어질 것이다…하지만 주님의 말씀을 듣고, 경전을 갖고, 많은 증거를 받은 우리에게는 내일은 늦다!(p 247).

"회개를 내세, 영의 세계로 미루고 그곳에서 이생의 대리의식을 통해 심판의 날에 합당하게 준비될 수는 없다. 죽은 자를 위한 대리의식은 스스로 할 수 없었던 자들을 위한 것이라는 것을 분명히 알아야 한다. 이 생에서 복음을 들은 사람들은 70년 동안 삶의 조화를 이루고, 의식을 행하고, 회개하고 완전한 삶을 이룰 나날이 있었다…회개는 언제든지 값진 것이라는 것은 사실이다. 하지만 지상에서 할 수 있었고 해야만 했던 회개를 영의 세계에서의 회개가 보상해 줄 수는 없다" (pp 313-315, 7, 10-15, 145, 202, 246-249).

복습을 위한 질문들

1. 킴볼 선지자의 인용을 읽은 후 '용서의 기적' 에 대한 당신의 인상은 무엇인가?

2. 당신은 LDS 교인들이 이 책을 읽은 후 무엇을 느꼈으리라 생각하는가?

3. '용서의 기적' 은 좋은 소식인가?

43과 성경적 완전함을 얻음

몰몬 용어집에서 '용서'에 대한 LDS 정의를 읽으라.

모든 헌신된 몰몬교인들의 목표는 죽기 전에 죄 없는 완전함을 이루는 것이다. 몰몬교인은 죄 사함을 받기 전에 완전해져야 한다고 배운다. 그리고 그들은 온전하지 않고 용서받지 못했으면 해의 왕국에 갈 수 없다고 배운다. '완전함'의 몰몬 교리는 당신의 몰몬 친구와 성경말씀을 공부할 수 있는 동기로 사용할 수 있다. 다음 성경구절을 참고하라.

> 디모데후서 3:16-17 "모든 성경은 하나님의 감동으로 된 것으로 교훈과 책망과 바르게 함과 의로 교육하기에 유익하니 이는 하나님의 사람으로 온전하게 하며 모든 선한 일을 행할 능력을 갖추게 하려 함이라."

이 구절에서 '온전'이란 단어의 헬라어 번역은 죄 없는 온전함을 뜻하는 것이 아니라 '온전히 준비된'이라고 번역될 수 있고 이는 영적 성숙을 의미한다. 이 성경구절은, 쓰인 하나님의 말씀이 하나님의 의를 이해하는 열쇠가 된다. 몰몬교인에게 성경에서는 어떻게 의롭게 되고, 용서받고, 온전하게 되며 영생의 확신을 얻는지를 보여주는 데에 사용할 수 있다.

의롭게 됨

의로움이란 단어는 '주님이 보시기에 옳다'는 것을 의미한다. 당신이 의롭지 않다면 하나님 앞에 옳지 않다.

> 로마서 3:10, 23 "기록된바 의인은 없나니 하나도 없으며…모든 사람이 죄를 범하였으매 하나님의 영광에 이르지 못하더니."

> 로마서 10:1-4 "형제들아 내 마음에 원하는 바와 하나님께 구하는 바는 이스라엘을 위함이니 곧 그들로 구원을 받게 함이라 내가 증언하노니 그들이 하나님께 열심이 있으나 올바른 지식

을 따른 것이 아니니라 하나님의 의를 모르고 자기 의를 세우려고 힘써 하나님의 의에 복종하지 아니하였느니라 그리스도는 모든 믿는 자에게 의를 이루기 위하여 율법의 마침이 되시니라."

로마서 10:9-10,13 "네가 만일 네 입으로 예수를 주로 시인하며 또 하나님께서 그를 죽은 자 가운데서 살리신 것을 네 마음에 믿으면 구원을 받으리라 사람이 마음으로 믿어 의에 이르고 입으로 시인하여 구원에 이르느니라…누구든지 주의 이름을 부르는 자는 구원을 받으리라."

로마서 4:3,5 "성경이 무엇을 말하느냐 아브라함이 하나님을 믿으매 그것이 그에게 의로 여겨진 바 되었느니라…일을 아니할지라도 경건하지 아니한 자를 의롭다 하시는 이를 믿는 자에게는 그의 믿음을 의로 여기시나니(로마서 3:10-28; 갈라디아서 3:1-14도 보라).

죄 용서받음

사도행전 10:42-43 "우리에게 명하사 백성에게 전도하되 하나님이 살아 있는 자와 죽은 자의 재판장으로 정하신 자가 곧 이 사람인 것을 증언하게 하셨고 그에 대하여 모든 선지자도 증언하되 그를 믿는 사람들이 다 그의 이름을 힘입어 죄 사함을 받는다 하였느니라."

사도행전 13:38-39 "그러므로 형제들아 너희가 알 것은 이 사람을 힘입어 죄 사함을 너희에게 전하는 이것이며 또 모세의 율법으로 너희가 의롭다 하심을 얻지 못하던 모든 일에도 이 사람을 힘입어 믿는 자마다 의롭다 하심을 얻는 이것이라."

요한일서 1:9 "만일 우리가 우리 죄를 자백하면 그는 미쁘시고 의로우사 우리 죄를 사하시며 우리를 모든 불의에서 깨끗하게 하실 것이요"(누가복음 7:37-50에 있는 예수님의 죄 사함을 읽어보라).

용서받는다는 것은 무엇을 의미하는가?

시편 103:10-12 "우리의 죄를 따라 우리를 처벌하지는 아니하시며 우리의 죄악을 따라 우리에게 그대로 갚지는 아니하셨으니 이는 하늘이 땅에서 높음 같이 그를 경외하는 자에게 그의 인자하심이 크심이로다 동이 서에서 먼 것 같이 우리의 죄과를 우리에게서 멀리 옮기셨으며."

미가 7:19 "다시 우리를 불쌍히 여기셔서 우리의 죄악을 발로 밟으시고 우리의 모든 죄를 깊은 바다에 던지시리이다." (저자 노트: 그리고 그는 '낚시금지' 라는 표시판을 세우신다.)

이사야 38:17 "보옵소서 내게 큰 고통을 더하신 것은 내게 평안을 주려 하심이라 주께서 내 영혼을 사랑하사 멸망의 구덩이에서 건지셨고 내 모든 죄를 주의 등 뒤에 던지셨나이다."

히브리서 8:12 "내가 그들의 불의를 긍휼히 여기고 그들의 죄를 다시 기억하지 아니하리라 하셨느니라" (히브리서 10:17도 보라).

온전하게 됨

갈라디아서 3:2-6 "내가 너희에게서 다만 이것을 알려 하노니 너희가 성령을 받은 것이 율법의 행위로냐 혹은 듣고 믿음으로냐 너희가 이같이 어리석으냐! 성령으로 시작하였다가 이제는 육체로 마치겠느냐 너희가 이같이 많은 괴로움을 헛되이 받았느냐 과연 헛되냐 너희에게 성령을 주시고 너희 가운데서 능력을 행하시는 이의 일이 율법의 행위에서냐 혹은 듣고 믿음에서냐, 아브라함이 하나님을 믿으매 그것을 그에게 의로 정하셨다 함과 같으니라."

히브리서 10:14 "그가 거룩하게 된 자들을 한 번의 제사로 영원히 온전하게 하셨느니라."

영생의 선물을 받음

요한복음 3:14-18, 36에 있는 믿음에 근거를 둔 예수 그리스도의 영생에 관한 증거와 요한일서 5:9-13에 믿음에 근거한 (그의 아들을 믿는 믿음에 의한) 영생에 관한 하나님 아버지의 증거의 말씀을 보라.

예수님이 당신에게 무엇을 하라고 하셨나?

요한복음 6:28-29 "그들이 묻되 우리가 어떻게 하여야 하나님의 일을 하오리이까 예수께서 대답하여 이르시되 하나님께서 보내신 이를 믿는 것이 하나님의 일이니라 하시니."

구원(의로움, 용서받음, 온전함, 영생)은 은혜에 의한 것이요, 행위에 의한 것이 아니다.

에베소서 2:8-9 "너희는 그 은혜에 의하여 믿음으로 말미암아 구원을 받았으니 이것은 너희에게서 난 것이 아니요 하나님의 선물이라 행위에서 난 것이 아니니 이는 누구든지 자랑하지 못하게 함이라."

갈라디아서 2:16, 21 "사람이 의롭게 되는 것은 율법의 행위로 말미암음이 아니요 오직 예수 그리스도를 믿음으로 말미암는 줄 알므로 우리도 그리스도 예수를 믿나니 이는 우리가 율법의 행위로써가 아니고 그리스도를 믿음으로써 의롭다 함을 얻으려 함이라 율법의 행위로써는 의롭다 함을 얻을 육체가 없느니라…내가 하나님의 은혜를 폐하지 아니하노니 만일 의롭게 되는 것이 율법으로 말미암으면 그리스도께서 헛되이 죽으셨느니라."

복습을 위한 질문들

1. 몰몬교인들은 어떻게 온전함을 이루려 하는가?(〈42과 용서의 기적〉을 보라).

2. 온전함에 관해 어느 성경구절이 좋은 성경적 논의를 하는 데 사용될 수 있는가?

3. 어떻게 인간이 하나님 보시기에 의롭게 될 수 있는가?

4. 무엇을 근거로 인간이 죄 용서와 영생을 얻을 수 있는가?

5. 이 과에 믿음과 신앙이라는 단어가 몇 번이나 나오는가?(요한복음 3장과 요한일서 5장을 잊지 말라).

44과 행위 없는 믿음은 죽은 것이다

STOP 몰몬 용어집에서 '은혜로만 얻는 구원'에 대한 LDS 정의를 읽으라.

몰몬의 '구원관'은 행위에 근거를 둔다. 당신이 믿음만으로 인한 은혜로 구원을 받는다는 성경적 구원 개념을 나눌 때, 몰몬교인들은 종종 "하지만 야고보는 행위가 없는 믿음은 죽은 믿음이라고 하지 않았는가? 당신은 그리스도만 믿으면 아무렇게나 살아도 된다고 믿습니까?"라고 말한다.

사도 야고보: 행위 없는 믿음은 죽은 것이다

> 야고보서 2:17-20 "이와 같이 행함이 없는 믿음은 그 자체가 죽은 것이라 어떤 사람은 말하기를 너는 믿음이 있고 나는 행함이 있으니 행함이 없는 네 믿음을 내게 보이라 나는 행함으로 내 믿음을 네게 보이리라 하리라 네가 하나님은 한 분이신 줄을 믿느냐 잘하는 도다 귀신들도 믿고 떠느니라 아아 허탄한 사람아 행함이 없는 믿음이 헛것인 줄을 알고자 하느냐."

몰몬교인들은 이 구절이 행위가 구원을 얻는 데 결정적인 역할을 한다는 것을 뜻한다고 해석한다. 이러한 해석은 몰몬경이 가르치는 구원관과 매우 잘 맞지만 성경이 뜻하는 구원은 아니다.

사도 바울: 구원은 행위가 아니다

> 로마서 3:20-22 "그러므로 율법의 행위로 그의 앞에 의롭다 하심을 얻을 육체가 없나니 율법으로는 죄를 깨달음이니라 이제는 율법 외에 하나님의 한 의가 나타났으니 율법과 선지자들에게 증거를 받은 것이라 곧 예수 그리스도를 믿음으로 말미암아 모든 믿는 자에게 미치는 하나님의 의니 차별이 없느니라."

> 갈라디아서 2:16 "사람이 의롭게 되는 것은 율법의 행위로 말미암음이 아니요 오직 예수 그리스도를 믿음으로 말미암는 줄 알므로 우리도 그리스도 예수를 믿나니 이는 우리가 율법의 행

위로써가 아니고 그리스도를 믿음으로써 의롭다 함을 얻으려 함이라 율법의 행위로써는 의롭다 함을 얻을 육체가 없느니라."

에베소서 2:8-9 "너희는 그 은혜에 의하여 믿음으로 말미암아 구원을 받았으니 이것은 너희에게서 난 것이 아니요 하나님의 선물이라 행위에서 난 것이 아니니 이는 누구든지 자랑하지 못하게 함이라" (로마서 3:19-28; 갈라디아서 3:8-14도 보라).

위의 세 성경구절들은 믿음으로만 구원을 얻으며 선행은 구원을 얻는 데 어떠한 역할도 하지 않는다는 것을 가르친다.

야고보와 바울은 의견이 달랐는가?

언뜻 보기에는 야고보서의 저자인 야고보는 로마서, 갈라디아서, 에베소서 그리고 많은 다른 신약 책들의 저자인 바울과 상반되는 것 같다. 야고보와 바울이 서로 의견이 달랐을까?

사도행전 15:1-29을 읽어보면 당신은 바울과 야고보가 구원이라는 주제에 대해 완전히 동의하고 있다는 것을 알 것이다. 초대 교회의 핵심 지도자였던 베드로, 바울, 바나바 그리고 야고보가 이 구절에서 모두 본인들의 의견을 말하고 있다. 일치된 결정은 율법으로는 구원받을 수 없다는 것이다. **구원은 오직 믿음으로 인한 은혜로 얻어진다.**

야고보 이해하기

야고보서는 1세기에 영지주의(靈知主義,Gnosticism)라는 이단에 현혹된 사람들에게 쓴 책이다. 이 사람들은 그리스의 철학에 그리스도주의를 혼합시켰고, 결과적으로 실제적, 거룩한 삶을 사는 것보다는 지적(영적)인 것에 중점을 두었다. 야고보서에서 저자는 독자에게 선한 행위가 없는 소위 그들이 말하는 '영적인 것' 들은 결코 믿음이 아니라는 것을 알리고 있다.

핵심이 되는 절은,

야고보서 2:18 "어떤 사람은 말하기를 너는 믿음이 있고 나는 행함이 있으니 행함이 없는 네 믿음을 내게 보이라 나는 행함으로 내 믿음을 네게 보이리라 하리라."

만약 진정한 믿음이 어떤 사람에게 있다면 선행으로 증거될 것이다. 만약 선행이 없다면 진정한 믿음도 없다. 우리는 구원받기 위해 선행을 하지 않는다. 우리는 이미 구원받았기에 선행을 하는 것이다.

구원하는 믿음의 증거: 거룩한 삶

아이러니하게도 사도 바울에 의해 쓰인 로마서, 에베소서 그리고 갈라디아서에 있는 다음 구절들은 믿는 자들의 삶 속에서의 선행을 중요시한다.

> 로마서 6:1-2 "그런즉 우리가 무슨 말을 하리요 은혜를 더하게 하려고 죄에 거하겠느냐 그럴 수 없느니라 죄에 대하여 죽은 우리가 어찌 그 가운데 더 살리요."

> 에베소서 2:8-10 "너희는 그 은혜에 의하여 믿음으로 말미암아 구원을 받았으니 이것은 너희에게서 난 것이 아니요 하나님의 선물이라 행위에서 난 것이 아니니 이는 누구든지 자랑하지 못하게 함이라 우리는 그가 만드신 바라 그리스도 예수 안에서 선한 일을 위하여 지으심을 받은 자니 이일은 하나님이 전에 예비하사 우리로 그 가운데서 행하게 하려 하심이니라."

> 갈라디아서 6:7-9 "스스로 속이지 말라 하나님은 업신여김을 받지 아니하시나니 사람이 무엇으로 심든지 그대로 거두리라 자기의 육체를 위하여 심는 자는 육체로부터 썩어질 것을 거두고 성령을 위하여 심는 자는 성령으로부터 영생을 거두리라 우리가 선을 행하되 낙심하지 말지니 포기하지 아니하면 때가 이르매 거두리라."

복습을 위한 질문들

1. 우리의 구원을 얻는 데 선행은 어떤 역할을 하는가?

2. 선행이 우리의 구원과 어떤 연관성을 가지고 있는가?

3. 선행은 모든 참된 신앙인들의 삶의 일부가 되는가?

다른 중요한 주제들 12

45과 큰 배도 사상의 문제점들

몰몬 용어집에서 '큰 배도' (큰, The Great)에 대한 LDS 정의를 읽으라.

몰몬들은 몰몬교가 지구상에서 유일하게 신권을 가지고 있는 교회라는 사실에 자부심을 가진다. 몰몬은 현대 기독교 교리는 거대한 가증한 교회(구교)에서 유전된 것들이 집대성된 것에 불과하다고 생각한다. 여러분은 LDS 교인들로부터 "당신은 큰 배도를 믿지 않으십니까?"라는 질문을 종종 들을 것이다.

몰몬교의 큰 배도 사상은 쉽게 반박될 수 있다. 여기에 당신이 이 주제를 더 잘 이해할 수 있도록 도와줄 세 가지 문제점들이 있다.

첫째 문제점–예수 그리스도의 선포

기독교회의 완전한 배도를 믿는 몰몬 사람들은 교회와 복음에 관하여 예수님이 하신 약속과 예언을 고려할 때 큰 문제점을 가지고 있다.

- 교회에 관하여 예수님께서 말씀하시기를, "내가 이 반석 위에 내 교회를 세우리니 음부의 권세가 이기지 못하리라"(마태복음 16:18).
- 복음에 관하여 예수님께서 말씀하시기를, "천지는 없어질지언정 내 말은 없어지지 아니하리라"(마태복음 24:35).
- 예수님이 교회의 믿는 자들에게 약속하시기를, "내가 세상 끝날까지 너희와 항상 함께 있으리라 하시니라"(마태복음 28:20). 히브리서 기자에 의하면 "그가 친히 말씀하시기를 내가 결코 너희를 버리지 아니하고 너희를 떠나지 아니하리라 하셨느니라"(히브리서 13:5).

만약에 1800년 동안 모든 복음의 진리가 지구상에서 완전히 사라졌고, 사탄의 세력이 월등했었다면 예수님은 거짓말쟁이다. 그러나 하나님의 말씀은 지구상에서 한 번도 사라진 적이 없다. 진리의 말씀은 사람들이 읽고 받아들일 수 있게 항상 있었다. 하나님의 말씀은 진리이다(요한복음 17:17). 그러나 큰 배도 사상은 거짓말이다.

둘째 문제점– '세 명의 니파이 사도들'과 사도 요한

큰 배도를 믿는 몰몬교도들은 '세 명의 니파이 사도들' 과 사도 요한에 대한 몰몬경의 가르침을 믿지 않는다. 제3니파이 28:4-9; 17-23 그리고 27-31에 의하면, 이 네 사람은 예수님의 때부터 지금까지 죽지 않고 지구상에 살고 있다는 것이다. 그렇다면 큰 배도는 있을 수 없다.

몰몬 교리–세 명의 니파이 사도들: "영혼들을 예수께 인도하는 사역을 계속하기를 원했던 세 명의 니파이 사도들은 하나님으로부터 이 약속을 받았습니다. '그러므로 너희에게 더욱 복이 있나니, 이는 너희가 결코 죽음을 맛보지 아니하고, 살아서 내가 하늘의 권능을 가지고 나의 영광중에 올 때, 곧 모든 일이 아버지의 뜻대로 이루어지기까지, 사람의 자녀들에게 행하시는 아버지의 모든 일을 보게 될 것임이니라' (제3니파이 28:7). 그들은 고통과 슬픔에서 자유로워졌으며(세상의 죄를 제외하고는), '하나님의 천사들로서' 유대인, 이방인, 이스라엘의 흩어진 부족 '그리고 모든 나라, 민족, 언어 그리고 사람들' 에게 사역을 했었다. …세상에는 숨겨져 알려지지 않았지만, 그들은 지금도 맡은 사역을 하고 있다. 그리고 말세에 사는 교인들에게 나타나신 경우도 있다"(몰몬 교리, 맥컨키 p 793).

몰몬경에 의하면, 이 세 명의 니파이인들은 예수 그리스도의 사도들이었다. 그렇다면 그들은 하나님이 사도들에게 주신 권능을 가졌을 것이다. 그들의 사역은 예수 그리스도의 진정한 복음을 '모든 나라와, 민족과, 언어와 사람들' 에게 전하는 것이었다. 만약 그들이 복음을 전해왔다면 전 세계 도처에 오래전부터 몰몬 교회들이 세워졌을 것이다. 그리고 이 도처에 있는 몰몬 집단들은 요즘 몰몬교에서 가르치는 것과 같은 교리를 믿고 있을 것이다. 세 명의 나파이 사도들을 믿는 몰몬들에게 한 문제가 있다. **만약 세 명의 나파이 사도 이야기를 믿는다면 큰(완전한) 배도는 있을 수 없었을 것이다.**

제3니파이 28:6 그리고 28:9에 따르면, 사도 요한 역시 죽지 않고 이 세상에 살면서 '세상의 끝날까지 사람의 영혼을 나(예수)에게 인도하는' 임무를 받았다.

질문: 몰몬 선교사들이 세계 여기저기 나가 그들의 교리를 전할 때 , 현대 몰몬 교회와는 관련 없이 이미 세워져 있는 몰몬 교회를 본적이 있습니까? (아니오!)

셋째 문제점 – 권위

몰몬 회장 중에 하나인 조셉 필딩 스미스는 다음과 같이 저술하고 있다. "침례 요한이 천상에서 내려와 아론의 신권을 준 것은 이 세상에는 아무도 이 권세의 열쇠를 가진 이가 없었기 때문이다. 만약 그렇지 않았다면, 권세의 회복이 필요 없었을 것이고, 침례 요한이 보냄을 받지도 않았을 것이다" (구원의 교리 3권 p 88).

질문: 조셉 필딩 스미스는 몰몬 신학에 의하면 네 명의 예수님의 사도들이 이 땅에 살고 있고 그들이 신권 권세를 갖고 있다는 것을 몰랐을까? 네 명의 사도들이 있었다면 왜 침례 요한이 세상에 다시 와서 조셉 스미스 주니어에게 신권을 주어야 했을까?

복습을 위한 질문들

1. 몰몬교도들의 큰(완전한) 배도 사상이 성경적으로 잘못된 것인가?

2. 몰몬교의 큰(완전한) 배도 사상이 어떻게 몰몬의 가르침과 상반되는가?

46과 신권 권세

STOP 몰몬 용어집에서 '신 권' 에 대한 LDS 정의를 읽으라.

몰몬들은, 자기들에게는 '신권 권세' 가 있고 우리는 없다는 것에 대단한 자부심을 가지고 있다.

몰몬 신학은 조셉 스미스 주니어에 의해서 이 세상에 회복된 아론의 신권 또는 멜기세덱의 신권이 없이는 아무도 어떠한 방법으로도 하나님을 섬길 수 없다고 가르치고 있다. 몰몬교인들은 몰몬 교회만이 이러한 권세를 줄 수 있다고 배운다. '신권' 은 몰몬 교회에서 어떠한 다른 교리보다도 더 많이 가르쳐지는 교리이고 몰몬주의의 '회복된 복음' 에서 가장 중요한 교리라고도 할 수 있다.

이러한 주제를 갖고 LDS 사람들과 토론을 할 때, 예수님은 한 번도 사도들과 신권(제사장직)에 대해 말씀하신 적이 없다는 것을 가지고 도전해보는 것이 좋다. 예수님이 '신권' (제사장직)에 대해 말씀하셨다는 기록이 전혀 없다. 그들의 종교가 예수 그리스도의 '회복된 교회' 라고 주장하는 사람들에게 이 것은 큰 문제이다.

'만약에 예수 그리스도 교회에서의 신권이 그렇게 중요하다면, 어떻게 교회 사도들과 한 번도 말씀하지 않았는지' 몰몬 친구들에게 물어보라.

이러한 사실에도 불구하고, 몰몬은 종종 "그렇다면, 너는 어디에서 권세를 받았는가?" 라는 도전적인 질문을 하곤 한다.

권세의 근원

성경은 성령님이 권세의 신령한 근원이라고 분명히 말하고 있다. 성령이 성경을 쓸 권세를 주었다.

> 베드로후서 1:21 "예언은 언제든지 사람의 뜻으로 낸 것이 아니요 오직 성령의 감동하심을 받은 사람들이 하나님께 받아 말한 것임이라."

성령이 침례 요한에게 권세를 주었다.

누가복음 1:15 "이는 그가 주 앞에 큰 자가 되며 포도주나 독한 술을 마시지 아니하며 모태로부터 성령의 충만함을 받아."

성령이 사도들에게 권능(권세)를 주었다.

사도행전 1:8 "오직 성령이 너희에게 임하시면 너희가 권능을 받고 예루살렘과 온 유대와 사마리아와 땅 끝까지 이르러 내 증인이 되리라 하시니라."

데살로니가전서 1:5 "이는 우리 복음이 너희에게 말로만 이른 것이 아니라 또한 능력과 성령과 큰 확신으로 된 것임이라 우리가 너희 가운데서 너희를 위하여 어떤 사람이 된 것은 너희가 아는 바와 같으니라."

몰몬경에도 권세를 주는 것은 성령이라고 분명하게 쓰여 있다.

니파이전서 10:22 "또 성신께서 권세를 주사 나로 하여금 이러한 것들을 말하게 하시고, 이를 거부하지 않게 하시느니라"(니파이전서 12:7; 니파이후서 28:26; 제3니파이 20:27; 제3니파이 29:6 참고).

모사이야서 18:12-14 "이에 이제 이렇게 되었나니 앨마가 첫 무리 중 하나인 힐램을 취하여, 물에 들어가 서서 부르짖어 이르되, 주여, 주의 종 위에 주의 영을 부으사, 저로 하여금 거룩한 마음으로 이 일을 하게 하시옵소서 하더라. 그리고 그가 이 말을 하고 나자 주의 영이 그에게 임하신지라, 그가 이르되, 힐램이여 전능하신 하나님에게서 받은 권세를 지니고, 나는 네가 필멸의 육신으로 죽기까지 그를 섬기기로 성약을 맺었다는 증거로서 네게 침례를 주노니, 주의 영이 너에게 부어지기를 빌며, 세상의 기초가 놓이던 때로부터 그가 예비해 두신 자, 곧 그리스도의 속죄를 통하여 그가 네게 영생을 주시기를 비노라 하더라. 또 앨마가 이 말을 한 후 앨마와 힐램 둘 다 물에 잠기더니, 그들이 영으로 충만하여 일어나 기뻐하며 물에서 나오니라."

모사이야서 21:33-34 "이에 이렇게 되었나니 림하이 왕과 그의 백성 중 많은 자들이 침례 받기를 원하였으나, 그 땅에는 하나님께 받은 권세를 지닌 자가 아무도 없었고, 암몬은 스스로를 합당하지 못한 종으로 생각하여 이 일 행하기를 거절한지라. 그러므로 그때에는 그들이 자신들로 교회를 이루지 아니하고 주의 영을 기다렸나니, 이제 그들은 광야로 도망한 앨마와 그의 형제들 같이 되기를 원하였더라."

권세를 받는 자

모든 믿는 자는 성령의 권세로 인치심을 받는다.

에베소서 1:13 "그 안에서 너희도 진리의 말씀 곧 너희의 구원의 복음을 듣고 그 안에서 또한 믿어 약속의 성령으로 인치심을 받았으니."

고린도전서 6:19 "너희 몸은 너희가 하나님께로부터 받은 바 너희 가운데 계신 성령의 전인 줄을 알지 못하느냐 너희는 너희 자신의 것이 아니라."

로마서 15:13 "소망의 하나님이 모든 기쁨과 평강을 믿음 안에서 너희에게 충만하게 하사 성령의 능력으로 소망이 넘치게 하시기를 원하노라."

권세는 교회에서가 아니고 하나님으로부터 주어지는 것이다! 권세는 권능이다. 권세는 성령이 내 안에 있는 것이다.

만일 당신이 예수 그리스도를 믿고 성령의 선물을 받았다면, 당신은 하나님이 주신 권세를 갖고 있는 것이다.

아론의 신권에 대해, 조금 더

몰몬 친구에게 (상대가 성인 남자일 경우) 다음과 같은 탐색 질문을 해보자.

"당신은 아론의 신권을 가지고 있습니까?" LDS 친구는 거의 확실히 "네" 하고 대답할 것이다.

그다음에 이와 같은 질문을 해보라. "당신은 혈통으로 따지면, 이스라엘 부족 중 어느 지파에 속하십니까?" 몰몬 친구는 자랑스럽게 "조셉의 자손 중에 , 에브라임 또는 므낫세 지파"라고 할 것이다.

이때에 다음과 같은 것을 지적해주라. "하나님이 정하신 모세의 율법에 의하면 오직 레위 자손만이 제사장이 될 수 있다. 더군다나 아론의 제사장직을 받으려면 아론의 직계 자손이 되어야 한다. 레위 또는 아론의 제사장직은 다른 어떤 이스라엘 부족도 가질 수 없다. 만약 불법으로 이러한 직분의 자격을 주장하거나 제사장직의 직분을 행할 때는 엄중한 처벌을 받았다. 단순히 이스라엘 혈통이라 해서 아론의 제사장이 될 수는 없다. 성경을 읽어 보라!' (민수기 3:10; 16:1-35; 17:1-10 참고).

복습을 위한 질문들

1. 예수님은 신권(제사장직)에 관해 사도들에게 무엇을 가르치셨는가? 그리고 왜 이것이 몰몬 교회에는 문제가 되는가?

2. '하나님이 주신 권위' 는 무엇인가?

3. 성경을 믿는 그리스도인으로서, 당신은 성경의 진실을 전하는 권세를 하나님께로부터 받았는가?(성경적으로 증명하라).

4. 왜 몰몬교인들이 아론의 제사장직 권세를 주장할 수 없는가?

47과 영혼의 선재

STOP 몰몬 용어집에서 '영혼의 선재' 그리고 '하늘의 아버지' 에 대한 LDS 정의를 읽으라.

영혼의 선재(때로는 전세前世로 불린다)는 몰몬교에서 가장 근본이 되는 믿음 중에 하나이며 또한 이단적인 교리이다. 이 거짓된 교리의 가장 큰 이단적인 부분은, 우리는 문자 그대로 하나님의 자녀들이기 때문에—유전적으로 작은 신들이다—언젠가는 우리도 성부 하나님처럼 신이 된다는 것이다.

우리가 이러한 주제를 몰몬교인들과 토론을 시도할 때 당면하는 한 어려움은 영혼의 선재를 지지하는 것으로 보이는 성경구절들이 있다는 것이다. 몰몬교인들이 자신의 교리의 정당성을 주장하기 위해 다음의 은 성경구절들을 숙고하라.

> 예레미야 1:5 "내가 너를 모태에 짓기 전에 너를 알았고 네가 배에서 나오기 전에 너를 성별하였고 너를 여러 나라의 선지자로 세웠노라 하시기로."

> 히브리서 12:9 "또 우리 육신의 아버지가 우리를 징계하여도 공경하였거든 하물며 모든 영의 아버지께 더욱 복종하며 살려 하지 않겠느냐."

> 사도행전 17:28-29 "우리가 그를 힘입어 살며 기동하며 존재하느니라 너희 시인 중 어떤 사람들의 말과 같이 우리가 그의 소생(자녀)이라 하니 이와 같이 하나님의 소생이 되었은즉 하나님을 금이나 은이나 돌에다 사람의 기술과 고안으로 새긴 것들과 같이 여길 것이 아니니라."

그리스도인의 대응

● **예레미야** 1:5 성경이나 몰몬경도 "내가 너를 모태에 짓기 전에 너를 알았고…"라고 쓰여 있지 않다. 성경에서는 인간이 전세에서 하나님을 알았다고 말한 적이 없다. 하지만 우리는 하나님의 통찰력 (선견지명)을 부인할 수는 없다. 하나님은 예레미야가 잉태되기 전에 그와 그의 생애의 모든 것을 알고 계셨다. 이사야 46:9, 10에 말하길,

"너희는 옛적 일을 기억하라 나는 하나님이라 나 외에 다른 이가 없느니라 나는 하나님이라 나 같은 이가 없느니라 내가 시초부터 종말을 알리며 아직 이루지 아니한 일을 옛적부터 보이고 이르기를 나의 뜻이 설 것이니 내가 나의 모든 기뻐하는 것을 이루리라 하였노라."

또, 시편 147:5 에 보면,

"우리 주는 위대하시며 능력이 많으시며 그의 지혜가 무궁하시도다."

하나님은 우리의 모든 것을 알고 계시고 우리가 존재하기 오래전부터 우리에 대한 계획을 가지고 계셨다.

● **히브리서 12:9** 하늘과 땅의 모든 것을 창조하신 하나님은 창조의 하나님이시다. 말라기 2:10에 말하길,

"우리는 한 아버지를 가지지 아니하였느냐 한 하나님께서 지으신 바가 아니냐."

진짜 질문은 "언제 하나님이 우리의 영혼을 창조하셨느냐?" 하는 것이다. 스가랴 12:1 말씀을 보면, 하나님은 영혼의 선재를 말하지 않으신다. 그가 말하기를,

"이스라엘에 관한 여호와의 경고의 말씀이라 여호와 곧 하늘을 펴시며 땅의 터를 세우시며 사람 안에 심령을 지으신 이가 이르시되."

● **사도행전 17:28-29** 그리스어 '자녀'(offspring)는 문자적 또는 창의적 자녀를 의미한다. 하나의 예를 들면, 헨리 포드는 Model T 자동차의 '아버지'라고 불려진다. 하지만 헨리가 문자 그대로 자동차를 낳았다고 믿는 사람들은 아무도 없다. 또 사람들은 조지 워싱톤을 이 나라의 '아버지'라고 말한다. 하지만 문자 그대로의 의미는 아니다. 마찬가지로 요한복음 8:44의 바리새인들을 문자 그대로 사탄의 자녀로 봐서는 안 된다.

"너희(바리새인)는 너희 아비 마귀에게서 났으니 너희 아비의 욕심대로…."

사도행전 17:28-29에서 또 다른 중요한 점은 사도 베드로가 토속신앙을 인용하고 있다는 것이다. 사도 베드로는 아테네 사람들에게 친밀한 그들의 용어를 사용한 것이다. 성경 다른 어느 곳에도 자손이라는 단어가 하나님과 우리의 관계를 묘사하기 위해 써진 곳이 없다. 문맥 전후관계를 살필 때에 영혼 선재를 믿지 않는 다고해서 문제될 것은 없다.

영혼의 선재 오류증명

'선재' 라는 몰몬 교리를 부정하는 가장 좋은 방법은 예수님의 사역을 통해 예수님이 이 교리를 어떻게 부정하셨는지 보여주는 것이다. 예수님은 거듭해서 본인만이 성부 하나님과 함께 전생에 존재하였다고 하신다. 요한복음에서 예수님이 말씀하신 것을 생각해보라.

요한복음 17:24-25 "아버지여 내게 주신 자도 나 있는 곳에 나와 함께 있어 아버지께서 창세 전부터 나를 사랑하시므로 내게 주신 나의 영광을 그들로 보게 하시기를 원하옵나이다 의로우신 아버지여 세상이 아버지를 알지 못하여도 나는 아버지를 알았사옵고 그들도 아버지께서 나를 보내신 줄 알았사옵나이다."

요한복음 5:37-38 "또한 나를 보내신 아버지께서 친히 나를 위하여 증언하셨느니라 너희는 아무 때에도 그 음성을 듣지 못하였고 그 형상을 보지 못하였으며 그 말씀이 너희 속에 거하지 아니하니 이는 그가 보내신 이를 믿지 아니함이라."

요한복음 6:46 "이는 아버지를 본 자가 있다는 것이 아니니라 오직 하나님에게서 온 자만 아버지를 보았느니라."

요한복음 7:28-29 "예수께서 성전에서 가르치시며 외쳐 이르시되 너희가 나를 알고 내가 어디서 온 것도 알거니와 내가 스스로 온 것이 아니니라 나를 보내신 이는 참되시니 너희는 그를 알지 못하나 나는 아노니 이는 내가 그에게서 났고 그가 나를 보내셨음이라 하시니."

요한복음 8:54-55 "예수께서 대답하시되 내가 내게 영광을 돌리면 내 영광이 아무 것도 아니거니와 내게 영광을 돌리시는 이는 내 아버지시니 곧 너희가 너희 하나님이라 칭하는 그이시라 너희는 그를 알지 못하되 나는 아노니 만일 내가 알지 못한다 하면 나도 너희 같이 거짓말쟁이가 되리라 나는 그를 알고 또 그의 말씀을 지키노라."

요한복음 8:23 "예수께서 이르시되 너희는 아래에서 났고 나는 위에서 났으며 너희는 이 세상에 속하였고 나는 이 세상에 속하지 아니하였느니라."

이 구절들은 몰몬에게 대단히 큰 문제이다. 왜냐하면 그들의 종교는 예수 그리스도의 교회라고 한다. 하지만 몰몬교가 예수 그리스의 가르침과 완전히 상반된다면 어떻게 그들을 믿을 수 있는가?

복습을 위한 질문들

1. 몰몬의 선재 개념에서 어떠한 이단 교리가 일어나는가?

2. 왜 '선재'는 몰몬들과 토론하기 어려운 주제인가?

3. 무엇이 이러한 이단 교리에 도전하는 최선의 방법인가?

48과 회복된 복음–영원한 결혼

STOP 몰몬 용어집에서 '영원한 결혼'과 '복음'(몰몬)에 대한 LDS 정의를 읽으라.

'회복'(복원)이란 단어는 어떤 것을 원상태대로 돌려놓는다는 것이다. LDS 교회는 예수님과 사도들이 원래 가르치신 대로 복음을 회복했다고 주장한다. 다음과 같은 접근방법은 이러한 주장을 효과적으로 반박할 수 있다.

이 논쟁은 만일 당신이 주요한 질문들을 던지고 몰몬들이 그들 자신의 성경으로 그것을 분명히 밝히도록 허용한다면 가장 효과적일 것이다. 이것을 서두르지 말라. 당신이 그들이 각 구절들이나 인용들의 핵심을 이해했다고 확신할 때까지 질문을 계속 던지라.

갈라디아서 1:6–9

갈라디아서 1:6-9 "그리스도의 은혜로 너희를 부르신 이를 이같이 속히 떠나 다른 복음을 따르는 것을 내가 이상하게 여기노라 다른 복음은 없나니 다만 어떤 사람들이 너희를 교란하여 그리스도의 복음을 변하게 하려 함이라 그러나 우리나 혹은 하늘로부터 온 천사라도 우리가 너희에게 전한 복음 외에 다른 복음을 전하면 저주를 받을지어다 우리가 전에 말하였거니와 내가 지금 다시 말하노니 만일 누구든지 너희가 받은 것 외에 다른 복음을 전하면 저주를 받을지어다."

질문

- 바울이 이 구절에서 언급하는 문제는 무엇인가?
- 사도 바울이 이것을 언급하면서 사용한 '우리'는 누구인가?
- 주의 사도들을 통해 선포된 복음의 말씀을 바꾸는 자에게 주는 경고는 무엇인가?

제3니파이 11:39-40

제3니파이 11:39-40 "진실로 진실로 내가 너희에게 이르노니, 이는 나의 교리라, 누구든지 이 위에 세우는 자는 나의 반석 위에 세우는 자니, 지옥의 문이 그들을 이기지 못할 것이라. 또 누구든지 이보다 더 많거나 적게 선포하여, 이를 나의 교리로 세울진대, 그는 악에서 오는 자요, 나의 반석 위에 세워지지 아니한 자라, 그는 모래의 기초 위에 세우는 자니, 홍수가 나고 바람이 그들에게 부딪칠 때에 지옥의 문이 열려 있어…."

질문

- 누가 이 구절을 말씀하는가?
- 예수님이 '누구든지 이보다 더 많거나 적게 선포하여' 라 하심은 무엇을 의미하는가?
- 주님의 복음의 교리를 가감하는 자에 대한 경고는 무엇인가?

몰몬경의 서문

몰몬경 서문의 첫 단락을 보면,

몰몬경은 성경에 비교할 수 있는 거룩한 경전이다. 이것은 하나님이 미대륙의 고대 주민들에게 행하신 일을 기록한 것이며 여기에는 충만하고 영원한 복음이 실려 있다.

여섯째 단락을 보면,

이 기록에 관해 선지자 조셉 스미스는 다음과 같이 말했다. "나는 형제들에게 몰몬경은 지상의 어떠한 책보다도 가장 정확한 책이며, 우리 종교의 종석이고, 다른 어떤 책보다 이 책의 교훈대로 생활한다면 하나님께 더욱 가까이 갈수 있을 것이라고 말씀드렸습니다."

질문

- 당신은 이 말들이 진실이라고 믿는가?
- 몰몬경 소개에서 사용된 '충만' 은 어떻게 정의되었는가?

인용—조셉 필딩 스미스는 구원의 교리 1권에서 "복음의 충만함은 해의 왕국에서 승영을 얻기에 필요한 모든 예식과 규례를 말한다…" (p 160).

질문

- 몰몬경 소개에서 사용된 '영원' 은 어떻게 정의되었는가?
- 당신는 몰몬경이 다른 어떤 책보다 사람을 하나님께 가까이 나아가게 할 수 있다고 믿는가?

복음의 원리

몰몬 교회에서 출판된 「복음의 원리」란 책은 몰몬주의의 '회복된 복음' 을 자세히 설명하고 있다.

*중요한 노트: 당신과 대화 하고 있는 몰몬교인에게 다음의 인용을 시험해보라. 그리고 이것이 LDS 교회의 회복된 복음이라고 동의하는지를 물어보라.

승영의 필요조건

"후기성도는 지금이 바로 승영을 위한 모든 필수요건을 완성해야 할 때라는 가르침을 받는다" (앨마서 34:32-34 참고). 조셉 필딩 스미스 회장은 이렇게 말했다. "승영에 이르기 위하여 우리는 복음과 모든 성약을 받아드려야 하고, 주님께서 우리에게 주신 모든 업무를 이행하며, 빛과 진리를 이해하고 행하며, '하나님의 입에서 나오는 모든 말씀으로 살아가야 한다" (구원의 교리, 2:43).

"승영을 이루기 위해 **반드시** 받아야 할 특정한 의식들이 있다."

1. **우리는 반드시** 침례를 받고 예수 그리스도 교회의 회원으로 확인 받는다.
2. **우리는 반드시** 성신을 받아야 한다(역자 노트: 안수례를 의미).
3. **우리는 반드시** 성전 의식을 받아야 한다.
4. **우리는 반드시** 현세와 영원을 위한 결혼을 한다.

우리가 필수적으로 받아야 하는 의식 이외에도 승영을 받기 위해서는 다음 율법들에 순종해야 한다.

1. 하나님을 사랑하고 그를 예배한다.
2. 예수 그리스도를 믿는 신앙을 갖는다.
3. 순결의 법을 지킨다.
4. 우리의 죄를 회개한다.
5. 정직한 십일조와 헌금을 바친다.
6. 타인과 주님과의 거래에서 정직해야 한다.

7. 항상 진실을 말한다.
8. 지혜의 말씀을 지킨다.
9. 우리의 죽은 조상을 찾아 그들을 위한 복음의 구원 의식을 행한다.
10. 안식일을 거룩하게 지킨다.
11. 성찬을 취함으로써 침례 성약을 새롭게 하기 위해 될 수 있는 한 정기적으로 교회 모임에 참석한다.
12. 주님의 방법대로 가족을 사랑한다.
13. 매일 가족을 위한 기도시간과 개인 기도시간을 갖는다.
14. 부모를 공경한다.
15. 말과 모범으로 다른 사람에게 복음을 가르친다.
16. 경전을 연구한다.
17. 주님의 선지자들의 영감 받은 말씀을 듣고 순종한다.
18. 우리의 삶 속에서 진실한 자선을 발전시킨다(역자 노트: 복음의 원리, 한글번역본에는 18번이 빠져있음).

"다른 말로 하면, 우리 각자는 믿음 안에서 참고, 지구상에서 그의 생명이 끝날 때까지 모든 주님의 명령들을 지켜야 한다" (복음의 원리 pp 291-292, 1981 ed).

질문

● 이것이 LDS 교회의 회복된 복음의 정확한 표현인가?
● '회복된' 이라는 단어의 의미는 무엇인가?

인용—LDS 사도인 맥컨키의 성명서를 보면 '후기성도들이 이 현세에서 행하는 가장 중요한 일' 들은 첫째, 합당한 곳에서, 합당한 권위에 의해 합당한 사람과 결혼하는 것이다. 둘째, 거룩하고 온전한 결혼에 대한 율법을 지킨다는 것은 순종하는 자에게 해의 왕국의 승영을 약속해주는 것이다(몰몬Doctrine p118).

질문

● LDS 교회는 회복된 복음의 가장 중요한 부분이 현세와 영생을 위한 LDS 성전에서 결혼하는 것이라고 가르치는가?(위에서 말한 필수 의식 #4를 보라).
● 당신은 내게 성경이나 몰몬경 어디든지 현세와 영원한 결혼을 가르치는 곳을 보여줄 수 있는가?
● 당신은 내게 성경이나 몰몬경 어디든지 성전에서 결혼한 사람이 누구인지 보여줄 수 있는가?

1,500년의 성경 역사와 800년의 몰몬경 역사 속에 이런 교리가 한 번도 언급이 되지 않았다는 것은 납득할 수가 없다. 만약 성경과 몰몬경에 모두 '충만하고 영원한 복음이 실려 있다' 면 어떻게 가장 중요한 복음이 언급되지 않을 수 있는가?

만약 이 교리가 현대 LDS 지도자들에 의해 추가된 것이라면, 몰몬 교회와 이러한 가르침을 따르는 이들은 복음을 가감하는 것에 관한 하나님의 저주아래 있는 것이다(갈라디아서 1:6-9; 제3니파이 11:39-40). 당신에게는 이것이 문제로 생각되는가?

*12장(45-48과)에서 언급된 주제들이 몰몬들에게 사용될 질의응답서 4단계 영원한 결혼(The 4 Step Eternal Marriage) 자료에 요약되었다. 이 자료는 이러한 교리(영원한 결혼, 전적배도, 신권, 영혼들의 선재)들이 예수님에 의해 가르쳐진 바가 없고 실제로 복음에 상반되는 것을 보여준다. 이런 전도 방법이 몰몬들의 근본적인 교리들을 도전하는 효과적인 방법이라는 것을 당신이 발견할 것이다.

http://www.trigrace.org/Resources.html로 가서 '4단계 영원한 결혼' (The 4 Step Eternal Marriage Visual)을 내려받고 이 대화형 훈련자료를 어떻게 사용하는지 비디오 시범을 보라.

복습을 위한 질문들

1. 누가 복음을 바꾸는 권위를 갖고 있는가?

2. LDS 교회는 복음을 바꾸었는가?

3. '승영의 필수조건' 에서, 성경에서 주님과 사도들이 가르쳤던 복음에, LDS 교회가 첨가한 것을 나열해보라.

선지자 문제들 13

49과 첫 번째 시현에 관한 엇갈린 설명

몰몬 용어집에서 '첫 번째 시현' 에 대한 LDS 정의를 읽으라.

조셉 스미스는 1805년 12월 23일 버몬트에서 태어났다. 그의 가족은 그가 어렸을 때 뉴욕으로 이사를 왔는데 이곳 뉴욕에서 영적인 시현(示現)를 경험했다고 주장한다. 하지만 그의 주장을 자세히 살펴보면 몰몬교에 중대한 문제가 될 엇갈리는 내용들을 볼 수 있다. 몰몬 교회의 10번째 선지자인 조셉 필딩 스미스는 다음과 같은 글을 썼다.

> "소위 말하는 몰몬주의라는 것은 조셉 스미스의 이야기에 근거를 두어야만 한다. 그는 하늘의 부름을 받은 하나님의 선지자이거나, 지명되었든지 또는 임명되었든지, 아니면 이제까지 세상에서 가장 큰 사기꾼 중에 하나일 것이다. 만약 조셉 스미스가 의도적으로 사람들을 현혹

시켰다면, 이것은 밝혀져야 되고, 그의 주장은 반박되어야 하고, 그의 교리는 거짓으로 드러나야 한다. 왜냐하면 이단의 교리가 하나님의 진리와 완전하게 하모니를 이룰 수는 없기 때문이다. 만약 그의 주장과 선포가 사기와 속임에 근거되었다면 많은 잘못된 점과 상반된 점들이 있을 것이고 이러한 것들은 쉽게 찾을 수 있을 것이다"(구원의 교리 1권, p188, Joseph Fielding Smith).

조셉 스미스의 첫 번째 시현은 몰몬이 가르치는 다신주의(多神主義)와 모든 다른 종교집단의 배도 사상을 구축한 결정적인 사건이다. 다음 시현 사건을 기록한 것 중 어떠한 것이 사실인가?

첫 번째 시현(示現)의 공식적인 몰몬버전(1838년)

이때 나는 15살이었다. 나는 하나님께 구하기로 한 나의 결심에 따라 숲으로 들어갔다. 때는 1820년 이른 봄, 아름답고 맑게 갠 날 아침이었다. 나는 무릎을 꿇고 내 마음의 소원을 하나님께 고하기 시작했다. 나는 정확하게 내 머리위에 있는 빛의 기둥을 보았다. 태양보다 더 밝은 그 빛이 내게 서서히 다가와 내 위에 머물렀을 때 나는 어떠한 말로도 표현할 수 없는 광채와 영광을 지닌 **두 분이** 내 위, 공중에 서 계신 것을 **보았다.** 그중 한 분이 내 이름을 부르시면서 나에게 말씀하시는데, 다른 한 분을 가리켜 말씀하시기를 "이는 내 사랑하는 아들이니, 그의 말을 들으라" 하셨다. 내가 주께 묻기 위해 갔던 목적은 모든 교파 중에 어느 것이 옳은가를 알아내어 어디에 등록해야 할지를 알기 위한 것이었다. 그러므로 내가 정신을 차려서 말을 할 수 있게 되자마자 나는 즉시 내 위에, 빛 가운데 서 계시는 두 분께 모든 교파 중에 어느 것이 옳으며—이때까지는 모두가 그르다는 생각을 내 마음에 품어본 적이 없었다—내가 어디에 등록해야 할 것인가를 물었다. 내가 받은 대답은 그중 어디에도 등록해서는 안 된다는 것이었는데, 이는 그들이 모두 그르기 때문이라는 것이었다. 나에게 말씀하신 분은, 그들의 모든 신조(信條)는 그가 보시기에 가증하며 그 신자들은 모두 부패하였다고 말씀하시고 "그들이 입술로는 나를 가까이 하나 그들의 마음은 내게서 멀리 떠났으며, 그들은 사람의 계명을 교리로 가르치고, 경건의 모양은 있으나 그 능력은 부인하는 도다" 라고 하셨다. 내가 다시 정신이 들었을 때 나는 내가 하늘을 쳐다보며 똑바로 누워 있음을 알았다(값진 진주, 조셉 스미스 역사 2:7;14;15;17-20).

질문

- 이 기록에 의하면 조셉 스미스가 첫 번째 시현을 경험했을 때 몇 살이었는가?
- 이 시현에서 조셉 스미스는 몇 명의 사람을 보았다고 주장하는가?
- 이 사람들은 누구라고 암시하고 있는가?

조셉 스미스의 일기(1832년)

이것은 첫 번째 시현에 대한 가장 오래된 자료이며 또한 조셉 스미스가 직접 쓴 것이다.

"…하나님께 간구하고 있을 때 **(내 나이 16살에)** 하늘에서 햇빛보다 밝은 빛의 기둥이 내게 내려오고 나는 성령으로 충만해졌다. 주님이 하늘을 열어주셔서 **나는 주님을 보았고 주님이 나에게 말씀하셨다.** '조셉(내 아들)아 네 죄가 사해졌느니라. 내 도를 따르고 나의 명령을 지키라. 보라 나는 영광의 주라. 내가 십자가에 못 박혀 죽음은 내 이름을 믿는 모든 이들에게 영생을 주려 함이라. 보라 세상은 죄악에 빠져있고 나의 복음과 명령을 지키는 자도 없다. 입술로는 나를 말하나 그들의 마음은 나에게 멀다. 나의 분노가 불붙기 시작해서 세상 사람들에게 옛 선지자와 사도들이 예언대로 임하려 한다.' 나는 하나님이 영광 속에 내게 말씀하신 것을 가지고 빨리 내려왔다. 내 영혼은 사랑으로 가득 찼고 며칠 동안 큰 기쁨으로 즐거워했다. 주님이 나와 함께 하셨지만 아무도 내가 본 시현을 믿을 사람이 없다. 그럼에도 불구하고 나는 마음 깊이 이것을 숙고했다" ('First Vision,' from History, 1832, 'Joseph Smith Letterbook 1' , pp. 2-3, in the handwriting of Joseph Smith; see An American Prophet' s Record, edited by Scott Faulring, Signature Books, 1989, p. 5; The Personal Writings of Joseph Smith, compiled by Dean Jessee, Deseret Book, 1984, pp. 5-6; Early Mormon Documents, vol. 1, compiled by Dan Vogel, Signature Books, 1996, pp. 26-31).

질문

- 이 기록에 의하면 조셉 스미스가 첫 번째 시현을 경험했을 때 몇 살이었는가?
- 이 시현에서 조셉 스미스는 몇 명의 사람을 보았는가?
- 이 사람은 누구인가?

조셉 스미스가 여호수아, 유대교 랍비에게 쓴 편지(1835년)

"…사람들에게 가르쳐지는 종교와 여러 가지 조직에 관해 골똘히 생각해보았다. 누가 옳은지 누가 그른지 알 수가 없었다. 하지만 나는 어떤 것이 옳은 것인지 아는 것이 내게 가장 중요하다는 것은 알고 있었다. 왜냐하면 그것이 영원한 결과를 가져올 것이기 때문이다. 마음이 심란하여 조용한 숲 속으로 가서 주님 앞에 머리를 숙였다. 처음으로 그곳에서 주님의 인도하심을 구했다. (이 기도는) 또 다른 말로 하면 응답이 없는 기도였다. (그래서) 온힘을 다하여 기도할 때, 위로부터 불기둥이 내려와 내게 임하였다. 그리고 나는 말할 수 없는 기쁨으로 채워졌다. 아무것도 불에 타지는 않았지만 사방이 불로 싸여 있는 가운데 불기둥 한가운데서 한 사람이 나타났다. 처음 사람과 같은 또 한 사람이 나타나 내게 말하기를 '네 죄가 용서되었다' 하고 예수님은 하나님의 아들이라 증언했다(그리고 많은 천사들을 이 시현에서 보았다). 처음 시현을 본 것이 내가 14살 때였다. 그리고 17살 때에 자려고 침대에 들어가기 전 또 다른 천사들의 시현을 본적이 있다" (Joseph Smith Diary, November 9, 1835 as found in Personal Writings of Joseph Smith, compiled by Dean C. Jessee, pp. 75-77; also in An American Prophet' s Record, p. 51).

질문

- 이 기록에 의하면 조셉 스미스가 첫 번째 시현을 경험했을 때 몇 살이었는가?
- 이 시현에서 조셉 스미스는 몇 명의 사람을 보았다고 주장하는가?
- 이 시현에서는 누가 조셉 스미스에게 나타났는가?

조셉 스미스가 에라스투스 홈스에게(1835년)

"오늘 오후, 오하이오 주 뉴베리(Newbury)에 사는 에라스투스 홈스로부터 교회의 설립에 관한 질문과 좀더 완전히 교리를 배우고자 연락이 왔다. 나는 그에게 6살 때부터 첫 번째 천사들의 시현을 받은 대략 14살 되었을 때까지의 유년 시절 경험을 간략하게 전해주었다. 또한 그 후에 경험한 몰몬경에 대한 계시와 오늘까지의 교회의 설립과 성장에 대한 짧은 설명도 해주었다(Account given by Joseph Smith to Erastus Holmes on November 14, 1835. Originally published in the Deseret News of Saturday, May 29, 1852).

질문

- 이 기록에 의하면 조셉 스미스가 첫 번째 시현을 경험했을 때 몇 살이었는가?
- 이 시현에서는 누가 조셉 스미스에게 나타났는가?

몰몬 교회의 7대 선지자인 히버 그랜트(Heber J. Grant)는 다음과 같은 경각심을 불러일으키는 성명을 발표했다.

> "조셉 스미스가 하나님을 보고 그와 대화를 했다는 것이나, 하나님이 직접 예수 그리스도를 소년 조셉 스미스에게 소개시키고 예수께서 조셉 스미스에게 이 땅에서 진정한 예수의 복음(소위 말하는 몰몬주의)을 전하는 하나님의 도구로 쓰일 것이라고 말하였다는 것은 신화이다(discourses of the Prophet Joseph Smith, Alma Burton, P. 18).

몰몬의 반응

"나는 전에 이런 것을 들어본 적이 없다. 그리고 이것이 절대 사실이 아니라고 확신한다. 아마도 반몰몬들이 조셉 스미스를 깎아 내리려고 만든 것일 것이다."

그리스도인들의 대답

"당신은 이것에 대한 글을 〈엔자인〉(Ensign) 매거진(January 1985, 'Joseph's Recitals of the First Vision,' p. 8)에서 읽을 수 있다. 나는 당신이 이런 문제들을 한 번도 들어본 적이 없는지 이해할 수 없군요. 내가 당신이라면 내 스스로 이 사실을 확인해볼 것입니다."

복습을 위한 질문들

1. 조셉 스미스가 경험한 첫 번째 시현의 세 가지 다른 연령들은 무엇인가?

2. 이 세 가지 다른 기록에서 누가 조셉 스미스에게 나타났는가?

3. 조셉 스미스의 '첫 번째 시현'의 진실한 정확성에 대해서 어떤 의심할만한 근거가 있는가?

50과 일부다처제 모순

STOP 몰몬 용어집에서 '복수결혼' 에 대한 LDS 정의를 읽으라.

일부다처제의 찬반은 토론의 주제로는 적합하지 않다. 몇몇 구약시대의 하나님의 사람들이 일부다처제를 실행했다는 것은 부정할 수 없는 사실이고 성경에서는 이에 대해 정확하게 지지도, 반대도 하지 않고 있다. 여기서는 몰몬 교회 역사와 몰몬경전 중에 있는 일부다처제에 대한 몇 가지 모순을 간략하게 언급하려 한다.

몰몬경

야곱서 2:23-28 "그러나 너희의 더 큰 범죄로 인하여 하나님의 말씀이 나를 압박하는 도다. 이는 보라, 이같이 주께서 말씀하심이라. 이 백성의 죄악이 자라기 시작하여, 그들이 경전을 깨닫지 못하나니, 이는 그들이 다윗과 그 아들 솔로몬에 관하여 기록된 것으로 인하여, 음행을 범함에 있어 스스로를 변명하려 함이니라. 보라, 다윗과 솔로몬이 진실로 많은 처와 첩을 두었거니와, 그 일은 내 앞에 가증하였느니라. 주의 말이니라. 그런즉 이같이 주가 이르노라. 내가 내 팔의 권능으로, 예루살렘 땅에서 이 백성을 인도해 낸 것은, 조셉의 허리의 열매로부터 한 의로운 가지를 나를 위하여 일으키려 함이었느니라. 그런즉 나 주 하나님은 이 백성이 옛적의 그들처럼 행할 것을 용납하지 아니하리라. 그런즉 나의 형제들아, 내 말을 듣고 주의 말씀에 귀를 기울이라. 이는 너희 중 아무라도 오직 한 아내를 둘 것이요, 첩은 하나도 두지 말 것임이니, 나 주 하나님은 여인의 순결을 기뻐함이라. 그리고 음행은 내 앞에 가증한 일이로다. 이같이 만군의 주가 말하노라" (야곱서 3:5 참고).

질문

- 몰몬경은 일부다처제를 어떻게 보는가?
- 일부다처제가 하나님 눈에 사악한 것이라는 것을 증명하기 위해 성경의 어떠한 것이 인용되었는가?

교리와 성약 132편

교리와 성약 132:1-4 "진실로, 이같이 주가 너, 나의 종 조셉에게 이르노라, 많은 처와 첩을 두는 원리와 교리에 관련하여 나 주가 나의 종들 곧 아브라함, 이삭 그리고 야곱, 또한 나의 종 곧 모세, 다윗 그리고 솔로몬을 의롭다 한 그 이유를 네가 알고 이해하고자 내 손에 물었으므로 보라, 또 바라보라, 나는 주 네 하나님이니, 이 문제에 관련하여 네게 대답하리라. 그러므로 내가 네게 주려 하는 가르침을 받으며 순종할 마음의 준비를 갖추라. 이는 이 율법을 계시받은 자는 모두 반드시 이에 순종해야 함이니라. 보라, 이는 내가 너희에게 새롭고도 영원한 성약을 계시함이니, 만일 너희가 그 성약을 지키지 아니하면, 너희는 정죄를 받느니라. 이는 아무도 이 성약을 거부하고는 나의 영광에 들어오기를 허락받을 수 없음이니라."

교리와 성약 132:38-39 "다윗 또한 많은 처와 첩들을 받았고 또한 나의 종 솔로몬과 모세도 그러하였으며 창조의 시작부터 지금까지 있었던 나의 다른 많은 종들도 그와 같았거니와, 그들이 내게서 받지 아니한 것을 제외하고는 그들이 죄를 범한 일이 없느니라. 다윗의 처들과 첩들은 나의 종 나단과 그리고 이 권능의 열쇠를 지녔던 다른 선지자들의 손으로 나로 말미암아 그에게 주어졌고, 이 일들에 그가 나를 거스려 죄를 범한 일이 하나도 없으되, 다만 우리아와 그의 아내의 경우뿐이니, 그러므로 그는 자기 승영에서 떨어져 자기 몫을 받았고 이 세상 밖에서는 그들을 상속 받지 못하리니, 이는 내가 그들을 다른 자에게 주었음이니라. 주가 이르노라."

질문

- 교리와 성약 132편은 일부다처제를 어떻게 보는가?
- 일부다처제의 선함을 증명하기 위해 성경의 어떠한 것이 인용되었는가?

교리와 성약의 공식 선언 1

미국 연방에서 몰몬에 가해지는 정치적인 압력에 의해 1890년에 몰몬 선지자 윌포드 우드럽(Wilford Woodruff)은 영원한 새 언약인 일부다처제를 끝내라는 '계시'를 하나님에게서 받는다. 다음과 같은 선언이 교리와 성약 291쪽 그리고 292쪽에서 찾을 수 있다.

"그러므로 본인은 예수 그리스도 후기성도교회의 회장으로서 이러한 비난이 잘못된 것임을 이로써 지극히 엄숙하게 선언하는 바이다. 우리는 일부다처제 또는 복수 결혼을 가르치고 있지 아니하고, 어떠한 자에게도 이의 실행을 허용하고 있지 아니하며…복수 결혼을 금하는 법률이 의회에 의하여 제정되었고 그 법률이 대법원에 의하여 합헌이라고 선언된 만큼, 이로써 본인은 그 법률에 따르고자 하며, 본인이 감리하는 교회 회원들도 똑같이 행하도록 그들에 대한 나의 영향력을 행사하겠다는 본인의 뜻을 선언하는 바이다…이에 이제 본인이 후기성도에게 주는 권고는 이 땅의 법으로 금지된 어떠한 혼인도 맺는 것을 삼가라는 것임을 공식적으로 선언하는 바이다" (예수 그리스도 후기성도교회 회장 윌포드 우드럽).

34명의 조셉 스미스 아내들

조셉 스미스의 다중 결혼을 보면 일부다처제는 몰몬 교회에서 큰 모순점이 된다. 조셉 스미스의 다중 결혼에 연관된 역사적인 사실이 몰몬 교회에 의해 감춰져 왔다. 그래서 오늘날 대다수의 몰몬이 조셉 스미스가 적어도 34명의 여인과 결혼했다는 것을 알고는 놀란다. 조셉 스미스의 아내 선택 형태가 알려질 때 이것은 몰몬들에게 충격이었다. 다음과 같은 사실들이 몰몬들에게 도전을 줄 것이다.

- 조셉 스미스는 적어도 34명과 다중 결혼을 하였다.
- 그중 10번은 10대 소녀들이였다(14살 2명, 16살 2명).
- 조셉 스미스는 율법의 정반대로 5쌍의 자매들과 결혼을 했다(레위기 18:17-18을 보라).
- 조셉 스미스는 모녀관계인 페디 세시욘, 그리고 실비아 세시욘과 결혼하였다(레위기 18:17-18을 보라).
- 조셉 스미스의 결혼 중 11번은 남편이 있는 여인들이었다. 이 여인들은 조셉 스미스와 그리고 첫 남편과의 중혼적인 관계를 유지하며 살았다. 이러한 것은 당연히 간음으로 여겨져야 한다(출애굽기 20:14,17, 마태복음 5장:27-28을 보라). 이미 결혼한 여인과 결혼하는 것은 교리와 성약 132:62-63에 있는 조셉 스미스 본인의 계시에도 어긋나는 것이다.

http://www.trigrace.org/Resources.html로 가 '조셉 스미스의 34명의 아내들'(The 34 Wives of Joseph Smith)이라는 자료를 내려받아라.

복습을 위한 질문들

1. 왜 새로운 복음의 언약이 성경적으로 문제가 되는가?(갈라디아서 1:6-9).

2. 무엇이 몰몬 교회의 일부다처제에 대한 공식 입장인가?

3. 어떻게 영원한 새 언약이 중지될 수 있는가?

4. 정치적인 압력으로 하나님의 뜻을 바꿀 수 있는가?

51과 조셉 스미스의 거짓 계시

마태복음 24:11, 24 "…거짓 선지자가 많이 일어나 많은 사람을 미혹하겠으며…거짓 그리스도들과 거짓 선지자들이 일어나 큰 표적과 기사를 보여 할 수만 있으면 택하신 자들도 미혹하리라."

참된 선지자는 진실을 말하고 거짓 선지자는 거짓을 말한다.

선지자 구별법

하나님이 주신 구별 방법은 신명기 18:21-21에서 찾아볼 수 있다.

"네가 마음 속으로 이르기를 그 말이 여호와께서 이르신 말씀인지 우리가 어떻게 알리요 하리라. 만일 선지자가 있어 여호와의 이름으로 말한 일에 증험도 없고 성취함도 없으면 이는 여호와께서 말씀하신 것이 아니요 그 선지자가 제 마음대로 한 말이니 너는 그를 두려워하지 말지니라" (신명기 13:1-3도 참고).

유사한 구별 방법이 교리와 성약에도 있다.

교리와 성약 1:37-39 "이 여러 계명을 상고하라. 이는 그것들이 참되고 신실하며, 그 안에 있는 예언들과 약속들이 모두 이루어질 것임이니라. 나 주가 말한 것은 내가 말한 것이요, 나는 나 자신을 변명하지 아니하나니, 여러 하늘과 땅이 없어질지라도 나의 말은 없어지지 아니하고 다 이루어지리라. 내 자신의 음성으로 한 것이나 나의 종들의 음성으로 한 것이나 같으니라. 보라, 또 바라보라, 무릇 주는 하나님이요, 영은 증거하나니, 그 증거는 참되며, 참된 것은 영원무궁토록 존재하느니라. "

하나님으로부터 온 예언은 다 이루어져야 한다. 만약 이루어지지 않는다면 그것은 하나님으로부터 온 예언이 아니다. 어떠한 선지자도 거짓 예언을 한다면 참된 선지자가 아니다.

조셉 스미스의 예언 시험

조셉 스미스의 다음 두 가지 예언은 거짓이다. 왜냐하면 이루어진 적이 없기 때문이다. 조셉 스미스는 거짓 예언을 많이 했지만 그중 다음 두 가지는 몰몬교의 교리와 성약에 있기 때문에 사용하기에 가장 분명하고 쉽다.

> 교리와 성약 114:1 "진실로 이같이 주가 이르노라. 이는 나의 종 데이비드 W. 패튼이 할 수 있는 대로 속히 그의 사업을 모두 정리하고 그의 상품을 처분하여 내년 봄에 다른 사람들 곧 그를 포함하여 열둘이 온 세상에 나의 이름을 증거하며 기쁜 소식을 전하는 사명을 나를 위하여 수행할 수 있게 함은 그에게 현명한 일이니라"(1838년 4월 17일 미주리 주 파웨스트(Far West)에서 선지자 조셉 스미스를 통하여 주신 계시).

데이비드 W. 패튼은 1799년 11월 14일에 태어나서 1838년에 크룩트강 전투에서 얻은 부상으로 죽었다. 그는 예언을 성취한 적이 없다(저자 노트: 자세한 내용을 보기 위해 몰몬 교회에서 출판된 Millennial Star, vol 26(6.25-7.16), 1864, pp 406-408; 422-424; 439-441; 454-455를 참고하라).

교리와 성약 114편은 거짓 계시이다. 왜냐하면 패튼은 1839년에 11명의 다른 사람들과 함께 온 세상에 계시된 선교를 나가지 못했기 때문이다.

> 교리와 성약 84:1-5, 31 "예수 그리스도의 계시니, 그의 종 조셉 스미스 2세와 여섯 장로가 그들의 마음을 합하여 그들의 목소리를 높은 곳에 올렸을 때 그들에게 준 것이니라. 그러하도다. 주가 그의 선지자들의 입을 빌어 말한 것 같이 그의 백성을 회복하기 위하여, 또 새 예루살렘 성이 될 시온 산 위에 서도록 그의 성도를 모으기 위하여 마지막 날에 세워진 그의 교회에 관한 주의 말씀이니라. 그 성은 주의 손가락으로 지정된 성전 부지에서 시작되어 미주리 주의 서쪽 경계에 건설될 것이요, 조셉 스미스 2세와 주가 기쁘게 여기는 다른 사람들의 손으로 헌납되었느니라. 진실로 주의 말씀은 이러하니, 곧 새 예루살렘 성은 이 장소 곧 성전의 장소에서 시작되어, 성도들이 집합함으로써 건설되어야 하나니, 이 성전은 이 세대 동안에 세워질 것이니라. 진실로 이 세대는 주를 위하여 한 집이 건축되어 구름이 그 위에 머물 때까지 지나가지 아니하리니, 그 구름은 곧 주의 영광이라, 그 집을 가득 채우리라…그러므로 모세의 아들들에 관하여 내가 이른 것 같이—이는 모세의 아들들과 아론의 아들들이 주의 전에서 받

으실 만한 제물과 희생을 바칠 것임이니, 이 전은 내가 지정한 대로 헌납된 지점 위에 이 세대 동안에 주를 위해 건축될 것이니라…"(1832년 9월 22일과 23일 오하이오 주 커크랜드에서 선지자 조셉 스미스를 통하여 주신 계시).

오늘까지 인디펜던스(Independence, Missouri)에는 조셉 스미스가 놓은 주춧돌은 있지만 성전은 없다. 이 거짓 예언을 중심으로 한 문제들은 후속 몰몬 선지자들 그리고 사도들의 선포로 더욱 커진다.

이 예언이 선포된 지 38년 후, 몰몬 선지자 올슨 플렛(Orson Pratt)은 다음과 같이 말했다.

"하나님은 1832년에 이 세대가 지나기 전에 돌아가 시온성을 잭슨 카운티에 건축하리라 약속하셨다. 우리는 돌아가 전에 주춧돌을 놓았던 곳에 가장 고귀한 성전을 건축할 것이다…우리는 여호와의 입으로 말씀하신 모든 어떠한 약속도 믿는 것처럼 이 약속을 믿는다. 몰몬교인들은 그들이 내일 해가 뜨고 해가 질 것을 기대한 것처럼 1832년의 약속이 그 세대에 이루어질 것을 기대한다. 왜냐하면 하나님은 거짓말하지 않으시기 때문이다. 하나님은 그의 모든 약속들을 이룰 것이다. 하나님이 말씀하셨다. 그것은 이루어질 것이다. 이것이 우리의 믿음이다" (Journal of Discourse Vol 13, p362).

이 예언이 선포되고 58년 후, 1890년도 판, 교리와 성약 84절, 289쪽에 다음과 같은 각주가 있다.

"한 세대가 100년 안에 다 죽는 것은 아니다"(이 각주는 최근 판에는 삭제되었다).

이 예언이 선포되고 68년 후, (1990년) 몰몬 선지자 로렌조 스노우(Lerenzo Snow)는 솔트레이크시티템플에서 열린 특별 신권회의에서 다음과 같이 재확인하였다.

"…내말을 듣는 많은 여기 모인 사람들이, 아마 대다수의 사람들이, 잭슨 카운티로 돌아가서 성전을 짓는 것을 도울 때까지 살 것이다"(Dialogue: A Journal of Mormon Thought, Autumn 1966, p74).

이 예언이 선포되고 102년 후, 조셉 스미스 필딩은 다음과 같이 말했다.

> "나는 이 계시가 주어졌을 때 살아있던 세대가 이 성전이 지어졌을 때도 살아있으리라 확실히 믿는다. 그리고 나는 주님이 1832년부터 100년 안에 그 일을 이루리라고 스스로 선을 그었다고는 믿지 않는다…나는 주님의 말씀을 전적으로 믿는다. 그리고 주님의 말씀은 꼭 이루어진다" (The way To Perfection, Salt Lake City, 1935, p270).

마지막으로, 이 예언이 선포되고 131년 후, 조셉 스미스 필딩은 다음과 같이 말했다.

> "1832년에 살았던 사람들 중에 아직까지 죽지 않고 살아있는 사람들이 없다는 것을 믿는 것은 타당하다" (Answers to Gospel Questions, Vol. 4, p112, Joseph Fielding Smith).

어떤 성전도 미주리 주의 잭슨 카운티에 지여진 적이 없다. 교리와 성약 84절에 있는 성전의 계시는 조셉 스미스와 그 계시를 지지했던 모든 사람들이 거짓 선지자라는 것을 증명하는 거짓 계시이다.

http://www.trigrace.org/Resources.html로 가서 '성경적 예언자 테스트'(Biblical Tests of a Prophet)라는 자료를 내려받아 사용하라.

복습을 위한 질문들

1. 조셉 스미스는 거짓 선지자였는가? 왜 그런가?

2. 선지자로서의 자격을 상실하려면 몇 개의 거짓 예언이 필요한가?(당신의 대답을 지지하는 데 필요한 성경구절 하나와 몰몬경의 구절 하나를 제시해보라).

5 2과 자랑스러운 선지자 – 조셉 스미스

현대의 몰몬교 지도자들은 조셉 스미스 주니어의 참역사의 많은 부분을 삭제하기를 좋아한다. 왜냐하면 그들이 몰몬 교회의 평판이 그들의 창립자의 인격에 달려있다는 것을 알기 때문이다. 이런 이유로 인해서 교회는 '선지자' 를 눈가림하는 일을 시도해왔다. 이런 눈가림은 조셉 스미스의 출생 200주년을 축하하기 위하여 2005년 몰몬 교회에서 제작한 **〈조셉 스미스, 회복의 선지자〉**(Joseph Smith, Prophet of the Restoration)라는 영화에 분명히 드러난다. 이 기록영화에서 제작자는 모든 실제적인 목적을 위해 조셉을 '신격화' 한다. 우리 사역자들은 이 영화의 내용을 생각할 때에 더 적합한 제목으로 **'조셉의 열정'** (The Passion of Joseph)이라고 부른다. 나는 당신이 대다수의 몰몬들이 그들의 창시 선지자에 관하여 그려진 완벽한 이미지가 무엇인지 이해하는 것을 시작으로 이 비디오를 시청할 것을 적극 권고한다(몰몬 교회는 이 비디오를 온라인에 제공한다. http://www.mormonchannel.org/joseph).

그러므로 조셉 스미스의 참 인격을 알리는 것은 중요하며, 그렇게 하는 한 방법은 LDS 사람들에게 조셉 스미스의 자기 과시형 진술을 보여주는 것이다. 1844년 5월 26일 주일에 조셉 스미스의 대중 설교에서 다음과 같이 말했다.

> "나에게는 어떠한 사람이 가졌던 것보다도 자랑할 것이 더 많이 있다. 나는 온 교회를 하나로 뭉치게 하는 유일한 사람이다. 많은 다수가 나를 지지하고 있다. 바울도, 요한도, 베드로도 예수님도 아무도 그리한 적이 없다. 아무도 한 적이 없는 것을 내가 한 것을 자랑스럽게 여긴다. 예수님을 따르는 자들도 그로부터 도망갔다. 하지만 몰몬 성도들은 아직까지는 아무도 나로부터 도망간 자가 없다(History of the Church, Volume 6, published by the LDS Church, p408-409).

당신이 짐작한대로, 이러한 것들은 평범한 몰몬들이 듣기 원하는 것은 아니다. 그래서 TGM은 당신을 돕기 위해 '4단계 자랑시각자료' (The 4 Step Boasting Visual)를 만들었다. 이 대담형 전도자료는 조셉 스미스의 가장 큰 두 가지 실수를 보여준다.

첫째: 위에 언급한 자신을 자랑하는 글을 드러낸다.

둘째: 조셉 스미스의 경건하지 못한 일부다처제 관계들을 드러낸다.

우리는 이러한 조셉 스미스에 대한 충격적인 사실들이 대부분 이전에 몰몬이었던 사람들로 하여금 조셉 스미스를 멀리하고 예수 그리스도와의 개인적인 관계로 그들을 이끄는 데 결정적인 역할을 하였다는 것을 경험했다.

http://www.trigrace.org/Resources.html 로 가서 '4단계 자랑 시각자료' (The 4 Step Boasting Visual)를 내려받아라. 많은 몰몬들이 당신이 보여주는 사실들을 믿지 않을 것이라는 것을 염두에 두라. 그들이 '4단계 자랑 시각자료' 을 보고 개인적으로 이러한 주장들을 확인하는 것이 중요하다. 그들이 만약 그리한다면 진실이 세상을 진동시킬 것이다.

복습을 위한 질문들

1. 왜 대다수의 몰몬들이 조셉 스미스의 '자랑하는 진술' 을 결코 들은 적이 없는가?

2. 왜 조셉 스미스의 '자랑하는 진술' 이 몰몬들에게 충격인지를 설명하라.

3. 조셉 스미스가 실행한 일부다처와 연관된 3가지 성경적인 죄들을 적어보라.

예수 그리스도 대 말일성도 예수 그리스도의 교회 14

53과 예수님은 우리의 살아있는 선지자이다

몰몬 교회는 그들의 살아있는 선지자에 대해 큰 자부심을 가진다. 1980년에 에즈라 타프트 벤슨(Ezra Taft Benson)은 〈선지자에 관한 14가지 기본원리〉라는 제목으로 연설하였다. 이때 대관장 스펜서 킴볼은 85살이었고, 에즈라는 다음 번 대관장 대기자였다. 다음은 그의 담화에 나온 14가지 원리들이다.

1. 선지자는 모든 면에서 주님을 위해 말하는 유일한 사람이다.
2. 살아있는 선지자는 표준경전보다 더 필수적이다. (표준경전=성경, 몰몬경, 교리와 성약, 값진 진주)
3. 살아있는 선지자는 죽은 선지자보다 더 중요하다.
4. 선지자는 결코 교회를 잘못된 방향으로 인도하지 않을 것이다.
5. 선지자는 어떤 주제를 말하거나 어떤 때에 어떤 일을 수행하기 위하여 어떤 특별한 세상의 교육이나 학위를 가질 것이 요구되지 않는다.

6. 선지자는 하나님의 말씀을 우리에게 주기 위하여 '주께서 말씀하시기를' 이라는 말을 할 필요가 없다.
7. 선지자는 항상 우리가 알기를 원하는 것이 아니라 우리가 알아야 할 필요가 있는 것을 우리에게 말한다.
8. 선지자는 인간의 추론에 의해 제한받지 않는다.
9. 선지자는 현실적인 것이나 종교적인 것이나 어떤 것이든 계시를 받을 수 있다.
10. 선지자는 사회적 관심사에 현명한 조언을 할 수 있다.
11. 선지자를 따르는 데 가장 큰 어려움을 가진 두 집단은 많이 배운 교만한 사람과 많이 가진 교만한 사람들이다.
12. 선지자는 세상에서 또는 세상적으로 유명해질 필요가 없다.
13. 선지자와 그의 카운슬러들은 교회에서 가장 높은 제일회장단을 구성한다.
14. 선지자와 회장단—살아있는 선지자와 제일회장단—그들을 따르는 자는 축복을 받고 그들을 거절하는 자들은 고통을 받을 것이다.

결론으로, 이 〈선지자에 관한 14가지 기본원리〉를 '우리의 구원이 그들에게 달려있다' 는 핵심적인 말로 요약하자.

당신이 보는 것처럼 몰몬 교회는 그들의 선지자들을 지상의 가장 높은 자리에 승격시켜왔다.

그는 현실적인 것이나 종교적인 주제들 모두에 권세를 가지며 절대적으로 믿어지며 절대적으로 추종된다. (저자 노트: 그리고 몰몬들은 왜 우리가 그들을 이단으로 부르는지 이상스러워 한다.)

몰몬 신자들은 그들의 '살아있는 선지자' 가 지상에 있는 다른 교회가 가지지 않는 권세를 제공한다고 믿는다. 몰몬 신자들은 자주 다음과 같이 질문할 것이다. "우리는 우리 교회를 인도하는 살아있는 선지자를 가지고 있습니다. 당신은 선지자를 가지고 있습니까?"

몰몬이 이렇게 질문할 때 나는 그들에게 이렇게 대답할 것을 제안한다. "예, 우리도 물론 선지자를 가지고 있습니다. 당신은 모든 기독교회가 살아있는 예언자를 가지고 있다는 것을 모르십니까?"

이러한 대답은 그들에게 충격을 주고 이어서 그들에게 성경의 진리를 나누는 기회를 열어준다.

다음의 일련의 참고 구절은 예수님이 우리의 살아있는 선지자라는 것을 증명한다.

물론 하나님은 그의 교회를 ,그들을 인도할 선지자 없이 남겨두지 않는다.

아모스 3:7 "주 여호와께서는 자기의 비밀을 그 종 선지자들에게 보이지 아니하시고는 결코 행하심이 없으시리라."

모세는 하나님이 그의 백성을 인도하기 위하여 한 특별한 선지자를 보낼 것을 예언했다.

신명기 18:15, 18-19 "네 하나님 여호와께서 너희 가운데 네 형제 중에서 너를 위하여 나와 같은 선지자 하나를 일으키시리니 너희는 그의 말을 들을지니라…내가 그들의 형제 중에서 너와 같은 선지자 하나를 그들을 위하여 일으키고 내 말을 그 입에 두리니 내가 그에게 명령하는 것을 그가 무리에게 다 말하리라. 누구든지 내 이름으로 전하는 내 말을 듣지 아니하는 자는 내게 벌을 받을 것이요."

예수시대의 사람들은 예수님을 찾았으며 예수님을 '그 선지자'로 인식하였다.

요한복음 6:14 "그 사람들이 예수께서 행하신 이 표적을 보고 말하되 이는 참으로 세상에 오실 그 선지자라 하더라."

사도 베드로는 1세기 교회에게 예수는 '그 선지자'라고 말했다.

사도행전 3:22-23, 26 "모세가 말하되 주 하나님이 너희를 위하여 너희 형제 가운데서 나 같은 선지자 하나를 세울 것이니 너희가 무엇이든지 그의 모든 말을 들을 것이라 누구든지 그 선지자의 말을 듣지 아니하는 자는 백성 중에서 멸망 받으리라 하였고 또한 사무엘 때부터 이어 말한 모든 선지자도 이 때를 가리켜 말하였느니라…하나님이 그의 종(그의 아들 예수)을 세워 복 주시려고 너희에게 먼저 보내사 너희로 하여금 돌이켜 각각 그 악함을 버리게 하셨느니라."

히브리서에서 우리는 예수님이 우리의 마지막 살아있는 선지자라는 것을 배운다.

히브리서 1:1-2 "옛적에 선지자들을 통하여 여러 부분과 여러 모양으로 우리 조상들에게 말씀하신 하나님이 이 모든 날 마지막에는 아들을 통하여 우리에게 말씀하셨으니 이 아들을 만유의 상속자로 세우시고 또 그로 말미암아 모든 세계를 지으셨느니라."

히브리서 13:5 "돈을 사랑하지 말고 있는 바를 족한 줄로 알라 그가 친히 말씀하시기를 내가 결코 너희를 버리지 아니하고 너희를 떠나지 아니하리라 하셨느니라."

예수님은 우리를 모든 진리로 인도할 그의 영을 보낼 것을 약속하셨다.

요한복음 14:16-18 "내가 아버지께 구하겠으니 그가 또 다른 보혜사를 너희에게 주사 영원토록 너희와 함께 있게 하리니 그는 진리의 영이라 세상은 능히 그를 받지 못하나니 이는 그를 보지도 못하고 알지도 못함이라 그러나 너희는 그를 아나니 그는 너희와 함께 거하심이요 또 너희 속에 계시겠음이라 내가 너희를 고아와 같이 버려두지 아니하고 너희에게로 오리라."

요한복음 16:13 "그러나 진리의 성령이 오시면 그가 너희를 모든 진리 가운데로 인도하시리니 그가 스스로 말하지 않고 오직 들은 것을 말하며 장래 일을 너희에게 알리시리라."

모든 신자들은 우리 안에 살아계신 예수의 영을 가진다. 그러므로 우리 모두는 예언을 할 수 있다.

고린도전서 14:29, 31-33 "예언하는 자는 둘이나 셋이나 말하고 다른 이들은 분별할 것이요… 너희는 다 모든 사람으로 배우게 하고 모든 사람으로 권면을 받게 하기 위하여 하나씩 하나씩 예언할 수 있느니라 예언하는 자들의 영은 예언하는 자들에게 제재를 받나니 하나님은 무질서의 하나님이 아니시요 오직 화평의 하나님이시니라."

복습을 위한 질문들

1. LDS의 〈선지자에 관한 14가지 기본원리〉를 읽고 한 문장으로 요약해보라.

2. 우리는 예수님이 신명기 18:15-19에 나오는 '그 선지자' 라는 것을 어떻게 확실히 알 수 있는가?

3. 어떤 방법으로 모든 그리스도인들은 고린도전서 14:29-22에 있는 진술을 성취하는가?

54과 예수님의 말씀

말일성도 예수 그리스도의 교회는 예수님에 대하여 한 중요한 문제를 가지고 있다. 그 문제는 이것인데 비록 몰몬 교회가 예수님을 믿는다고 주장하지만 그들은 진실로 예수를 믿지 않는다는 것이다. 다른 말로 하면 몰몬 교회는 단지 입으로만 예수를 믿는다는 것이다.

만일 당신이 아직도 '4단계 영원한 결혼' (4-Step Eternal Marriage) 자료를 보지 않았다면 지금 당장 http://www.trigrace.org/Resources.html에 가서 확인하라.

4단계 영원한 결혼 시각자료 검토

이 시각자료를 두 번 접고 패널 #1로 시작하라, 그리고 #2 #3 #4로 옮겨가라.

- 당신 자신을 몰몬교도라고 상상하라. 그리고 이 핸드북 안에 요약된 4가지 주제들—영원한 성전 결혼, 선재, 큰 배도, 그리고 신권(제사직권)—을 생각하라.
- 그런 후 자신에게 이렇게 질문하라.

  "만일 예수님이 이런 네 가지 교리들을 결코 가르치지 않았다면 그것들이 진정 예수님의 복음 메시지가 될 수 있는가?"

  "예수님이 이들 네 가지 기본적인 몰몬 교리에 동의하지 않을 때 몰몬들이 하나의 기독교회로 자신들을 말일성도 예수 그리스도의 교회라고 부른 것이 옳은 것인가?"

이 작은 실습에서 나의 요점은 명백하다. 비록 몰몬 교회가 예수님을 믿는다고 입으로는 말하지만, 예수님의 가르침들이 몰몬 교회에서 그리 중요하지 않다는 것이다. 실제로 몰몬들은 예수 그리스도가 아니라 조셉 스미스를 따른다. 몰몬들은 지속적으로 그들의 교리는 예수님에 의해 가르쳐진 것이라고 말하지만, 그들의 교회는 성경에 대한 존경심을 떨어뜨리며 그들로 성경을 읽는 것을 단념하게 한다. 대다수의 몰몬들은 예수 그리스도의 생애와 가르침을 결코 연구한 적이 없다. 그들이 진리를 알 수 있는 유일한 길은 그들 스스로를 위해 예수님에 의해 말하여진 말씀을 실제로 공부하는 것이다.

4단계 예수님에 대한 시각자료

TGM에서는 몰몬들에게 예수님의 말씀에 관하여 도전하기 위해 간단한 시각도움자료를 제작하였다(여기서 길게 설명할 필요는 없다). 우리는 단지 몰몬들이 그들 스스로 예수님의 말씀을 읽기 시작하도록 돕기를 원할 뿐이다. 이것은 매우 간단한 훈련으로 될 수 있다. 당신의 몰몬 친구들에게 다음과 같은 간단한 질문들을 계속 하라.

#1. 당신은 예수님이 지구상에 살았던 가장 중요한 인물이라는 기독교인의 믿음에 동의합니까?

#2. 당신은 또한 예수님의 말씀은 지금까지 말해온 말들 중 가장 중요하다는 것에 동의합니까?

#3. 예수님이 "너희가 내 말에 거하면 참으로 내 제자가 되고 진리를 알지니 진리가 너희를 자유롭게 하리라"(요한복음 8:31-32)고 말씀하셨는데, 이 말씀이 절대적인 진리입니까?

기독교인으로서 그들에게 설명해야 할 것은, 우리는 예수님의 말씀을 그와 우리의 관계에 있어서 필수라고 믿고, 이 세상에서의 삶은 예수님에 대한 모든 것을 알고 그의 가르침을 따르는 것임을 믿는다. 그다음, 그들에게 자신의 말의 중요성에 대해 예수님이 말씀하신 것들을 보여주라.

예수님께서는 그의 말씀의 진리가 모든 시대에 보존될 것을 약속하셨다.

"천지는 없어질지언정 내 말은 없어지지 아니하리라"(마태복음 24:35; 마가복음 13:31; 누가복음 21:33).

예수님은 자신의 말씀을 '절대진리' 라고 말씀하셨다.

"그러므로 예수께서 자기를 믿은 유대인들에게 이르시되 너희가 내 말에 거하면 참으로 내 제자가 되고 진리를 알지니 진리가 너희를 자유롭게 하리라…내가 곧 길이요 진리요 생명이니 나로 말미암지 않고는 아버지께로 올 자가 없느니라"(요한복음 8:31-32, 14:6).

누가복음에서 예수님은 사람들에게 다음과 같이 물으셨다.

"너희는 나를 불러 주여 주여 하면서도 어찌하여 내가 말하는 것을 행하지 아니하느냐"(누가복음 6:46).

그리고 그는 자신의 가르침의 중요성에 대해 다음과 같이 주장하셨다.

"내게 나아와 내 말을 듣고 행하는 자마다 누구와 같은 것을 너희에게 보이리라 집을 짓되 깊이 파고 주초를 반석 위에 놓은 사람과 같으니 큰 물이 나서 탁류가 그 집에 부딪치되 잘 지었기 때문에 능히 요동하지 못하게 하였거니와 듣고 행하지 아니하는 자는 주초 없이 흙 위에 집 지은 사람과 같으니 탁류가 부딪치매 집이 곧 무너져 파괴됨이 심하니라 하시니라"(누가복음 6:47-48).

예수님은 그의 말씀이 심판날에 우리를 판단할 말씀이 될 것이라는 것을 주장하셨다.

요한복음 12:47-48 "사람이 내 말을 듣고 지키지 아니할지라도 내가 그를 심판하지 아니하노라 내가 온 것은 세상을 심판하려 함이 아니요 세상을 구원하려 함이로라 나를 저버리고 내 말을 받지 아니하는 자를 심판할 이가 있으니 곧 내가 한 그 말이 마지막 날에 그를 심판하리라."

우리의 요점은 이것이다. 만일 예수님이 유일한 길이요 유일한 진리요 유일한 생명이라고 한다면, 그는 단지 지구상에 존재했던 가장 중요한 사람일 뿐 아니라, 그가 가르친 진리가 인류에게 말해져 온 가장 중요한 말씀이라는 것이다. 그러므로 우리는 그의 말씀을 이해하고 따르기 위하여 헌신해야 한다.

이 과정의 다음 단계는 당신의 몰몬 친구들에게 간단한 '도전' 을 제시하는 것이다.

우리 성경이 예수 그리스도의 삶과 가르침을 4개의 눈으로 본 간증들을 함유하고 있다는 것을 설명하라. 그것이 마태복음, 마가복음, 누가복음, 요한복음이다.

그런 후 요한복음을 읽을 것을 도전하라.—이번 주에—그리고 그들이 하는 만큼 어린아이의 마음으로 예수님의 말씀을 보는 것을 시도하게 하라. 왜냐하면 예수님이 "이르시되 진실로 너희에게 이르노니 너희가 돌이켜 어린아이들과 같이 되지 아니하면 결단코 천국에 들어가지 못하리라"(마태복음 18:3)고 하셨기 때문이다.

그들이 요한복음을 읽을 때 숙고할 세 가지 생각들을 주라.

1. 당신을 놀라게 할, 예수님이 가르치신 진리를 살펴보라.
2. 당신이 가장 소중히 여기는 종교적 신념을, 예수님이 가르치고 있는 곳에서 찾아보라.
3. 어떤 대가를 치르더라도 예수님에 의해 가르쳐진 진리에, 당신의 생각과 믿음을 조정하라.

우리는 믿는다.

> "하나님의 말씀은 살아 있고 활력이 있어 좌우에 날선 어떤 검보다도 예리하여 혼과 영과 및 관절과 골수를 찔러 쪼개기까지 하며 또 마음의 생각과 뜻을 판단하나니"(히브리서 4:12).

하나님이 약속하셨다.

> "내 입에서 나가는 말도 이와 같이 헛되이 내게로 되돌아오지 아니하고 나의 기뻐하는 뜻을 이루며 내가 보낸 일에 형통함이니라"(이사야 55:11).

만일 우리가 몰몬들을 하나님의 말씀으로 인도할 수 있다면, 하나님이 그들을 자기에게로 이끌어 낼 것이다.

'4단계 예수님의 말씀자료'(4-Step Words of Jesus)를 내려받기 위해 http://www.trigrace.org/Resources.html로 가라. 그리고 이 자료가 몰몬들에게 어떻게 사용되는지에 대한 비디오를 시청하라.

복습을 위한 질문들

1. 당신은 '4단계 영원한 결혼' 시각자료에 요약된 4가지 몰몬 교리 가운데 어느 것이 예수님의 가르침에 가장 분명하게 모순된다고 생각하는가?

2. '4단계 예수' 시각자료의 뒤에 있는 기본 전략은 무엇인가?

3. 왜 이 접근법이 어떤 몰몬으로 하여금 우리의 도전을 받고, 어린아이의 눈으로 요한복음을 읽게 하는 효과가 있는가?

4. 히브리서 4:12과 이사야 55:11에서 하나님이 우리에게 약속한 것이 무엇인가?

55과 몰몬들을 위한 예수 설문조사

지난 두 과에서 토론한 것처럼, 몰몬 신앙은 진실로 예수님과 그의 가르침을 단지 입으로만 존중한다. 그들은 예수님을 믿는다고 주장한다. 그러나 그들은 진실로 예수를 믿지 않는다.

몰몬들을 위한 예수 설문조사는 쉽게 사용할 수 있는 조사항목으로 어느 몰몬들에게도 제시할 수 있는 6개의 간단한 질문들이다. (당신이 예수 설문조사 공부로 '4단계 영원한 결혼' 시각자료에서 발견한 4가지 주제들이 여기에 또한 포함되어 있다는 것을 알았을 것이다. 우리는 이 4가지 주제들을 '몰몬주의 기둥' 이라고 부른다. 왜냐하면 이 4가지가 무너지면 몰몬교의 구조가 붕괴되기 때문이다.)

*흥미로운 노트: 만일 당신이 이 설문을 어떤 기독교인에게 한다면 그들은 보통 6개 중 5개를 맞힐 것이다. 그러나 이 조사를 몰몬들에 하면 대다수의 몰몬들은 6개 중 5개를 틀릴 것이다.

먼저 '예수 설문조사' 를 해보고 그 결과를 보라.

'예수 설문조사' 를 내려받기 위해 http://www.trigrace.org/Resources.html로 가라. 조사의 2쪽에 답이 있다. 단, 그 설문을 완성할 때까지 답을 보지 말라.

어떠했는가? 몰몬들이 6개 중 5개를 틀린 것이 놀랍지 않은가? 왜 이 설문조사가 몰몬들에게 효과가 있는지 이해하기 위하여 각 질문들에 대해 간략히 이야기하자.

질문 #1. 예수님은 가장 악한 죄인이라 할지라도 용서받을 수 있다는 것을 여러 차례 보여주셨다.

A. 언젠가 결국, 그들을 의로운 삶으로 인도하는 회개 과정을 통해서.

Or B. 즉시, 예수님에게 와서 겸손히 그를 믿는다고 함으로.

STOP 몰몬 용어집에서 '회개' 와 '용서' 에 대한 LDS 정의를 읽으라.

용서에 대한 몰몬 신학은 인간적인 관점에서는 경건하고 의롭게 보이겠지만, 예수님은 용서를 매우 다른 방식으로 보셨다.

예수님이 용서에 대해서 가르친 것

- 누가복음 7:36-50에서 예수님은 죄를 지은 한 여자가 단지 예수님을 예배하였기 때문에 즉시 용서했다. 예수님은 "그녀의 많은 죄가 사하여졌도다" 라고 말하셨다(마태복음 9:2-8 참고).
- 또한 누가복음 15:11-24의 탕자의 비유에서 즉각 아버지께 용서받은 것을 생각해보라.
- 요한일서 1:9이 말한다. "만일 우리가 우리 죄를 자백하면 그는 미쁘시고 의로우사 우리 죄를 사하시며 우리를 모든 불의에서 깨끗하게 하실 것이요."
- 성경에 따르면 모든 용서받은 죄는 결코 다시 기억되지 않고 완전히 잊히는 것이라는 것을 참고하는 것이 중요하다.

질문 #2. 선재에 관하여, 예수님은 그것을 언급하셨다.

A. 그는 하나님의 존전에 선재했던 그리고 이 지구에 내려온 유일한 분이다.

or B. 우리 모두 하늘에서 우리의 아버지와 선재했으며 전 인류를 다 하나님의 아들들과 딸들로 보아야 한다.

STOP 몰몬 용어집에서 '영혼의 선재' 에 대한 LDS 정의를 읽으라.

예수님이 우리 영혼의 선재에 대해서 가르친 것

영혼의 선재에 대한 몰몬교 교리는 많은 신학적인 문제들을 가진다. 그러나 우리는(여기서) 단지 예수님께서 그가 하늘에서 아버지와 선재한 유일한 존재라고 말한 사실에 초점을 둘 것이다. 반복을 피하기 위하여 당신은 〈47과 영혼의 선재〉로 가라. 거기에 다음의 요한복음 17:24-25; 5:37-38; 6:46; 7:28-29; 8:54-55 말씀이 개괄되어 있다.

우리는 여기서 우리의 요점을 드러내기 위하여 한 구절만 볼 것이다. 요한복음 8:23 "예수께서 이르시되 너희는 아래에서 났고 나는 위에서 났으며 너희는 이 세상에 속하였고 나는 이 세상에 속하지 아니하였느니라."

질문 #3. (정/ 오) 예수님은 그를 따르는 자들에게 멀리 미래의 부활을 넘어 확장되는 영원한 결혼관계의 신성함과 중요성에 대해 가르쳤는가?

STOP 몰몬 용어집에서 '천상의 결혼' 에 대한 LDS 정의를 읽으라.

영원한 결혼의 경우, 가끔 천상의 결혼 또는 성전결혼으로 불린다. 그러나 성경적 지지가 거의 없다, 몰몬경에서조차도 거의 없는 주제이다. 성경이나 몰몬경에 성전에서 결혼했거나 또는 시간과 영원을 위하여 결혼한 것이 없다. 예수님께서 언급하신 사실은 영원한 결혼과는 정반대였다.

예수님이 사후의 결혼에 대하여 가르친 것

단지 한 번 예수님이 사후의 결론의 주제를 토론하였다. 마태복음 22:23-30에 나오는 이야기와 예수님에게 물은 질문들을 생각하라.

> "부활이 없다 하는 사두개인들이 그 날 예수께 와서 물어 이르되 선생님이여 모세가 일렀으되 사람이 만일 자식이 없이 죽으면 그 동생이 그 아내에게 장가 들어 형을 위하여 상속자를 세울지니라 하였나이다 우리 중에 칠 형제가 있었는데 맏이가 장가 들었다가 죽어 상속자가 없으므로 그 아내를 그 동생에게 물려 주고 그 둘째와 셋째로 일곱째까지 그렇게 하다가 최후에 그 여자도 죽었나이다 그런즉 그들이 다 그를 취하였으니 부활 때에 일곱 중의 누구의 아내가 되리이까."

만일 영원한 결혼이 예수님의 복음의 원리였다면, 예수님은 이 사람에게 물었을 것이다. "그 여자는 시간과 영원을 위하여 성전에서 그의 어느 남편들과 결혼하였는가?" 그러나 예수님은 그 질문을 하지 않았다. 왜냐하면 누구도 유대인의 성전에서 결혼한 사람이 없기 때문이다. 그 대신 다음같이 말씀하셨다.

> "예수께서 대답하여 이르시되 너희가 성경도, 하나님의 능력도 알지 못하는 고로 오해하였도다 부활 때에는 장가도 아니 가고 시집도 아니 가고 하늘에 있는 천사들과 같으니라" (마태복음 22:29-30).

질문 #4. 신권에 관하여, 예수 그리스도는 ,

A. 그의 제자들에게 자주 신권의 중요성과 그의 이름으로 행할 신권 권세로 그들을 안수하는 것에 대해 말했다.

or B. 신권 권세의 중요성에 대해 결코 말한 적도 없고 그가 그의 사도들을 신권 권세로 안수했다는 기록도 없다.

몰몬 교회에서 몰몬 교회 지도자들의 신권 권세보다 더 중요한 다른 교리는 없다.

STOP 몰몬 용어집에서 '신 권' 에 대한 LDS 정의를 읽으라.

몰몬들은 성경 용어 '임명된' (ordained)을 '신권' 에 직접 연결시킨다. 몰몬들이 '임명된' 이라는 단어를 볼 때마다 그들의 마음에 그들은 그것이 신권 임명을 의미하는 것이라고 추측한다. 그러나 성경적으로 이것은 맞지 않는다(성경에 이 단어가 쓰인 용법은 참으로 다양하다. 아래의 문장은 그 예들이다).

- 번제는 하나님에 의해 **정해졌다**(민수기 28:6).
- 유대인 축제들은 지명된 날에 지켜지도록 **지정되었다**(열왕기상 12:32).
- 팔레스타인은 이스라엘의 거주지가 되기 위해 **정해졌다**(역대상 17:9).
- 거짓 제사장들이 **세워졌다**(역대하 11:15).
- 찬양시들은 예배에 사용되기 위하여 **정해졌다**(역대하 23:18).
- 악기들은 예배에 사용되기 위하여 **명해졌다**(역대하 29:27).
- 천체(해,달,별)들은 하나님이 **만드시고 베푸셨다**(시편 8:3).
- 다윗의 계보(메시아계보)는 하나님이 **예비하셨다**(시편 132:17).
- 하나님은 그의 백성을 위해 평강을 **베푸신다**(이사야 26:12).
- 불경건한 사람에 대한 심판은 하나님에 의해서 **예비되었다**(이사야 30:33).
- 선지자는 하나님에 의해 **임명되었다**(예레미야 1:5).
- 전사들은 죽이도록 **명령받았다**(다니엘 2:24).
- 바벨론 사람들은 이스라엘을 파괴하도록 **세움을 받았다**(하박국 1:12).
- 주의 사도들은 설교를 하고 기적을 행하도록 **세워졌다**(마가복음 3:14-15).
- 예수를 믿는 모든 사람들은 선한 일을 행하도록 **세워졌다**(요한복음 15:16; 에베소서 2:10).
- 사도들은 예수님의 죽음과 부활을 증거하는 자가 되도록 **세워졌다**(사도행전 1:22).

- 예수님은 인류의 심판자로 **정해졌다**(사도행전 10:42; 17:31).
- 모든 믿는 자에게는 영생이 **작정되었다**(사도행전 13:48).
- 장로들은 교회 안에서 지도자가 되도록 **택해졌다**(사도행전 14:23).
- 사도들의 규례들은 교회 안에서 전파되도록 **작정되었다**(사도행전 16:4).
- 정부의 지도자들은 하나님에 의해 **정해졌다**(로마서 13:1).
- 그리스도의 못 박히심의 말씀을 통한 구원은 하나님에 의해 **정해졌다**(고린도전서 2:7-8).
- 복음을 전하는 목사들에게 사례하는 것은 하나님의 의해 **명해졌다**(고린도전서 9:14).
- 믿는 자들의 영적인 직분들은 하나님에 의해 **세워졌다**(디모데전서 2:7).
- 이스라엘의 대제사장은 백성들의 죄들을 속죄하기 위한 희생제물을 바치도록 **택해졌다**(히브리서 5:1; 8:3).
- 불경건한 자들은 멸망하도록 미리 **기록되었다**(유다서 1:4).

만일 당신이 이 단어 'ordained' 를 성경의 문맥 안에서 연구해본다면, 이 단어가 단지 '성취하는 것, 만드는 것, 결정하는 것, 임명하는 것, 확정하는 것, 목적을 가지고 선택하는 것' 을 의미하는 것임을 알 수 있을 것이다. 이 단어가 유대인 제사장권(신권)에 어떤 형태로든 연결되는 것은 매우 드물다.

예수님이 신권에 대해서 가르치신 것

예수님은 신권의 문제를 중요하게 여겨야 할 것으로 전혀 생각하지 않았음에 틀림없다. 왜냐하면 그는 제자들과 이 문제를 토론한 적이 없으시다. '신권' 이라는 말은 복음서에 발견되지 않으며 복음서에 나타난 제사장이라는 용어는 거의 예수님과 대적상태에 있는 유대 제사장들을 언급하는 것이다.

예수님은 모든 힘과 권세는 성령의 은사를 통해 온다는 것을 지속적으로 가르쳤다. 예수님은 "오직 성령이 너희에게 임하시면 너희가 권능을 받고 예루살렘과 온 유대와 사마리아와 땅 끝까지 이르러 내 증인이 되리라" 고 하셨다(사도행전 1:8). 그리고 사도행전 2장에서 이것은 실제로 일어났다(그것은 어느 신권과 상관이 없었다).

아론 신권과 멜기세덱 신권에 있어 가장 중요한 점은, 신약 교회들 가운데, 신권의 필요성에 관하여, 예수님이나 또는 어느 사도들에 의한 특별한 지침이 없다는 것이다.

유일한 아론과 멜기세덱의 신권의 주제를 언급한 책은 히브리서이다. 그럼에도 불구하고 이 책은 몰몬 신학을 지지하지 않는다. 아론 신권은 약하고, 한물간, 그리고 영원한 제사장인 멜기세덱이 오기 전까지의 제사장일 뿐이다. 멜기세덱 제사장이 나올 때마다 그것은 항상 단수라는 사실을 확인해보라. 멜기세덱과 같은 차원에서 말해진 유일한 제사장은 예수님이다.

질문 #5. (정/ 오) 예수님은 그가 떠난 후에, 그가 가르친 많은 귀중한 진리들을 탈취할 악한 사람들이 일어날 것이기 때문에 교회가 완전한 배도의 상태에 떨어질 것이라고 말했다.

STOP 몰몬 용어집에서 '큰 배도' 와 '성경' 에 대한 LDS 정의를 읽으라.

교회에 대하여 예수님이 말씀한 것

- 예수님이 말씀하길, "내가…내 교회를 세우리니 음부의 권세가 이기지 못하리라" (마태복음 16:18).
- 예수님이 또 말씀하길, "천지는 없어질지언정 내 말은 없어지지 아니하리라" (마태복음 24:35).
- 예수님은 그의 교회에 약속하시길, "볼지어다 내가 세상 끝날까지 너희와 항상 함께 있으리라 아멘" (마태복음 28:20).
- 예수님은 그의 1세기 제자들에게 말하기를, "오직 성령이 너희에게 임하시면 너희가 권능을 받고 예루살렘과 온 유대와 사마리아와 땅 끝까지 이르러 내 증인이 되리라" (사도행전 1:8).

또한 마태복음 13:24-33에서 천국 비유들을 생각하라.

'가라지' (24-30)의 비유—이 비유에서 예수님은 원수, 마귀에 의한 그의 교회에 대한 공격을 예언하였다. 그러나 이 이야기에는 가라지에 의해 곡식이 망쳐지는 것을 암시하지 않는다. 그것은 단지 그들이 끝까지 함께 자랄 것이며 끝에는 가라지로부터 곡식을 분리해 추수한다는 것을 말한다.

'겨자씨' (31-32)의 비유—이 비유에서 신생 신약 교회는 밭에 뿌려진 아주 작은 겨자씨와 같다. 겨자씨는 큰 나무가 될 때까지 계속 자란다. 거기에 그 나무가 잘라지고 나중에 다시 성장한다는 암시는 없다.

'누룩' (33)의 비유— 이 비유에서 예수님은 복음전파를 매우 크게 부푼 빵 반죽에 넣어진 약간의 누룩으로 비유하는데, 누룩은 예수 그리스도의 교회의 성장으로 표현된다. 그것은 작은 누룩처럼 시작한다. 그리고 그것의 영향력은 온 세상에 퍼진다.

기독교회가 완전배도의 상태에 떨어질 수는 전혀 없다. 만일 기독교회의 큰 배도가 몰몬 교회가 가르친 것처럼 발생한다면 예수님은 거짓 선지자가 될 것이다. 그러나 그리스도인으로서 우리는 예수님이 길이고 진리이고 생명인 것을 믿는다(요한복음 14:6). 예수 그리스도의 지상에서의 마지막 순간에, 빌라도에 의해 심문을 받았을 때에 예수님은 "내가 이를 위하여 태어났으며 이를 위하여 세상에 왔나니 곧 진리에 대하여 증언하려 함이로라 무릇 진리에 속한 자는 내 음성을 듣느니라" 고 했다(요한복음 18:37). 만일 우리가 진실로 예수님을 믿는다면 우리는 또한 예수님은 항상 진리를 말씀하신다는 것을 믿어야 한다.

질문 #6. (정/ 오) 예수님은 죽은 후에 사람은 복음을 받아들일 두 번째 기회를 가질 것이라고 가르쳤다(고통 받는 가책의 장소로부터 평안과 위로의 장소로 옮길 수 있는 회개하는 자들에게).

STOP 몰몬 용어집에서 '지옥' 그리고 '무궁한(영원한) 형벌' 에 대한 LDS 정의를 읽으라.

예수님은 영원한 형벌의 장소로서 지옥을 정의하신 유일한 분이셨다

- 누가복음 16:19-26에서, 예수님은 "너희와 우리 사이에 큰 구렁텅이가 놓여 있어 여기서 너희에게 건너가고자 하되 갈 수 없고 거기서(지옥) 우리에게 건너올 수도 없게 하였느니라" (26절)고 말씀하심으로 죽음 후의 두 번째 기회에 대한 어떤 희망도 말씀하지 않으신다.
- 예수님은 어느 다른 선지자보다 더 지옥에서의 영원한 파멸에 대해서 가르쳤다. 예수님은 "멸망으로 인도하는 문은 크고 그 길이 넓어 그리로 들어가는 자가 많다" 고 했다(마태복음 7:13).

예수님은 (불신자들에게) 말했다. "지옥은 꺼지지 않는 불이며, 구더기도 죽지 않는다" (마가복음 9:43-48).

예수님은 말했다. "그들은 영벌 에, 의인들은 영생에 들어가리라" (마태복음 25:46).

그리고 요한계시록에서 말한다. "그들은 밤낮 영원히 괴로움을 받으리라…이것은 둘째 사망이라" (요한계시록 20:10-15).

몰몬 교회가 지옥의 교리를 이처럼 가벼운 마음자세로 접근하는 것은 몰몬경이 악마와 지옥에 대해서 경고하는 것을 생각해볼 때 모순적이다.

> 니파이후서 28:21-22에 보면 "다른 이들은 그가 달래며, 속여 가서 육신에 속한 안전에 거하게 되리니, 이에 그들이 말하기를, 시온에서 모든 것이 잘 되고 있도다. 참으로 시온은 번성하나니 모든 것이 잘 되고 있도다 할 것이라—이같이 악마가 그들의 영혼을 속여, 조심스럽게 그들을 인도하여 지옥으로 내려가느니라. 보라, 다른 이들은 그가 달콤한 말로 속이며 그들에게 이르기를, 지옥은 없다 하고 그들에게 이르기를, 나는 결코 악마가 아니니 이는 악마란 없는 것임이라 하나니—이같이 그가 그들의 귀에 속삭이기를, 그의 끔찍한 사슬로 그들을 움켜쥐기까지 하나니 이에서는 건져냄이 없느니라."

몰몬들이 교회 안에서 육신에 속한 안전에 거하면서 '달래며' '잠잠하게' 되는 것과 스스로 그리스도인이라 불리는 사람들이 아직도 그들이 구세주라 부르는 바로 그분의 그 가르침을 부정하는 것은 슬픈 일이다.

복습을 위한 질문들

1. 왜 대다수의 몰몬들이 예수 설문조사에서 6문제 중 5문제를 틀리는가? 왜 보통 하나를 맞힌다고 생각하는가?

2. 왜 예수 설문조사가 효력이 있는가? 설문조사가 몰몬들에게 드러내는 것은 무엇인가?

3. 몰몬들이 성경단어 '임명된' (ordained)이라는 단어를 들을 때 그들이 즉시 생각하는 것은 무엇인가?

56과 하나님과 인종차별

성경의 하나님은 인종차별주의자가 아니다

이 과는 몰몬주의의 인종차별성향을 드러내기 위해 쓰였다. 거듭난 그리스도인으로서 인종문제에 직면할 때 나는 완전한 색맹(Color blind)이라고 말하겠다. 그렇다. 나는 인간은 다양한 피부색깔을 가지고 있다는 것을 본다. 그러나 이 관찰이 나에게 어떤 경우에서도 인종주의로 느끼게 하지 않는다. 사실로 말하자면, 나는 실제로 인류 안에 있는 다양성에 감사한다. 모든 창조물 안에서 위대한 다양성을 본다. 왜냐하면 우리에게는 대단한 상상력으로 행하시는 창조주 하나님이 계시기 때문이다. 나에게는 하나님이 인종주의자일 수 있다는 개념을 생각하는 것조차도 혐오스럽다.

성경의 하나님은 인종차별주의자가 아니며 또한 그는 인간을 그들의 의로움의 정도를 나타내기 위하여 밝거나 어두운 피부의 다양한 등급으로 창조하지 않았다. 하나님의 말씀인 성경에는 밝은 피부가 축복이거나 의로움의 상징이라는 것을 암시하는 어떠한 것도 없다. 또한 성경에는 어두운 피부가 반역하는 한 개인의 행동으로부터 발생한 저주라고 지적해주는 것도 없다.

나는 성경의 하나님 또한 색맹(Color blind, 색을 가리지 않는 분)이라고 확실하게 말할 수 있다. 그는 이 세계의 모든 사람들을－붉은 인종, 황색 인종, 흑인, 그리고 백인－정확하게 똑같이 사랑하신다. 그는 온 세상의 죄－백인의 죄나 흑인의 죄나 똑같이－를 담당하고 죽으시기 위해 예수 그리스도의 몸을 입고 이 지구에 왔다. 나의 성경이 "의인은 없나니 하나도 없다"(로마서 3:10)고 말할 때 이것은 우리 모두는 정확하게 같은 영적 조건을 가진다는 것을 의미한다.－백인이나 흑인이나 구세주가 필요하다는 점에서 모두 죄인들이다. 예수님은 미리 판단함이 없이 모든 이에게 같은 구원을 제안하신다.－"누구든지 할 수 있고, 올 수 있다"(로마서 10:9-13). 우리는 놀라운 사랑의 구세주를 섬기며, 그의 위대한 사랑은 동일한 기준으로 전 인종에 확장되어왔다.

몰몬들은 인종차별주의자다

나는 또한 몰몬들을 사랑하고 깊은 관심을 가진 그리스도인이다. 나는 몰몬들에 대해 좋은 말을 해 줄 것이 많다. 그들은 친절하며, 열심히 일하고, 친근하며, 만일 당신이 필요하다면 당신에게 셔츠라도 벗어줄 수 있는 사람들이다. 나는 대다수의 몰몬들이 오늘날 인종차별을 장려할 것이라고 믿지 않는다. 나는 검은 피부를 가진 다양한 국적들의 아이들을 입양한 (몰몬) 친구들을 알고 있다. 이런 개인들은 그들의 입양한 아이들을 그들의 자녀들처럼 사랑한다. 그러나 이것이 몰몬교 자체가 인종차별주의가 아니라는 것을 의미하지는 않는다(이것이 내가 걱정하는 것이다)—몰몬 교회는 항상 그래왔고 아직도 인종차별주의자인 하나님과 더불어 인종차별주의적이다.

최근 몇 년 동안 몰몬 교회 지도자들은 그들의 지나간 과거의 인종주의적 종교규율들을 근절시키기 위해 큰 양보와 위대한 진전을 이루었다. 1978년까지 검은 피부를 가진 사람들은 몰몬의 신권 받는 것이 허용되지 않았으며 검은 피부를 가진 사람들은 몰몬 성전에 들어가는 것조차 허용되지 않았다. 그러나 다행스럽게도 이런 인종차별 규정들이 폐지되어 오늘날 흑인들은 몰몬 교회에서 동일한 지위를 가진다. 그럼에도 불구하고 이것이 몰몬주의 안에 이제까지 박혀온 인종차별주의가 제거되었다는 것은 아니다. 인종차별주의는 여러 가지 이유들로 인해, 몰몬주의로부터 결코 완전하게 지워질 수 없다.

이유 #1. 선지자, 선견자, 그리고 몰몬교의 모든 계시자들은 인종차별주의자였다.

인종차별주의는 결코 몰몬주의로부터 제거될 수 없다. 왜냐하면 과거의 몰몬 예언자와 사도들(하나님의 대변인임을 주장했던 사람들)이 인종차별주의자였다는 사실을 지울 길이 없기 때문이다. 몰몬 교회 처음 창시의 때로부터 살아있는 예언자로 주장했던 사람들은 검은 피부를 가진 사람들에 대해 믿을 수 없는 인종차별주의적 진술들을 했다. 중요한 것은 그들이 몰몬경이나 몰몬주의의 하나님과 문제가 생겨서 인종차별주의자가 된 것이 아니라, 몰몬경전과 몰몬주의의 하나님 때문에 인종차별주의자가된 것이다.

조셉 스미스

몰몬주의의 기초를 놓은 선지자는 인종차별주의자였다.

조셉 스미스는 말했다. "니그로에게 내가 할 어떤 것이 있다면 그들 자신의 종족을 엄격한 법으로 가두고 그들을 국가적 평준화에 놓는 것이다"(교회의 역사, 5권. pp 217-218).

초기 몰몬의 역사 가운데 있는 몇몇 사례들이 있었다는 사실들이(거기서 조셉 스미스가 어떤 아프리칸 아메리칸 가족에게 친절하였다) 그가 그의 사상에 있어서 인종차별주의자였다는 사실을 바꿀 수 없는 것이다. 어떤(많지는 않지만) 종의 주인들은 그들의 종들에게 역시 친절했다. 나는 조셉 스미스가 노예들에게 친절을 장려하였을 것이라고 생각한다.

브리감 영

브리감 영은 인종차별주의자의 발언을 다음과 같이 언급함으로 조셉 스미스의 발자취를 따랐다.

> "당신은 검고, 무례하고, 버릇없고, 유쾌하지 못한 그리고 습관이 천하고, 거칠고, 외견상으로는 일반적으로 인간에게 부여된 지성의 거의 모든 축복을 박탈당한 어떤 종류의 인간 가족의 계층을 볼 것이다. 그의 형제의 하나를 죽인 증오범죄를 저지른 첫 번째 사람은 아담의 자녀들 중에서 가장 긴 저주를 받을 것이다. 가인은 그의 형제를 살해했다. 가인은 살해를 당할 수 있었다. 그리고 인간의 존재의 지평에서 소멸에 처해질 수 있었을 것이다. 그러나 그렇게 되지 않았고 주님은 그에게 납작한 코와 검은 피부를 표식으로 두었다"(Journal of Discourses, 26 vol. 7, p. 291, 솔렉 시티, 터버나클Tebernacle에서 전달된 브리감 영의 발언, 1859년 10월 9일. G. D. Watt에 의해 보도됨).

조셉 필딩 스미스

이런 종류의 인종차별주의는 몰몬역사를 통해 계속되었다 그리고 1900년대 중반의 몰몬교 선지자들조차도 충격적인 인종차별주의적인 언급들을 하였다. 10대 대관장이요 선지자였던 조셉 필딩 스미스는 그의 책 「완전에 이르는 길」에서 다음과 같이 진술했다.

> "가인은 단지 고통으로 불림을 받았을 뿐 아니라 사악함 때문에 그는 열등한 종족의 아버지가 되었다. 저주가 그에게 주어졌고 그 저주는 그의 혈통을 통해 계속되었다. 수백만의 영혼들이 이 세상에 저주받는 검은 피부를 가지고 왔고 신권의 특권과 복음의 축복의 충만함에 거절되었다"(p 101, 1931).

이런 인용은 부정할 수 없는 것이며 몰몬 교회의 명예를 수호하려는 시도를 하는 사람들에게 문제를 야기한다. 그들의 유일한 의지는 많은 그리스도인들도 또한 인종차별주의를 가지고 있다는 사실을 지적하는 것이다. 유감스럽게도 이것은 사실이다. 그리고 그리스도인으로서 나는 어떤 사람이 그리스도의 이름을 빙자하여 그들의 피부 색깔로 인해 열등하다고 생각하는 것에 충격을 받았다. 그것이 분명함에도 불구하고 하나님과 성경의 가르침에 완전하게 반대되는 인종차별주의자인 크리스천과 몰몬 교회 경전과 몰몬주의의 하나님에 완전히 동의하는 인종차별주의자인 몰몬 선지자 사이에는 큰 차이점이 있다.

이유 #2. 몰몬경전들은 인종차별주의적이었고, 지금도 여전히 인종차별주의적이다.

인종차별주의는 몰몬주의에서 제거할 수 없다. 그 이유는 오늘날에도 몰몬경전들 안에서 인종차별주의가 고취되고 있다는 사실을 지울 수 없기 때문이다.

나는 누구에게나 하나님에 의해 정해진 인종차별주의를 성경으로부터 내게 보여달라고 도전할 수 있다. 성경의 하나님은 인종차별주의자가 아니며 성경의 선지자들도 그것을 장려하지 않는다. 성경에는 하나님의 선지자들이 모든 국적의 사람들과 연관되었고, 결혼하였으며, 함께 일했다는 수많은 예들이 있다. 이스라엘이 이집트의 종살이로부터 자유롭게 되었을 때 수많은 '잡족'(雜族, 아프리카 종들이 포함되어 있다)들이 그들과 함께 떠났다. 모세는 에티오피아 여인(검은 피부)과 결혼했고, 솔로몬은 시바의 여왕(한 아프리카 여왕)을 환영했고 그녀가 그를 방문했을 때 그녀를 존중했다. 사도 바울 역시 유대인과 이방인, 종과 자유인(모든 국적을 포함하는), 남자와 여자가 차별이 없으며 우리 모두는 역시 그리스도 안에서 하나라고 말했다.

인종차별주의를 장려하는 몰몬 선지자들은 몰몬경전이 인종차별주의를 장려하기 때문에 그렇게 한다. 오늘 몰몬경전에서 발견된 인종차별주의적인 진술들을 자세히 보자.

> 모세서 7:8 "보라, 이는 주께서 뜨거운 열로 그 땅을 저주하실 것이요…이에 검은 빛깔이 가나안의 모든 자녀에게 임하매, 그들이 모든 백성 가운데서 멸시를 당하더라"(값진 진주, 모세서 7:8).
>
> *주의: 성경의 모세에 의해 기록된 책들과 혼동하지 말라.

니파이후서 5:21 "또 그는 그들의 죄악으로 인하여 저주로 그들에게 임하게 하셨나니, 참으로 혹독한 저주라. 이는 보라, 그들이 그를 대하여 자기들의 마음을 완악하게 하여 그 마음이 마치 부싯돌같이 되었음이라. 그런즉 그들이 희고 심히 곱고 기뻐할만하였던 지라, 그들이 나의 백성에게 꾀임이 되지 않게 하시려고, 주 하나님께서는 검은 빛깔의 피부로 그들에게 임하게 하셨더라."

제3니파이 2:14-15 "또 이렇게 되었나니 니파이인들과 연합한 그 레이맨인들은 니파이인들 가운데 헤아림을 받았으며, 또 그들의 저주가 그들에게서 거두어져 그들의 피부가 니파이인들처럼 희게 되었더라."

우리는 과거의 몰몬 선지자들이 하나님의 이름으로 인종차별주의적인 진술을 한 것을 동의할 수는 없지만 우리는 진정으로 그들을 원망할 수 없다. 왜냐하면 그것은 그들이 몰몬경전들이 진리라고 주장하는 것을 가르쳤기 때문이다. 중요한 질문은 이것이다. 어떤 인간이, 특히 검은 피부를 가진 사람들이, 인종차별주의가 종교의 경전으로 장려되는 곳에서 종교의 일부분이 되기를 원할 것인가.

이유 #3. 몰몬 하나님은 과거에도 현재에도 인종차별주의자이다.

가장 중요한 것은 몰몬주의의 인종차별주의는 무시해버리거나 지울 수 없다는 것이다. 왜냐하면 조셉 스미스에게 몰몬종교를 시작하도록 부른 몰몬주의의 하나님이 과거에도 현재에도 인종차별주의자이기 때문이다.

몰몬경에는 명시된 계급구조가 있다. 더 의로운 사람은 밝은 색 피부를 가졌고, 덜 의로운 사람은 검은색 피부를 가졌다. 그런데 몰몬세계의 관점에서 이 모든 것이 어디에서 출발하였겠는가? 몰몬 신학에 의하면, 이 세상이 창조되기 이전에 하늘에 큰 모임이 있었고 모든 하나님의 영의 자녀들은 이 모임에 참석할 것을 명받았다. 아마도 우리 모두는 거기 있었을 것이다. 이 모임에서 하나님의 영적 두 아들, 예수님과 루시퍼가 앞으로 나왔고 그들은 각자 이 세상의 구원계획을 제안했다. 신들의 협의회에서는 예수 그리스도의 구원계획을 받아들일 것을 선택하였다. 그 결과로 루시퍼는 반역했다. 그의 반역은 하늘에 큰 전쟁을 일으켰다. 모든 신들의 영적 자녀들은 이 전쟁에서 어디에 설지를 선택했는데 3분의 1은 예수와 싸웠고, 3분의 1은 루시퍼와 싸웠고, 3분의 1은 중립을 지켰다. 루시퍼와 함께한 영적 자녀들은 '지옥의 아들들' 로 판결되어 하늘에서 쫓겨났고, 마귀와 그의 영적 세력이 되는 운명에 처해졌다. 예수와 함께 싸운 영적 자녀들은 '용맹한' 것으로 판결되어 이 세상에 흰색 피부를 가지고 태어나는 축복을 받았다. 중립을 지킨 영적 자녀들은 '용맹하지 않은' 것으로 판결되어, 우리 세상에 검은 피부를 가지고 태어나는 저주를 받았다.

몰몬 사도인, 브루스 맥컨키는 그의 몰몬 교리의 초판에서 이렇게 가르쳤다.

> "선재 때에 덜 용맹하였던 사람들 그리고 그것 때문에 어떤 영적 제한이 인간으로 있을 동안 그들에게 부과된 자들은 니그로들로 우리에게 알려졌다. 이런 영들은 가인의 후예로 이 지구에 보내졌으며 하나님을 대적한 그의 반역에 대해 그에게 표시가 부여되었고 그의 아벨의 살인은 검은 피부가 되었다" (pp 476-477).

다시 한 번 말하지만, 인종차별주의에 관하여 몰몬 교회의 명예를 옹호하기를 원하는 사람들은 문제를 가지고 있다. 왜냐하면 문제의 근원이 몰몬 선지자의 가르침에 있는 것이 아니고, 몰몬경전에서 인종차별주의를 권장하기 때문도 아니다. 문제의 근원은 조셉 스미스가 그의 새롭게 발견한 종교가 하나님에 의해서 지시되었다는 것을 주장하였다는 사실에 있다. 만일 조셉 스미스가 신실하였고, 몰몬 교리가 하나님에 의해 영감 되었다면, 인종차별주의의 근원은 하나님이다. 몰몬 신학에 의하면, 검은 피부를 저주로 그리고 검은 피부를 불의로부터 의를 구별하는 표시로 사용되는 것을 결정한 분은 하나님이다. 또한 몰몬 선지자들의 책에 하얀 피부는 대단히 공정하고 기쁜 것이며, 검은 피부는 기분 나쁘고 저주라는 것을 감동하신 분도 하나님이다.

다시 한 번 그 질문을 묻고 싶다. 어떤 인간이, 특히 검은 피부 가진 사람들이, 인종차별주의가 종교의 선지자들과 경전들과 하나님에 의해 장려되는 곳에서 종교의 일부분이 되기를 원할 것인가? 나는 당신을 모른다. 그러나 나는 인종차별주의자가 아닌 하나님을 선택한다. 나는 기독교의 하나님을 선택한다. 나는 인간을 피부색깔에 의하여 파별하는 것을 고안한 하나님을 원치 않는다. 나는 그들의 믿음을 하나님에게 두고 그들의 이웃을 자기 자신처럼 사랑하는 모든 사람을 축복하는 하나님을 원한다. 그리고 나는 악하고 못된 사람들을—하나님을 사랑하지 않고 다른 사람들을 동일한 존중과 영예로 대접하지 않는 자들을—판단할 하나님을 원한다.

복습을 위한 질문들

1. 어떤 몰몬 인종차별주의자의 인용문이 당신에게 가장 불쾌한가? 왜 그런가?

2. 인종차별주의가 몰몬주의로부터 완전하게 지워질 수 없는 3가지 이유를 말해보라.

3. 몰몬 교회가 오늘날, 흑인들을 몰몬 교회에 전적으로 참여시킨다 할지라도 가장 중요한 것은 무엇인가?

[부록 1] 참고문헌

Benson, Ezra Taft. Teachings of Ezra Taft Benson. Salt Lake City: Bookcraft, Inc., 1988.

Benson, Reed A. Teachings of Ezra Taft Benson. Salt Lake City: Deseret Book Co., 1988.

Burton, Alma P. Discourses of the Prophet Joseph Smith. Salt Lake City: Deseret Books, 1977.

Doctrines from the Prophets. Salt Lake City: Bookcraft Inc., 1970.

Clark, James R., ed. Messages of the First Presidency (1833-1951). Salt Lake City: Bookcraft, 1965-75.

Deseret News. Joseph Smith's Account of the First Vision to Erastus Holmes ? November 14, 1835. Salt Lake City: Deseret News, Saturday, May 29, 1852.

Dialogue: A Journal of Mormon Thought, Autumn. Salt Lake City: Dialogue Foundation in Salt Lake City, 1966.

DNA vs. The Book of Mormon Video. A Production of Living Hope Ministries. Brigham City, Utah, 2003.

Early Mormon Documents, vol.1. compiled by Dan Vogel, Salt Lake City: Signature Books, 1996.

EE questions. Evangelism Explosion International, Inc., Fort Lauderdale, FL, 2003.

Family Home Evening Manual. Salt Lake City: The Church of Jesus Christ of Latter-day Saints,1972.

The Four Spiritual Laws Tract. Campus Crusade for Christ International. Orlando, FL, 2002.

Gospel Principles. Salt Lake City: The Church of Jesus Christ of Latter-day Saints, 1988.

Hunter, Milton R. The Gospel Through the Ages. Salt Lake City: Stevens and Wallace, Inc., 1945.

Jessee, Dean C. Personal Writings of Joseph Smith. Salt Lake City: Deseret Books, Revised edition, 2002.

Kimball. Spencer W. The Miracle of Forgiveness. Salt Lake City: Bookcraft, 1969.

The Teachings of Spencer W. Kimball. Comp. Edward L. Kimball. Salt Lake City: Bookcraft, 1982.

McConkie, Bruce R. Mormon Doctrine, second edition, Salt Lake City: Bookcraft, Inc., 1998.

Pratt. Orson. The Seer. Photo reprint of newspapers published between January 1853 through August 1854. Republished in 1990 by Eborn Books (Salt Lake City.)

Smith, Joseph, Jr. The Book of Mormon. Salt Lake City: The Church of Jesus Christ of Latter-day Saints, 1989.

The Doctrine and Covenants of the Church of Jesus Christ of Latter-day Saints. Salt Lake City: The Church of Jesus Christ of Latter-day Saints, 1989.

History, 1832, Joseph Smith Letterbook 1, pp.2-3, in the handwriting of Joseph Smith: (see?An American Prophet' s Record, Scott H. Faulring (Editor). Salt Lake City: Signature Books, 1989.)

The Holy Scriptures, Inspired Version. Independence, Missouri: Herald Publishing House, 1974.

The Pearl of Great Price. Salt Lake City: The Church of Jesus Christ of Latter-day Saints, 1989.

Smith, Joseph F. Gospel Doctrine. Salt Lake City: Deseret Book Company, 1977.

Smith, Joseph Fielding. Answers to Gospel Questions, Vol. 4. Salt Lake City: Deseret Book Company, 1979.

Doctrines of Salvation: Sermons and Writings of Joseph Fielding Smith. 3 vols. Ed Bruce R. McConkie. Salt Lake City: Bookcraft,

Repentance Brings Forgiveness. Salt Lake City: The Church of Jesus Christ of Latter-day Saints, 1984.

ed. Teachings of the Prophet Joseph Smith. Salt Lake City: Deseret Book Co., 1938.

The Way to Perfection. Salt Lake City: Deseret Book Co., 1970.

Talmage, James E. Jesus the Christ. Salt Lake City: Deseret Book Co., 1970.

The Articles of Faith. Salt Lake City: Published by The Church of Jesus Christ of Latter-day Saints, 1952.

Woodruff, Wilford. Doctrine and Covenants, Official Declaration 1. Salt Lake City: The Church of Jesus Christ of Latter-day Saints, 1989.

Young, Brigham. Journal of Discourses, vol. 13. Liverpool, England: published by F. D. and S. W. Richards, 1851.

[부록 2] 몰몬 용어집

ㄱ

거듭남, 중생(Born Again): 침례를 보라.

결혼(Marriage): 천상의 결혼을 보라.

경전(Scriptures, LDS): 성경, 몰몬경, 교리와 성약 그리고 값진 진주

"말일성도 예수 그리스도의 교회는 경전으로서 4개의 책을 인정한다. 성경, 몰몬경, 교리와 성약 그리고 값진 진주이다. 이러한 책들은 교회의 표준경전이라고 부른다. 우리의 현재 살아있는 선지자들의 말씀도 역시 경전으로 인정한다" (Gospel Principles, LDS Church, p. 49).

고대의 날(Ancient of Days): 아담을 보라.

구속(Redemption): 두개의 종류로 나누어진다. 조건적 구속과 비조건적 구속이다. 조건적 구속은 몰몬교 복음의 필요조건을 지킴으로 얻어지는 것이다. 비조건적 구속은 모두에게 강권하여 주는 것이며, 그리고 단순히 불멸의 거저 받는 선물로 무덤으로부터 부활하는 것이다. 비조건적 구속은 세 종류의 몰몬교 하늘 중 하나인 장소를 실질적으로 모든 사람에게 준다.

"조건적 구속은 모든 사람에게 제공이 되지만 모든 사람이 받는 것은 아니다…그것의 은혜들은 믿음, 회개, 침례, 안수, 그리고 복음의 모든 요구들에 순종함을 통해서만 얻을 수 있다. 비조건적 구속은 사람들이 거절할 수 없는 인류에게 강권하여 주어지는 선물이다…원죄로부터의 구속은

믿음이나 행위가 없이 갖게 된다"(Doctrine of Salvation, vol. 2, Joseph Fielding Smith, p. 10).

구원(Salvation): 두 개의 부분으로 된 하나님의 계획, 비조건적 혹은 일반 구원은 예수 그리스도가 아담의 원죄에 대해 속죄하였을 때 십자가의 죽음과 겟세마네 동산에서의 고통에 의해서 모든 인류를 위해서 얻어진 것이다. 개인 구원은 모든 사람이 몰몬교의 복음의 의식과 모든 율례를 온전히 지킴에 따라서 자신을 위해서 얻어야 하는 것이다.

"몰몬교 복음에 순종함이 없이 은혜에 의해서 오는 비조건적 혹은 일반 구원은 단지 부활하는 존재의 사실에만 있다.…이 종류의 구원은 결국 오직 파멸의 아들들을 제외한 모든 인류에게 올 것이다.…그러나 이것은 의로움의 구원, 성도가 찾는 구원이 아니다. 일반적 혹은 비조건적 구원을 단지 얻는 사람들은 그들의 행위에 따라서 심판을 받을 것이며, 그리고 달 혹은 별의 왕국에서 그들의 장소를 받게 된다. 그러므로 그들은 형벌을 받게 된다—그들의 영원한 증진은 도중에 끝이 난다.…복음의 순종과 함께하는 은혜에 따라서 오는 조건적 혹은 개인적 구원은 하나님의 해의 왕국에서 상속을 받는 것이다.…이 구원은 믿음, 회개, 침례, 성신을 받는 것, 그리고 사람의 필멸의 견습기간의 마지막까지 계속하는 의로움을 따라서 온다.…완전한 의미와 진실에서의 구원은 승영과 영생과 같은 의미이다.…이 온전한 구원은 영원에서 가족 단위 계속을 통하여 얻게 된다. 그리고 이것을 얻는 자는 하나님들이 된다.…만약 조셉 스미스와 회복이 없었다면 구원은 없었을 것이다. 말일성도 예수 그리스도교 밖에는 구원이 없다"(Mormon Doctrine, McConkie, pp. 668-670).

"그리스도의 속죄를 통하여 복음의 의식과 율법에 순종하므로 모든 인류가 구원될지도 모른다. 구원은 두 개의 부분으로 되어 있다. 일반적 구원은 그리스도 안에서 (현생에서) 믿음에 상관없이 모든 사람에게 오는 것이다. 그리고 개인적인 구원은 사람이 자신의 삶을 통하여 자신의 행함과 복음의 의식들 그리고 율법에 순종함을 통하여 공로로 얻는 것이다"(Doctrines of Salvation, vol. 1, Joseph Fielding Smith, pp. 133-134).

권위(Authority): 신권을 보라.

그리스도의 속죄(Atonement of Christ): 겟세마네 동산과 십자가의 죽음의 고통은 모든 인류의 영원한 생명, 또한 영원한 부활의 생명을 얻기 위함이다. 부활에서 인류의 대다수는 선한 일에 근거한 몰몬 교리의 세 종류의 천국 중 한 곳에 가게 된다.

"구세주는 우리를 위하여 겟세마네 동산에서의 고통과 십자가에서 자신의 생명을 주는 것으로 속죄하였다 (Gospel Principle, LDS Church, p. 66).

"예수께서 세상의 죄를 자신에게 지우신 것은 겟세마네였다" (에즈라 타프트 벤슨의 가르침, p. 15).

"속죄의 범위는 아담의 모든 후손에게 비슷하게 적용하는 보편적이다. 불신자들에게까지도 보편적으로 적용한다. 첫 번째 결과는 모든 인류에게 타락의 형벌로부터 면제받는, 안전하다는 것이다, 즉 일반적인 구원계획이다. 두 번째 결과는 인류가 개인적인 죄들을 사함 받아야 하는 개인의 구원을 위한 길을 열어주는 것이다. 이들 죄들은 개인적인 행동의 결과이기 때문에, 그들을 위한 용서는 규정된 요구 사항들—율법과 복음의 규례—을 개인적 완수에 의해 조건 되어져야 한다.

ㄷ

동정녀 탄생(Virgin Birth, The): 몰몬교 안에서 동정녀 탄생은 단지 입술로만 말하는 것이다. 분리된 세 하나님들로 되어 있는 신회(神會)에 대한 몰몬 교리는 그리스도의 흠 없는 기원으로서 성신을 거절하도록 강요한다. 만약 그리스도가 성신으로 임신을 하였다면, 그렇다면 그는 아버지(엘로힘)의 아들이 아니고 성신의 아들이라고 불렀어야 한다. 대신에, 그들은 아버지 하나님은 마리아와 육체적 관계를 하였다고 가르친다. 그리고 그녀는 이 땅에서 아이를 갖는 것과 같은 방법으로 아이를 가졌다고 가르친다. 이런 이단적인 교리는 그리스도가 동정녀 탄생한 성경적인 진리를 파괴하는 것이다.

"자, 우리는 예수 그리스도는 육적으로 하나님의 독생한 아들이라고 성경에서 들었다. 그렇다면 나이든 사람들의 유익은 무엇인가? 어떻게 자녀들이 태어나는가? 나는 예수 그리스도가 그의 아버지로부터 태어난 것과 똑같다고 대답한다.…예수는 육체를 가진 아버지처럼 우리의 하늘 아버지를 가졌던 오직 한 사람이다" (Family Home Evening Manual, Joseph F. Smith, 1972, pp. 125-126).

"말일성도 예수 그리스도의 교회는 예수 그리스도가 가장 문자적인 의미에서 하나님의 아들이라고 선포한다. 육신으로 그의 사명을 수행한 그의 몸은 우리가 우리의 영원한 아버지 하나님께 예배드리는 것과 같은 거룩한 존재로 지어졌다. 예수는 조셉의 아들이 아니고, 성신에 의해 태어난 아들도 아니다. 그는 영원한 아버지의 아들이다"(Teachings of Ezra Taft Benson, Reed A. Benson, p. 7).

"예수는 필멸의 아버지에 의해서 태어난 필멸의 사람과 같은 방법으로 불멸의 아버지에 의해서 태어났다"(Mormon Doctrine, McConkie, p. 547).

ㄹ

루시퍼(Lucifer): 마귀를 보라.

ㅁ

마귀(Devil): 사탄, 루시퍼로도 알려졌다. 성부 하나님의 영적 자녀 그리고 예수 그리스도와 모든 인류의 영적 형제이다.

"네가 태어나기 오래 전에 창조주에 의해서 계획이 만들어졌다. 위대한 역사극의 주인공은 엘로힘 아버지 그리고 두 아들, 루시퍼와 여호와였다"(Teaching of Spencer W. Kimball, Edward L. Kimball pp. 32-33).

세상의 구세주로서 해야 하는 예수의 사역은 하나님의 다른 아들과 경쟁하는 것이었다. 다른 아들, 그는 아침의 아들 루시퍼라고 불렸다. 거만하고 야심적이며 영광과 권세를 탐내는 예수의 영적인 형제, 루시퍼는 인류의 구원자가 되려고 필사적으로 시도하였다"(Gospel through the Ages, Hunter, p. 15).

"예수와 루시퍼의 다른 점은 예수는 성부 아버지에게 순종하기를 기꺼이 하였다"는 것이다 (George Q. Cannon, Doctrines from the Prophets, Alma P. Burton, p. 123).

몰몬경(Book of Mormon): 네 가지의 책 중에 하나로 몰몬교의 성경으로 알려졌다.

"선지자 조셉 스미스는 말하기를, 몰몬경은 지구상에서 다른 어떤 책보다도 가장 정확하고 우리 종교의 근본 원리이며 그것을 준수함과 그것의 교훈에 의해서 어느 다른 책보다 사람을 더 하나님께 가까이 가게 한다" (Book of Mormon, Introduction, paragraph 6).

무궁한 형벌(Eternal Punishment): 형벌이 영원한 것이 아니고 무궁의 이름을 가진 하나님으로부터 오는 형벌이다.

"무궁한 형벌은 무궁이라는 이름을 가진 하나님에 의해서 부과되는 형벌의 종류를 말하며, 조건으로서 단기간 혹은 장기간 동안 고통을 필요로 할지도 모른다. 그들의 시달림과 시련 후에 그들이 회개하기 때문에, 그들은 영원한 정죄에 속한 이러한 형식으로부터 자유로워진다" (Mormon Doctrine, McConkie, p. 236).

"보라, 나는 무궁함이다. 나의 이름이 무궁함이므로, 나는 무궁하며, 내손에서 주어지는 형벌은 끝이 없다. 그러므로 영원한 형벌은 하나님의 형벌이다. 무궁한 형벌은 하나님의 형벌이다" (D&C 19:10-12).

ㅂ

복수 결혼(Plural Marriage): 동시에 둘 이상의 여인과 결혼하는 것이다.
몰몬 교회의 주류는 현재 일부다처제를 용납하지 않는다. 어떤 분리된 소수파는 아직도 말일성도 예수 그리스도의 교회에서 용납하지 않는 이 일부다처제를 시행하는 데에 관계되어 있다.

"초기 시대에…하나님은 선지자 조셉 스미스에게 복수 결혼의 원리를 계시하였다. 이 선지자와 지도적 형제들이 실천에 들어가도록 명령받은 후에 그들은 이에 따른 세상 사람들의 적대감과 편견에도 불구하고 모든 미덕과 순결한 마음으로 복수 결혼을 실행하였다. 복수 결혼은 1890년까지 공개적으로 가르쳐졌고 실행되었다. 그때쯤…윌포드 우드로프 회장은 이 제도를 멈추는 성명서를 발표하였다. 분명하게 거룩한(복수 결혼의) 실행은 사람의 아들(예수 그리스도)의 재림과 천년왕국으로 안내된 후에 다시 시작될 것이다" (Mormon Doctrine, McConkie, p. 578).

복음(Gospel, 몰몬교): 다음의 모든 것을 복음이라고 한다. 예수 그리스도의 대속과 그 조합으로서의 물 침례, 성신을 받기 위하여 안수 받는 것, 성전의 의식, 성전에서의 결혼, 마음을 다하여 하나님을 예배하고 사랑하는 것, 예수 그리스도를 믿는 믿음, 순결함, 회개, 십일조, 정직함, 진실함, 지혜의 말씀에 순종함, 죽은 자를 위한 침례, 거룩한 안식일 준수, 교회 모임에 출석, 하나님을 경외하는 가정, 매일 기도하는 가정, 부모 공경, 다른 사람에게 복음을 가르치는 것, 성경을 공부하는 것, 몰몬의 선지자를 순종하는 것, 진실한 사랑(자비), 그리고 당신의 생명이 끝나는 날까지 주님의 모든 명령을 준수하는 것(Gospel Principles , LDS Church, pp. 291-292).

"복음은 그것들을 하는 것과 실행을 하는 프로그램이다"(Miracle of Forgiveness, Spencer W. Kimball, p. 208).

"몰몬교의 복음은 모든 율법, 원리들, 교리들, 관례들, 의식들, 행함들, 능력들, 권위들, 그리고 해의 왕국에서 사람들이 구원과 승영 받기 위한 열쇠들을 포함한다"(Mormon Doctrine, McConkie, p. 331).

"복음은 모두가 이해할 수 있는 단순한 것이다"(Doctrines from the Prophets, Alma P. Burton, p. 220).

복음의 충만(Fullness of the Gospel): 모든 의식과 말일성도 예수 그리스도의 교회 복음의 법.

"복음의 충만. 모든 의식들과 해의 왕국에서 승영에 관계된 원리들을 의미한다"(Doctrines of Salvation, vol. 1, Joseph Fielding Smith, p. 160).

부활(Resurrection): 불멸을 보라.

불멸(Immortality): 부활의 생명의 선물로 영원히 사는 것. 불멸은 단지 은혜로만 구해지는 것이다.

"불멸은 부활한 상태에서 영원히 사는 것이며, 하나님의 은혜로 모든 사람이 끝이 없는 계속적인 삶을 얻게 된다. 그러나 복음의 온전한 법에 순종하는 자만이 영원한 생명을 상속받게 된다"(Mormon Doctrine, McConkie, p. 237).

"복음의 율례에 순종함이 없이도 은혜로 오는, 조건이 없고 일반적인 구원은 단지 부활한 존재의 사실에만 있다. 이런 의미에서, 구원은 불멸과 같은 의미이다. 그것은 부활한 사람이 영원히 살도록 영과 몸의 분리될 수 없는 연결인 것이다." (Mormon Doctrine, McConkie, p. 669).

ㅅ

사탄(Satan): 마귀를 보라.

삼위일체(Trinity): 신회(신격)를 보라. 몰몬교는 삼위일체 안에 셋의 하나님들로 구성되어 있다고 믿지만, 기독교 교리의 삼위일체를 부인한다. 성부 하나님 성자 하나님 그리고 성신 하나님이다. 몰몬교는 그들 자신의 정의에 따라서 '삼위일체' 라는 술어를 사용한다.

"신회: 삼위일체―우주의 공회의를 관할하는 자들로 구성된 이들 세 인격은 사람들에게 그들 자신을 다음과 같이 나타내었다. 1) 영원한 하나님, 성부. 2) 예수 그리스도, 성자. 3) 성신. 서로로부터 육체적으로 구별되는 개별적으로 나누어지는 이들 셋은 사람들을 다루는 신성한 기록들에 의해서 증명되어진다." (The Articles of Faith, Talmage, p. 39).

성경(Bible): 몰몬교도들은 성경이 부패되었고, 번역도 잘못 되었다고 배웠기 때문에 그들은 성경을 신뢰하지 않는다. 몰몬 교회는 성경의 권위를 불신한다.

"우리는 성경이 정확하게 번역되는 한 하나님의 말씀이라고 믿는다" ('신앙개요 8번, The Article of Faith,' LDS Church).

"그러나 성경은 그것 자신의 명백함에서 도둑맞았다. 많은 신성한 책들이 사라졌고 또 다른 책들은 로마 카톨릭 교회에 의해서 배격되었으며 적은 수의 책들이 우리에게 남겨졌다. 이 적은 수의 책들은 많은 복사의 복사를 거듭하였으며 이것으로 인해 매 구절이 순수성을 잃어버리게 되었다. 그리고 그들 둘이 거의 맞지 않는 정도까지 불구로 만들었다(Seer, Orson Pratt, p. 213).

성령(Holy Spirit): 모든 사람들을 조명하는 하늘의 아버지의 영이다(성신이 아니다).

"성신과 성령 사이에 다른 점이 있는가?라는 질문을 자주 듣게 된다.…성신은 신회에서 하나의 인격이며 세상 안으로 오는 모든 사람들을 조명하는 것은 아니다. 성령은 진리의 지식과 더 큰 빛을 소유함과 성신의 증거로 사람들을 데리고 올 때까지, 세상에 온 모든 사람을 조명하고 사람들의 자녀들과 함께 분투함으로 그리스도를 통하여 세상에 나아가는 하나님의 영이다" (by Joseph F. Smith, Doctrines from the Prophets, Alma P. Burton, p. 236).

성신(Holy Ghost): 신회 중 세 번째 구성원이다.

"성신은 신회의 세 번째 구성원이다. 성신은 사람의 형상을 가진 영이다. 성신은 영의 인격이며 역시 영체를 가지고 있다. 영적 인격으로서의 성신은 크기와 치수를 가지고 있다. 그는 우주의 무한한 공간에 충만하지 않고 같은 시간에 모든 곳에 개별적으로 편재할 수가 없다" (Doctrine of Salvation, vol. 1, Joseph Fielding Smith, p. 38).

"그는(성신) 한 번에 단 한 곳에만 있을 수 있다. 그리고 비록 그의 능력과 권세가 모든 무한한 공간에 걸쳐서 한 번 그리고 같은 시간에 나타날 수 있지만, 그는 현재 자신의 모습이 아닌 다른 모습이나 혹은 어떤 다른 형상으로든 그 자신을 변형시킬 수 없고 또 그렇게 하지 않는다" (Mormon Doctrine, McConkie, p. 359).

승영(Exaltation, 昇榮): 몰몬 복음의 교리와 모든 율법에 순종함을 통해서 신이 되는 것이다.

(역자 노트: 승영 또는 승귀(昇貴)라고도 한다.)

"당신은 많은 신들이 당신 이전에 하였던 것과 같이 하나님 앞에서 어떻게 하여야 신이 되는지, 왕과 제사장이 되는지 배우지 않으면 안 된다. 그리고 당신은 작은 등급에서 다른 등급으로, 작은 재능에서 다른 재능으로, 은혜에서 은혜로, 승영에서 다른 승영으로 가기 위해서 배우지 않으면 안 된다" (by Joseph Smith, Doctrines from the Prophet, Alma P. Burton, Alma P. Burton, p. 169).

"승영의 필요조건 – 말일성도 예수 그리스도의 교회의 성도들은 승영을 위한 필요조건을 충족할 시간이 지금이라고 배운다(Alma 34:32-34). 조셉 필딩 스미스 회장은 '승영을 얻기 위해서 우리는 복음과 그것의 언약을 받아들여야 하며, 즉 주님이 주신 의무를 우리가 책임을 져야 하고, 빛 가운데 행하고 진리를 이해하며 하나님의 입으로 나온 모든 말씀을 따라 살아야 한다' 고 말했다. 바꾸어 말하면, 개개인 모두는 자신의 생명이 이 땅에서 다하는 순간까지 주님의 모든 명령을 지킴에 신실함으로 인내해야 한다"(Gospel Principles, LDS Church, pp. 291-292).

"승영은 하나님이 사는 생명과 같은 영생이다. 우리는 하늘의 아버지와 같은 신들이 될 수 있다. 이것이 승영이다"(Gospel Principles, LDS Church, pp. 289-290).

신권(Priesthood): 말일성도 예수 그리스도교의 교리 중에서 가장 중요한 것이다. 몰몬교는 하나님으로부터 권위를 받은 아론 혹은 멜기세덱 신권 중 하나를 가진 자만이 가르칠 수 있다. 오늘날의 기독교계는 사도들의 죽음 후에 이 권위를 잃었고 그때부터 배도의 상태에 있었다.

"우리 하늘의 아버지는 위대한 능력을 갖고 있다. 이 능력을 신권이라고 부른다. 이 신권에 의해서 하늘과 땅이 창조되었다. 이 능력에 의해서 우주는 완전한 질서 안에 있다. 우리의 하늘 아버지는 땅에 있는 그의 자녀들과 함께 그의 신권의 능력을 공유한다. 신권은 그의 이름으로 그의 사역을 하도록 이 능력 행함을 안수 받은 자에 의해서 있는 능력과 권위이다.…우리는 복음의 신성한 의식을 수행하기 위하여 하나님의 이름으로 행하는 신권을 가져야 한다.… 만약 이 사람이 신권이 없다면, 그가 아무리 진실하다 할지라도, 하나님은 그에 의해서 행하여진 의식들을 인정하지 않는다.…사람들은 말일성도 예수 그리스도의 교회에서 통솔하기 위해서는 신권이 필요하다"(Gospel Principles, The Church of Jesus Christ of Latter—day Saints, p. 73).

"이 지구상에 사는 모든 인간의 존재에 관계하기 때문에, 신권은 사람들의 구원을 위한 모든 일에 실행하도록 하기 위하여 지구상에 있는 사람에게 대리자로 파견된 하나님의 권위와 능력이다. 그것은 복음이 선포되는 것에 의한 능력이며, 사람들이 영생으로 들어가도록 봉인하는 것에 따른 구원의 의식이 수행되는 것에 의한 능력이다.…그리고 신권은 하나님이 순조롭게 모든 족속을 다스리는 것에 진행하도록 하는 능력이다. 교회에는 레위족의 신권을 포함한, 아론과 멜기세덱 이름의 두 개의 신권이 있다"(Mormon Doctrine, McConkie, pp. 594-595).

신회, 신격(Godhead): 셋으로 분리된 하나님들 즉, 성부 하나님, 성자 예수 그리고 성신 하나님을 말한다.
이들 셋은 목적과 계획안에서 하나가 되지만 문자적으로는 한 분의 하나님도 하나의 실체도 아니다.

조셉 스미스는 "나는 복수의 하나님들을 설교한다.…즉 예수는 성부 하나님으로부터 분리된 다른 사람(인격)이며, 성령은 다른 사람(인격)의 영이었으며 하나님은 다른 사람(인격)으로서 존재함을 항상 분명히 선언하였다. 이 셋은 다른 사람과 다른 하나님들로 구성된다…"(Teachings of the Prophet Joseph Smith, Joseph Fielding Smith, pp. 370 ?370).

"셋으로 분리된 다른 사람들―아버지, 아들 그리고 성령은 신회를 이루고 있다. 각각의 입장에서 본다면 이 셋이 각각 하나님이라는 것은 분명하다. 즉 복수의 하나님들이 존재하는 것이다. 우리에게는 이 셋이 우리가 예배하는 유일한 하나님들이다. 게다가 무한한 수의 거룩한 무리의 인격(사람)들이 있는데 그들은 셀 수 없는 세상들로부터 끌어내어진 자들 즉 승영을 받은 자들이며 이들은 하나님들이다"(Mormon Doctrine, McConkie, pp. 576-577).

ㅇ

아담(Adam): 고대의 날의 천사장인 미카엘로 알려져 있다.

"죽을 수밖에 없는 아담으로 알려진 우리의 위대한 왕자, 미카엘은 영원한 구원과 승진의 계획을 이루는 그리스도 옆에서 함께 한다. 지구의 창조 때에 미카엘은 단지 두 번째의 부분인 그리스도의 구원과 진행에 중요한 역할을 하였다. 루시퍼가 모반하고 천국에 전쟁이 있었을 때, 사탄을 물리치는 일에 신실한 무리들을 주도한 자가 바로 미카엘이었다. 지구로 사람들이 왔을 때에는 미카엘의 영이 왔으며 그리고 흙으로부터 창조된 육체를 가진 생령이 된 아담으로 살았다"(Mormon Doctrine, McConkie, p. 491).

다니엘 7장에서 고대의 날(옛날)들을 언급한다(역자 노트: 9절을 말하는 것 같다)―이곳에서 그는 '옛날부터 계신 분' 을 우리의 아버지인 아담을 의미한다. 그 (아담)는 인류의 아버지(시조)이고 모든 사람의 영을 주도한다. 인자가 그 앞에 서있고 그에게 영광과 통치권이 주어진다. 아담은

청지기 직분으로서 그리스도에게 책무를 하지만 인류 가족의 머리로서 그의 위치를 보유한다 (Teachings of the Prophet Joseph Smith, p. 157, Joseph Fielding Smith).

엘로힘(Elohim): 하늘의 아버지 성부 하나님의 이름.

"회복된 몰몬교에 사용되었고 이해하고 있는 엘로힘은 영원한 아버지 하나님의 이름/직분이고 성령 안에서 첫 아들이 여호와(Jehovah)이고 이 여호와가 육신으로 독생한 예수 그리스도이다" (Jesus the Christ, Talmage, p. 38).

"엘로힘의 영적 자녀들 중에 첫 아들(맏아들)이 여호와(Jehovah) 또는 예수 그리스도이고, 그 외의 영적 자녀들은 동생들이다" (Gospel Doctrine, Joseph F. Smith, p. 70).

"마리아로부터 태어난 아이는 영원한 아버지 엘로힘의 자녀이고, 이 아이는 천륜의 법을 위반한 것이 아니고 높은 표징에 따라서 태어났다.

여호와(Jehovah): 예수 그리스도를 보라.

영원한 가족(Eternal Family): 신실한 가족과 그들의 가족이 있었던 가정을 위한 '가정은 영구하다' 라는 약속은 몰몬 성전에서만 이들에게 주어졌다.

가족은 영구할 수 있다 — 브리감 영 회장은 "우리 가정은 아직 우리의 것이 아니며, 하나님이 우리가 이 가족들을 어떻게 대하는지 보기 위하여 우리에게 위임하였다" 고 설명했다. 오직 우리 가족이 신실하다면 영원히 우리에게 이 축복이 주어질 것이며 우리 가족은 영원히 함께 할 수 있다. 이 축복을 누리기 위해서 우리는 몰몬 성전에서 결혼을 해야만 한다. 멜기세덱 제사장의 권위에 따라서 몰몬 성전에서 결혼을 할 때, 우리는 현재와 영원함을 위해 결혼을 한다. 그래서 죽음은 우리를 갈라놓을 수 없다. 만약 우리가 하나님의 계명에 순종만 한다면, 우리의 가족은 남편, 아내 그리고 자녀로서 영원히 함께 할 수 있다" (Gospel Principles, LDS Church, pp. 221-222).

영원한 결혼(Eternal Marriage): 천상의 결혼을 보라.

영생(Eternal Life): 매우 중요하다! 영생은 행위에 근거하며 몰몬교의 모든 교리에 순종함으로만 얻어진다. 영생은 세 종류의 몰몬 천국에서 불멸의 존재로 사는 것과는 다르다. 영생은 신격으로 가는 증진을 말하는 것이다.

"영원히 죽지 않는 것과 영생은 두개의 다른 것이며 서로 구별된다. 죽은 자의 부활이 모든 사람에게 임하기 때문에 모든 사람은 선하든, 악하든 아니면 종교에 무관심하든 영원히 죽지 않는다. 영생은 어떤 것이 더 첨가된다. 어느 누구도 영생을 받지 못하지만 하나님의 명령을 준수하는 사람들은 영생을 받게 되며 그의 임재 안으로 들어가는 권리가 있다. 물론 하나님은 모든 사람에게 영생을 기꺼이 주겠지만, 그러나 영생의 축복은 의무의 신실한 성취를 가진 자들에게만 주어지기 때문에 이들은 받을만한 가치가 있는 것이다" (Doctrines of Salvation, Vol. 2, Joseph Fielding Smith, pp. 4-5).

"영생은 끝이 없는 미래의 생명의 기간만을 나타내는 이름이 아니다. 불멸(죽지 않는 것)은 부활의 상태에서 영원히 사는 것을 말하며 하나님의 은혜로 모든 사람이 끝이 나지 않는 계속적인 생명을 받을 것이다. 그러나 복음의 율법을 온전하게 순종하는 자들만이 영생을 상속 받는다. 영생을 얻은 이들은 신들이라고 칭송을 받는다" (Mormon Doctrine, McConkie, p 237).

영원한 진보, 증진(Eternal Progression): 영원한 예지로부터, 선재한 하나님 자녀의 영, 죽음을 면할 수 없는 것, 불멸, 해의 왕국에서 신격으로까지이다.

"우리는 하나님의 자녀들이 따르도록 허락해놓은 길에 의해서 높임을 받는 상태인 존재로 영원한 발달로 되어 있는 온전함, 서로 공유하기 위한 그들의 상속으로 영화인 하나님 자신이 증진된 하나님임을 믿는다. 그의 교파들의 반대에도 불구하고, 신성모독 죄의 혐의에도 불구하고, 교회는 영원한 진리인 '인간이 지금 있는 것처럼 하나님도 전에는 그러하였다. 지금 하나님이 있는 것처럼 인간도 그렇게 될 것이다' 라고 선포한다" (The articles of Faith, Talmage, p. 430). (역자 노트: '하나님은 전에는 인간이었으며, 어떠한 사람도 마지막에는 하나님이 된다' 는 의미이다.)

"만약 예수가 하나님의 아들이라면, 요한은 예수 그리스도의 성부 아버지가 있었던 것을 발견하였고 또 당신은 하나님도 역시 아버지가 있었던 것을 추측하여도 좋을 것이다. 아버지가 없는 아들이 있었던 적이 있는가? 그리고 어디에 첫째 아들이 없는 아버지가 있었던 적이 있는가? ··바울은 땅에 있는 것은 하늘에 있는 것과 비슷하다고 말한다. 그러므로 만약 예수에게 아버지가 있었다면, 하나님도 아버지가 있었다고 믿을 수는 없는가?"(Teachings of the Prophet Joseph Smith, Joseph Fielding Smith, p.373).

"하나님 자신도 아직 지식, 능력 그리고 주권에서 진보와 증진을 하고 있으며 세상도 마찬가지로 끝없이 진보와 증진을 할 것이다. 그것은 바로 우리와 함께 하는 것이다"(by Wilford Woodruff, Doctrines from the Prophets, Alma P. Burton, p. 155).

영원한 징계(Eternal Damnation): 끝이 없는 형벌이나 죄인들을 향한 하나님의 영원한 진노와는 관련되지 않는다. 영원한 저주는 신격함으로 올라가려고 하는 사람의 점진의 흐름을 막는 저수지의 유형이다.

"영원한 징계는 죄인이 부활에 최종적으로 다다랐을 때 끝이 난다. 이런 의미에서 영원한 징계는 모형, 본질이며 정죄의 기간보다는 곤란을 받고 있는 정죄, 고통, 징계 혹은 형벌의 질이다. 시달림과 시련들 후에 그들이 회개하기 때문에 그들은 영원한 저주의 이러한 형식으로부터 자유롭게 된다"(Mormon Doctrine, McConkie, p. 236).

"징계는 무엇인가? 그것은 증진의 특권의 길을 막거나 혹은 법을 따르는 것에 실패하기 때문에 증진의 특권을 부인한다. 해의 왕국에 들어가는 것에 실패한 모두는 처벌 받거나 혹은 그들의 증진은 멈추어지지만 그들이 받을만한 자격이 있는 다른 영광으로 들어갈 것이다"(Doctrines of Salvation, vol. 2, Joseph Fielding Smith p. 227).

"영생을 얻지 못하거나 해의 왕국 안에 가장 높은 천국에서 찬양을 받지 못한 자 모두는 영원한 형벌의 참여자가 된다. 그들에 대한 영원한 형벌은 그들이 신격 그리고 모든 것의 충만함을 얻게 하는 것에 증진할 수 없게 하도록 그들에게 부과하는 한계성을 갖는 것이며 그리고 이제로부터는 그들은 신들이 되지 못하지만 영원히 하나님의 천사들이 되는 것이다"(Mormon Doctrine, McConkie, p. 234).

영의 세상(Spirit World): 죽음 후에 이 땅의 모든 영들이 있는 장소이다. 이 영세에서 몰몬교도들은 지구상에 있을 동안에 몰몬교에 가입되지 않은 모든 자에게 복음을 선포한다. 몰몬 성전에서 죽은 자를 위한 대리자의 사역(죽은 자를 대신한 침례들과 기부)을 위한 대리권과 내세에서 사망한 몰몬교 선교사의 노력들을 통하여 많은 사람들이 영세에서 몰몬교의 가르침을 받아들인다.

"궁극적으로 우리의 필멸의 몸은 죽는다. 그리고 우리의 영들은 영세로 갈 것이다. 영세는 기다림의 장소, 일을 하는 것, 배움 그리고 슬픔과 돌봄으로부터 안식하는 장소이다. 여기에서 우리의 영들은 우리가 우리의 부활을 준비할 때까지 살 것이다. 그러므로 우리 필멸의 몸은 우리의 영들과 한 번 더 연합하게 되며, 우리가 얻은 영광의 정도를 받게 될 것이다. 몰몬경에 있는 앨마 선지자는 영세에 두개의 구분과 상태에 관해서 가르친다(앨마서 40:12 -14). 영들은 그들이 이 땅에 있는 동안에 주님의 뜻에 그들의 순종과 그들의 삶의 순결함에 따라서 분류된다. 의인과 악인은 나누어진다.…그러나 영들은 그들이 복음의 원리들과 복음의 원리에 따라서 배운 대로 단계에서 다른 단계로 진보된다" (Gospel Principles, LDS Church, pp. 276-279).

영적 은사(엔다우멘트, Endowments): 몰몬 성전에서 자격 있는 몰몬들에 의해 수행되는 신성한 언약이다.

"성전에서 자격 있고 신실한 성도들에게 주어진 어떤 특별한 영적 축복들을 엔다우멘트라고 부른다. 그 능력 안에 그리고 그 능력을 통해서 수령자들은 높은 곳으로부터 오는 능력을 부여 받기 때문이다.…그래서 영적 은사들이 드러났을 때 모든 연령대에게 이것을 집행하는 것은 신성하고 거룩하다. 주는 그들을 세상의 지식으로부터 보호하고 하나님의 집에서 오직 신실한 성도들에게 그들을 드러내며, 헌신하게 두고, 목적을 위해 선택했다. 이러한 신성한 의식들은 살아 있는 자를 위해서 수행되며 또한 죽은 자를 위해서는 대리로 수행되어진다" (Mormon Doctrine, McConkie, pp. 226-227).

영혼의 선재(Preexistence of Spirits): 모든 인류는 이 땅에 존재하기 이전에 하늘의 부모들의 영의 자녀들로서 있었다.

"하나님은 단지 통치자와 우리의 창조주뿐만 아니라 하늘의 아버지이다. '모든 남자와 여자들은 하나님의 딸과 아들들이다.…영으로서 사람은 하늘의 부모에게 속하여 태어났으며 일시적인 육신의 몸을 갖고 이땅에 오기 전에 아버지의 영원한 맨션에서 성숙하기 위하여 양육받았다. 땅에서 태어난 모든 사람은 하늘에서 우리의 영적 형제와 자매들이었다. 하늘의 부모로부터 첫 번째 태어난 모든 사람이 예수 그리스도였다.…그는 우리의 맏형이 된다"(Gospel Principles,LDS Church,p.9).

예수 그리스도(Jesus Christ): 몰몬교의 삼위일체 교리에서 제2위의 하나님이다. 그는 선재에 있어서 하나님 아버지의 영적 자녀 중에서 첫 번째(장자)로 태어났으며 모든 인류의 실제적인 영의 형제이다. 그는 육신에 있어서 하나님의 독생자이며 세상의 구세주이다.

"엘로힘의 영의 자녀들 중에서 장자였고 여호와 혹은 예수 그리스도이며, 다른 자녀들은 모두 동생들이다"(Gospel Doctrine, Joseph F. Smith, p. 70).

"지상에서 예수의 사명은 아버지의 임재 안으로 형제와 자매들을 데려오는 것이었다. 그는 이 사역의 부분을 완수하였고, 그리고 우리에게 우리가 할 부분들이 남겨졌다.…예수는 빚을 갚았다. 그는 원죄를 위해 대속하였다"(Brigham Young, Doctrines from the Prophets, Alma P. Burton, p. 262).

용서(Forgiveness): 주님의 모든 계명을 지켰을 때 얻어진다.

"'당신의 하늘의 아버지는 전적인 회개와 모든 필요조건의 충족에 의해 용서함을 약속하였다. 그러나 이 용서함은 단지 요구해서만 얻어지는 것이 아니다. 온전한 포기, 겸손함과 애통하는 마음, 죄를 깊이 뉘우침 그리고 많은 선한 행함이 있어야 한다.' 당신이 용서를 받을 것인지 아닌지 또는 언제인지는 당신 자신에게 달려있는 것이다. 주님이 당신의 죄를 용서했다는 긍정적인 확신을 갖는 기쁜 날이 오기 전 일주일이 될 수도 있고 일 년이 될 수도 있고 몇 세기가 될 수도 있다"(Miracle of Forgiveness, Spencer W. Kimball, pp. 324-325).

"영생을 향한 이러한 증진은 완전한 성취의 일을 말한다. 모든 계명으로 사는 것은 죄들의 완전한 사함을 보장하며 주님이 우리에게 준 법칙에 따라 행동함에 의해서 오는 완전함을 통하여 승영의 하나를 확실하게 보장받는다. 산상의 예수의 설교에서 그는 모든 사람에게 계명을 주었다. "그러므로 하늘에 계신 너희 아버지의 온전하심과 같이 너희도 온전하라"(마태복음 5:48). 온전하다는 것은 죄에 대하여 승리하는 것을 의미한다. 이것은 주님으로부터 내린 명령이다. 하나님은 올바르고 현명하며 그리고 온유하다. 그는 자녀들이 이룰 수 없거나 그들의 이득을 위하지 않는 것은 아무것도 자신의 자녀들로부터 요구하지 않는다. 그래서 온전함은 이룰 수 있는 목표인 것이다" (The Miracle of Forgiveness, Spencer W. Kimball, pp. 208-209).

은혜(Grace): 인간의 선한 행실에 의해서 높아진다.

"은혜는 복음의 계획의 한 부분에 있는 개개인의 의로움의 표준을 그들이 따르는 대로 비례하여 사람들에게 주어진다" (Mormon Doctrine, McConkie, p. 339).

"…너희가 만일 모든 경건하지 아니한 것을 거부하고, 너희의 능력과 생각과 힘을 다하여 하나님을 사랑할 것 같으면, 그러면 그의 은혜가 너희에게 족하니…" (모로나이서 10:32).

"…우리가 할 수 있는 모든 것 후에 우리가 구원받는 것이 은혜에 의한 것임을 우리가 앎이라" (니파이후서 25:23).

은혜로만 얻는 구원(Salvation by Grace Alone): 몰몬교에 의하면 일반적인 구원이다. 모든 인간은 모두에게 부활의 선물이 주어지므로 은혜로 구원에 참여할 것이다. 은혜로, 믿음으로만 (행위는 제외하는) 얻는 구원의 성경적인 개념은 몰몬교에 의해서 거절되었다.

"사탄에 의해서 시작되고 인간에 의해서 제기된 거짓된 교리들 중의 하나는, 사람은 하나님의 은혜로만 구원을 받는다는 것이다.…물론 우리는 이 용어를 이해할 필요가 있다. 만약 '구원' 이란 단어가 단지 무덤으로부터의 구속과 구원을 의미한다면 '하나님의 은혜' 는 충분하다. 그러나 만약 '구원' 이라는 단어가 하나님의 임재로 돌아가는 것을 의미한다면,…이것은 하나님의 은혜를 가져야 하며…개인적인 순결함, 마귀로부터의 승리, 그리고 좋은 행위가 더하여지는 것은 구세주의 승영과 선지자 그리고 사도의 승영에서 아주 중요하다" (Miracle of Forgiveness, Spencer W. Kimball, pp. 205-206).

"오늘날의 기독교계에서 찾아낸 거짓된 교리들 중의 하나는 인간이 순종함이 없이 은혜로만 단지 구원(하나님의 왕국을 의미)을 얻을 수 있다는 것이다. 영혼을 파멸시키는 이 교리는 본질적인 순응과 같은 복음의 모든 율례와 의식들을 따르기 위한 개인의 결단을 축소케 하는 분명한 결과를 갖게 된다" (Mormon Doctrine, McConkie, p. 671).

인류-인간(Mankind): 엘로힘과 그의 하늘의 부인의 영의 자녀들이다. 인간은 실제적인 신성의 자녀이기 때문에, 그들은 하나님들이 되기 위한 잠재성을 가지고 있다.

"말일성도 예수 그리스도교는 신성한 관계, 고대 그리고 현대에 믿음을 기초하고 있으며 사람이 하나님의 직계 자녀들이라고 선포한다. 하나님 자신은 온전한 왕위에 앉은, 그리고 최고의 주권을 가진 승영 받은 사람이다. 사람은 하나님의 자녀이며, 하나님의 형상으로 만들어졌으며, 하나님의 속성을 부여받았고, 심지어 세상의 아버지와 어머니의 어린 아들로서 사람이 되는 것을 적합한 때에 할 수 있다. 그래서 해의 영광 가문의 미발달의 자녀는 일생과 영원함을 통한 경험에 의해서 하나님으로 진화할 수 있다" ('The First Presidency—Joseph F. Smith, John R, Winder, Anthon H. Lund,' Doctrines from the Prophets, Alma P. Burton, p. 2).

ㅈ

죽은 자를 위한 침례(Baptism for the Dead): 이것은 몰몬 교회에서 이전에 침례를 받지 않고 죽은 자들, 모두를 위해서 대리로 침례를 받는 것이다.

"하늘에 있는 우리의 아버지와 우리의 가족이 함께 살기 위해서 우리는 침례를 받아야 한다. 우리는 성전의 의식도 받아야 한다. 이것은 누구라도 이 지구상에 살았던 모든 사람에게 사실이다. 그러나 수백만의 사람들이 필요한 의식을 받아보지 못하고 또 복음을 들어보지 못하고 죽었다. 그래서 우리는 이렇게 죽은 자들을 위하여 성전에 가서 기회를 갖는다. 성전에서 우리는 죽은 자들의 높임을 위해서 필요한 모든 의식을 이행한다" (Gospel Principles, LDS Church, p. 248).

"하나님이 우리에게 맡겨놓은, 이 세상에서 가장 커다란 책임은 우리의 죽은 자를 찾는 것인데 왜냐하면 그들이 없이 우리는 구원받을 수가 없고 또 이것은 우리에게 주어진 위대한 계명이고 의무로서 우리 자신을 위해 그리고 죽은 자들을 위해 성스러운 일이다" (Doctrines of Salvation, vol. 2, Joseph Fielding Smith, p. 149).

죽은 자에 대한 구원(Salvation for the Dead): 죽은 자를 위한 침례와 영적 은사를 보라.

지옥(Hell): 징계의 임시 거처이다. 거기에서 고통받는 대다수의 사람들은 별의 왕국(가장 낮은 하늘)에서 궁극적으로 끝이 난다. "지옥은 끝이 있다.…그들의 부활 후에 거기에서 고통을 받는 사람들의 대다수가 별의 왕국으로 넘겨진다" (Mormon Doctrine, McConkie, pp349-350).

지옥의 아들들(Sons of Perdition): 몰몬의 복음을 알고 받아들였지만 현 삶에서 그것을 거절한 자들. 이들 이전의 몰몬교인들은 '배도자' 로 불렸고 영원히 사탄에게 봉인된 위험한 존재들이다.

> "단지 성신의 계시에 의해서 온 지식과 현생에서 복음원인의 신격의 완전한 지식을 얻은 자들이 루시퍼와 자신들을 연계하고 그리고 모반을 한 자들은 역시 지옥의 아들들이 된다. 그들의 운명은 그들의 부활과 함께 마귀와 그의 천사들과 함께 그들과 같은 나라를 상속받기 위해 던져진다" (Mormon Doctrine, McConkie, p.746).

ㅊ

창조(Creation): 창조는 성부에 의해 통치되고 예수 그리스도에 의해 조직된 것이다. 미리 오래전부터 있던 하나님의 자녀들의 영들도 역시 세상 창조에 참여하였다.

> "창조하는 것은 조직하는 것이다. 세상이 무에서 창조되었다고 믿는 것은 영감을 받지 않은 개념이며 완전한 거짓이다. 구성요소들은 영원한 것이다(교리와 성약 93:33). 단어 '창조' 는 '무에서부터 창조한다' 의 의미가 아닌 단어 '바라' 로부터 왔다. 그것은 조직을 의미한다. 사람이 배를 만들고 재료들을 구성하는 것과 마찬가지이다. (역자 노트: 창세기 1:1의 히브리어 '바라' 를 말한다.) 성부의 지시 아래 행하는 예수는 모든 것의 창조주였고 또 모든 사물의 창조주이다. 즉 그는 성부 아버지의 많은 자녀들의 위대하고 고결한 영들에 의해서 지구의 창조에 원조를 받았다는 것은 아브라함의 기록에서 명백하다(The Pearl of Great Price, Book of Abraham을 참조하라). 아담으로 알려진 미카엘도 이들 중의 하나이며 에녹, 노아, 아브라함, 모세, 베드로, 야고보 그리고 요한, 조셉 스미스 또 이외에도 많은 고결하고 위대한 자들이 거대한 창조의 역사에 함께 하였다" (Joseph smith, Mormon Doctrine, McConkie, p. 169).

천국(Heaven): 세 단계; 해의 하늘/온전한 몰몬교인을 위한 왕국－달의 하늘/신실하지 않은 몰몬교인과 도덕적인 사람들을 위한 왕국－별의 하늘/성신을 모독하지 않았던 악인들을 위한 왕국. (역자 노트: 고린도전서 15: 41절에서 기인한 해석이다.)

현대 기독교계에 속한 교리들의 영감 받지 않은 가르침에 반하여 부활한 모든 사람이 동등하게 영광의 영원왕국이 있다. 이들은 해, 달, 그리고 별이라고 부른다. 즉 인간의 이해력을 넘어선 각각의 영광이다" (Mormon Doctrine, McConkie, p. 420).

천사장 미카엘(Michael, the Archangel): 아담을 보라.

천상의 결혼(Celestial marriage): 몰몬 성전에서 하는 결혼은 현재와 영원(천국)을 위한 결혼이다. (역자 노트: 몰몬 성전에서 하는 결혼은 이 지상에서만이 아니라 영원한 천국에서 영원히 사는 결혼이라는 뜻이다. 이러기 위해선 반드시 몰몬 성전에서 결혼을 해야만 한다.)

"천상 결혼은 해의 영광 안에 있는 가장 높은 왕국으로 승영을 받기 위한 문이다. 가장 중요한 것은 말일성도 예수 그리스도의 교회의 회원은 누구든지 언제나 1) 옳은 권위에 의해서, 옳은 장소에서, 옳은 사람과 결혼해야 하며 2) 결혼식의 온전한 명령과 거룩함에 관련하여 만들어진 언약을 지켜야 하며, 해의 왕국에서 승영의 상속에 순종하는 사람들임을 확신하는 것이다" (Mormon Doctrine, McConkie, p. 118).

첫 번째 시현(First Vision): 조셉 스미스가 이른바 틴에이저 소년이었을 때 가졌던 영적 만남이다. (공인된 설명은 조셉 스미스 역사 2:7-20의 값진 진주라는 책에서 찾을 수 있다).

"이…시현은 몰몬 계시의 시작이었다. 그것은 배도의 긴 밤이 지난 후에 하늘이 열리는 전조였다. 시현을 통해서 기독교계의 신조들은 작은 파편으로 산산이 부서졌고 알고 있었던 영원한 삶인 하나님에 대한 진실이 사람들 사이에서 다시 가르쳐지기를 시작하였다. 이 시현과 함께 '오직 예수만이 구원' 이라고 한 선지자는 이 세상에 살았던 어느 누구보다도 더 이 세상에 있는 사람들의 구원을 위하여 일을 하도록 예정되었다. 이 시현은 그리스도의 사역의 날부터 이 사건이 일어났던 영광스러운 시간까지 모든 세상의 역사에 있었던 가장 중요한 사건이었다.…조셉 스미스가 이 신성한 현장으로부터 돌아왔을 때, 그는 그가 본 것에 대한 더 확실한 분별을 갖게 되었는

"그러므로 너희는 가서 모든 민족을 제자로 삼아 아버지와 아들과 성령의 이름으로 침(세)례를 베풀고 내가 너희에게 분부한 모든 것을 가르쳐 지키게 하라 볼지어다 내가 세상 끝날까지 너희와 항상 함께 있으리라 하시니라." _마 28:19~20

하나님은 모든 영원부터 하나님이었다고 상상했고 가정하였다. 나는 그 사상을 반박할 것이다. 그리고 여러분이 볼 수 있도록 가려진 덮개를 벗겨 낼 것이다.…그것은 확실한 하나님의 특성에 대해서 알도록 하는 복음의 첫 번째 원리이다.…그는 우리와 같이 한 번은 사람이었다. 하나님 자신, 우리 모두의 아버지는 이 땅에 살았었고 예수 그리스도도 마찬가지였다. 내가 성경으로부터 그 사실을 보여 주겠다" (Teachings of the Prophet Joseph Smith, Joseph Fielding Smith, pp. 345-346).

"나는 하나님이 단지 영이고 그는 무한한 우주의 공간을 채우며 어디에나 육체적으로(in person), 혹은 육체적이 아님(without person)으로 존재하는 그러한 본성이 있다고 하는 어떤 교리를 믿지 않는다.(역자 노트: 하나님의 편재하심을 말하는 것 같다) 왜냐하면 만약 그가 무한한 우주공간을 채우며 동시에 어느 곳에나 있었다면 하나님이 사람일 수 있다는 가능성을 상상할 수가 없기 때문이다. 영원한 하나님 아버지일지라도 두 장소에 있으며, 그것도 개별적으로, 동시에 있다는 것을 상상하도록 하는 것은 비합리적이며 육체적으로, 그리고 신학적으로도 모순이다. 그것은 불가능하다" (Gospel Doctrine, pp. 55-56, Joseph F. Smith).

하나님의 왕국(Kingdom of God): 해의 왕국을 보라.

하늘의 아버지(Heavenly Father): 몰몬교의 삼위일체 교리에서 셋으로 분리된 하나님들 중 제 1위. 그의 이름은 '엘로힘' 이고 그는 해의 왕국에서 그의 부인과 관계함에 의해서 인류의 모든 영들을 만든다.

"교회의 첫 번째 회장은 '승영' 을 받은 엘로힘이란 이름으로 임명된 영원한 아버지 하나님은 우리 주님과 구주 예수 그리스도 그리고 인간종족의 영들의 문자그대로의 부모이다" 라고 기록했다('첫 번째 회장으로부터 온 말씀' 5:26).

"모든 사람들이 영원한 아버지의 영적인 자녀라는 기독교의 진실성에서의 절대적인 것은 일반적으로 그들이 또한 영원한 어머니의 자녀라는 언급되지 않은 진실이 있다는 것이다. 하늘에 어머니가 있다는 교리는 교회의 첫 번째 회장에 의해서 명백하게 증언되었다.…즉 사람의 기원과 선재에 대해서 언급할 때, 한 영으로서의 인간은 태어났고 하늘의 부모로부터 출생했다" (Mormon Doctrine, McConkie, p. 516).

해의 왕국(Celestial Kingdom): 하나님이 거하시는 가장 높은 천국이다. 몰몬의 법을 전부 지키는 자들만이 어느 날 천상왕국 안에 있는 하나님의 거하시는 곳으로 높임을 받게 된다.

"영광의 왕국들 중에 가장 높은 곳이 해의 왕국이다. 바로 하나님의 왕국이다. 이 영광스러운 왕국 안에서 상속은 천상의 법과 복음에 온전히 순종함으로 얻어진다"(Mormon Doctrine, McConkie, pp. 116-117).

회개(Repentance): 이생에 있는 동안 죄들에 대한 완전한 포기.

"사람이 자기 죄를 회개하는지는 이로써 너희가 알 수 있나니 – 보라, 그는 자기 죄를 고백하며, 그것들을 버리리라(교리와 성약 58:43). 회개에 대한 하나의 결정적인 분석이 있다. 이것은 죄들의 포기인 것이다" (Miracle of Forgiveness, Spencer W. Kimball, p. 163).

교리와 성약 82:7 "…너희 길을 가고 다시는 죄를 범하지 말라. 그러나 죄를 범하는 그 영혼에게는 이전의 죄도 돌아오리라. 주 너희 하나님이 이르노라."

죄를 지을 수 있고 용서받고 또 다시 죄를 짓고 다시 용서받는 다고 느끼는 자들은 그들의 생각을 바르게 해야 한다. 전에 용서받은 각각의 죄가 새로운 죄에 더하여 지며 그 전체는 아주 무거운 짐이 되고 만다. 사람이 그의 삶을 바꾸기도 그의 마음을 정하였다면 죄로 다시 돌아가서는 안 된다" (Miracle of Forgiveness, Spencer W. Kimball, pp. 169-170).

앨마서 13: 11-12 "그러므로 그들은 이 거룩한 반차를 따라 부름을 받고, 성결하게 되었으며, 그들의 옷은 어린 양의 피를 통하여 씻겨져 희게 되었느니라. 이제 그들이 성신에 의해 성결하게 되고, 그들의 옷이 희게 된 후, 하나님 앞에 정결하고 흠 없이 되어, 혐오함이 없이는 죄를 바라볼 수 없었나니, 정결하게 되어 주 그들의 하나님의 안식에 들어간 자들이 많되, 심히 대단히 많았더라."

"진정한 회개가 없다면 용서받을 수가 없다…죄의 중단은 영구하여야 한다.…불완전한 회개는 완전한 용서를 가져올 수 없다.…용서는 영생의 달성에 있어서 필수조건이다"(Miracle of Forgiveness, Spencer W. Kimball, pp. 154, 176).

데, 성신은 아버지 하나님과 아들 예수는 서로의 명백한 형상으로 영화로운 두 사람이었음을 그의 영혼에 증언으로 가져왔다" (Mormon Doctrine, McConkie, pp. 285-286).

침례(Baptism): 침수례를 받는다는 것은 성령의 선물을 받으며 거듭난 존재가 되는 것과 같은 것을 의미하는 것이다('물과 성령으로 거듭나야 한다.' 요한복음 3:5).

"왜 우리는 침례를 받아야 하는가? 우리는 우리의 죄 사함을 받기 위해서 침례를 받아야 한다. 우리는 성신의 은사를 받기 전에 침례를 받아야 한다. 우리는 해의 왕국(최상의 천국인)에 들어가기 위해 침례를 받아야 한다" (Gospel Principles, LDS Church, pp. 124-127).

"두 번째 태어남(거듭난 존재)은 사람들이 임명을 받은 사람에 의해서 물로 침례를 받을 때 시작한다. 그들이 성령과의 교제를 실제로 받을 때에 거듭남은 완전해진다. 침례를 받지 않고는 어느 누구도 거듭날 수가 없다(Mormon Doctrine, McConkie, p. 101).

ㅋ

큰 배도(Apostacy, The Great): 몰몬주의의 가르침에 의하면 주님의 교회의 권위와 복음의 진리가 주의 사도들의 죽음 후로부터 1830년까지 사라졌었고 그때에 조셉 스미스 주니어를 통해서 이 땅에 다시 이 진리가 회복되어졌다라고 말한다.

"(조셉 스미스가) 스스로 제안한 역사의 해석은 구세주에 의하여 정해진 구원의 방법으로부터, 예수 그리스도의 교회로부터 전반적인 배도가 크게 일어났다는 것을 나타낸다. 어둠의 세력이 교회와 투쟁하기 위해 그들 자신을 위한 대형을 갖추기 전에 교회는 교회의 이름을 지니고 있는 구세주에 의해서 거의 조직되지 않았고, 어둠의 시대가 이 땅에 왔다. 사탄의 권세는 거의 최고로 보였다" (The Article of Faith, pp. 200-201, Talmage).

조셉 스미스의 첫 번째 시현에서, 성부 하나님과 예수 그리스도가 다음의 메시지를 그에게 주었다고 설명한다. "빛이 나에게 비추었을 때, 나는 공중에서 나의 위에 서서 묘사할 수 없는 밝음과 영광을 가진 두 사람을 보았다. 그들 중의 하나가 다른 하나를 가리키면서 나의 이름을 불렀고, 그리고 '이는 내 사랑하는 아들이다. 그의 말을 들으라' 라고 말하였다. 주님에게 질문을 하려고 하는 나의 목적은 내가 어느 것에 등록할 것인가를 알기 위하여, 다른 모든 교파 중에서 어느 것이 옳은지 알려고 하는 것이었다.…(이 당시는 그들이 모두 잘못되었다는 마음을 가지진 않았다)…그러나 그들이 모두 잘못이었기 때문에 나는 그들 중 누구와도 함께 하지 않겠다고 나 자신에게 대답을 하였다. 그리고 나에게 말씀을 전한 사람의 대답은(주님) '그들의 모든 신조는 가증스럽고 나의 눈으로 보아서 가증한 것이다. 그들 스승들은 모두 부패하였고 그들은 입술로는 나를 가까이 하지만 마음으로는 나로부터 멀리 있으며, 사람의 계명의 교리를 가르치며 경건의 모양은 있지만 능력을 부인하는 자들이다' 라고 하였다. 그는 다시 그들 누구와도 함께하지 말라고 금지하였다" (Pearl of Great Price, Joseph Smith History 1:17-19).

ㅌ

타락(Fall, the): 올바른 길에서 타락하였다.

"인류의 타락은 축복처럼 위장하여 왔다. 그리고 인류를 방해하는 목적으로 보다는 오히려 인류의 증진에서 주님의 목적을 한층 더하는 목적이었다" (Doctrines of Salvation, vol. 1, Joseph Fielding Smith, p. 114).

"몇몇은 아담과 이브가 죄를 지었던 것을 후회할 지도 모른다. 이것은 무의미한 말이다. 만약 우리가 거기에 있었고, 그들이 죄를 짓지 않았다면 우리가 죄를 지어야 했다. 나는 아담이나 하와를 비난하지 않는다. 왜냐하면 죄가 세상에 들어서는 것이 필요했기 때문이다.…즉 어느 누구도 그것의 상반됨을 모르고는 승영을 받을 수 없었기 때문이다. 주님은 그들이 이렇게 할 줄 알고 있었고 그는 그들이 그렇게 하도록 만들었다" (Brigham Young, Doctrines from the Prophets, Alma Burton, p. 6).

ㅎ

하나님(God): 승영된 사람(승영을 보라).

"하나님 자신은 한 번은 우리와 마찬가지로 사람이었다, 그리고, 승영 받은 사람이며 하늘들의 저쪽 편의 왕좌에 앉아 있다.…나는 하나님이 어떻게 하나님이 되었는지 말하려고 한다. 우리는